对外经济贸易大学中央高校基本科研业务费专项资金（项目编号：16CB-04）资助

经济管理学术文库·经济类

税收、居民收入差距及收入分配动态均衡

Taxation, Household Income Disparity and Dynamic Equilibrium of Income Distribution

崔景华／著

经济管理出版社
ECONOMY & MANAGEMENT PUBLISHING HOUSE

图书在版编目（CIP）数据

税收、居民收入差距及收入分配动态均衡/崔景华著. —北京：经济管理出版社，2017.10
ISBN 978-7-5096-5331-9

Ⅰ.①税… Ⅱ.①崔… Ⅲ.①税收—影响—收入差距—研究—中国 Ⅳ.①F126.2

中国版本图书馆CIP数据核字（2017）第219821号

组稿编辑：曹　靖
责任编辑：杨国强　张瑞军
责任印制：黄章平
责任校对：雨　千

出版发行：经济管理出版社
（北京市海淀区北蜂窝8号中雅大厦A座11层　100038）
网　　址：www.E-mp.com.cn
电　　话：（010）51915602
印　　刷：北京玺诚印务有限公司
经　　销：新华书店
开　　本：720mm×1000mm/16
印　　张：18
字　　数：343千字
版　　次：2017年11月第1版　2017年11月第1次印刷
书　　号：ISBN 978-7-5096-5331-9
定　　价：68.00元

·版权所有　翻印必究·
凡购本社图书，如有印装错误，由本社读者服务部负责调换。
联系地址：北京阜外月坛北小街2号
电话：（010）68022974　　邮编：100836

序

收入分配制度改革是经济体制改革的重要组成部分,是我国不同阶级、阶层和群体经济利益的重大调整。改革开放以来,我国与社会主义市场经济相适应的收入分配制度初步建立。完善收入分配体制改革对于我国进一步深化市场化体制改革、将"改革进行到底"具有重要意义。

深化收入分配制度改革,是我国稳增长、转方式、调结构的"推进器"。深化收入分配制度改革,就是要兴利除弊,充分发挥收入分配制度对促进经济增长、转变经济发展方式和优化产业结构的巨大推动作用。通过努力构建合理有序的收入分配新格局,不断提高人民收入水平,充分调动广大劳动者和要素所有者的积极性和创造性,倒逼转变经济发展方式,实施科技创新战略,促进我国经济中高速发展和产业结构向中高端迈进,逐步跨越"中等收入陷阱"。

深化收入分配制度改革,是我国惠民生、促消费的"扩容器"。改革开放以来,尽管我国广大人民的收入水平有了举世瞩目的显著提高,但从国际横向比较看,我国居民收入在国民收入分配中的比重和居民最终消费率明显偏低。社会主义社会的生产目的,本质上是不断满足人民日益增长的物质文化需要。党的十八大报告明确提出我国城乡居民人均收入十年翻一番的重大量化目标。深化收入分配制度改革,努力实现居民收入增长和经济发展同步,劳动报酬增长和劳动生产率提高同步,不仅有利于扩大消费需求从而推动经济增长,更有利于充分体现社会主义制度的优越性,使我国广大人民的收入水平和生活质量不断迈上新台阶。

深化收入分配制度改革,是我国保持社会和谐发展的"稳定器"。深化收入分配制度改革,就是要逐步理顺不同阶级、不同阶层、不同群体之间的收入分配关系,有力保护合法收入,合理调节过高收入,坚决取缔非法收入,增加低收入者收入,扩大中等收入者比重,使发展成果更多更公平地惠及全体人民,为逐步实现共同富裕奠定物质和制度基础,为实现"两个一百年"的奋斗目标提供良好的社会环境。

收入分配制度改革是一项艰巨复杂、牵涉面广的系统工程。税收作为调节收入分配的重要政策手段，对于居民收入分配均衡起到重要作用。本专著在详细阐述收入分配基本理论的基础上，从静态收入分配和动态收入分配两种视角探讨不同阶层之间、城乡居民之间的收入分布及收入差距的特征、成因及背后的理论机理。通过向量自回归模型、结构向量自回归模型、动态面板 GMM 模型、面板 Logistic 模型等不同实证研究方法进行检验，深入细致地分析了当前我国收入分配现状背后的税收等制度因素的调节机制。在此基础上，通过介绍美国、日本、韩国、印度等发达国家和发展中国家的典型政策实践经验的方式，为我国收入分配改革提出了具体而富有成效的政策建议。

本书的研究具有较强的理论意义和政策实践价值。首先，介于理论层面的学术价值而言，本书的研究拓展了税收的福利效应理论、税收对收入分配的动态效应理论分析框架，补充和完善了原有的最优课税及公平课税理论的分析范式；构建了税收静态和动态的效应分析框架及实证分析模型，充实了实证分析基础和方法。其次，从政策实践层面的学术价值而言，本书的研究为优化税制结构、有效降低税收负担、开展结构性减税、完善税收制度和政策提供了有力的实证经验证据，为均衡收入分配及提高居民福利设计了有效的制度运行框架。

前 言

随着中国经济社会的快速发展，居民收入水平不断提高。但是，居民收入增长难以掩盖居民收入结构中存在的问题，收入分配差距过大，基尼系数持续上升，尤其是收入分配不平等日趋加重，已经严重影响到我国经济社会的良性发展和国家与民族的命运，因此，我们必须完善收入分配关系，促进更广泛意义上的公平和公正。

收入差距过大是引起我国经济社会矛盾的重要根源，而且收入差距过大造成的居民消费不足会影响到投资和消费的比率，由此对内外两个市场的均衡和社会经济的平稳持续发展产生副作用。着眼长远，必须注重公平，实施有效率的收入再分配，而税收作为实施收入再分配的重要政策工具，深入分析税收调节收入分配的机理，把握税收归宿作用途径，探析税收制度是否起到有效收入再分配作用，是充分发挥税收调节收入分配差距作用的重要条件。

本书的内容框架设计分为四大模块、共十一章，第一模块内容为理论基础，第二模块讲述了制度机理，第三模块进行了实证检验，第四模块提出了政策建议。在具体的章节安排方面，首先综合分析了各个税种对调节居民收入差距的文献，通过对国内外相关的文献分析，对比我国实际，构建我国税收对居民收入影响的调节机制；同时设计相应的计量模型，为从定量上分析税收对居民收入的影响做铺垫。其次就税前和税后居民收入情况进行对比分析，总结和借鉴前人关于税收理论及作用机理的经验，分析各个税种对居民收入的影响机理。同时通过研究所得课税和流转课税对城镇和农村居民人均可支配收入的动态效应，具体分析和验证前面所分析的结论，探析数据背后的经济学因素，为科学构建适合我国的税收调节居民收入差距机制提供建议。以内生收入分配理论为基础，从静态分析框架探讨居民收入分配格局动态演化，进行递归分析，并通过政策变量之间的变动关系来检验税收对居民收入的动态效应，构建调节居民收入差距的税收协调机制，同时通过税制结构、税收负担与居民人均可支配收入的向量自回归模型实证研究相互之间作用机理，分析我国实际税收对调节居民收入的贡献度。在介绍和测算收入流动性这一动态收入分配评价指标的基础上，通过动态面板数据 GMM 模型、面板固定效应和面板随机效应、面板 Logit 模型实证检验税收对居民收入流动性的动态作用机理。最后，比较分析美国、日本、韩国和印度等国最新的收入分配的税收调节政策及其效应，提出适合我国的税收调节居民收入差距的对策建议。本书各章节的研究内容和主要结论如下：

第一章为绪论，阐述研究的背景和意义，并对国内外最新的关于税收调节居民收入差距的相关文献进行整理和归纳。文献综述主要包括以下几个方面：流转税类对收入分配的影响机理的国内外文献分析；所得税对收入分配的影响机理的国内外文献分析；税收对收入差距的影响机理的国内外文献分析；税收的收入分配动态效应即税收与收入流动性的作用机理的国内外文献综述分析。通过上述国内外经典文献的梳理和深入分析，为理论基础、制度机理和实证分析做铺垫。

第二章为税收调节居民收入分配的理论基础。这一章首先对收入分配理论的演进深入剖析，汲取其中能为我所用的部分。主要的内容包括收入分配理论、公平课税理论、最优课税理论、税收福利效应理论及动态收入分配理论等。与此同时，用相关理论进行比较分析，如公平课税理论和最适课税理论的特征及差异性对比分析，从而进一步探讨如何构建最适商品课税和最适所得课税之间的关系进行比较论述，并均衡公平和效率的理念，设计适合我国的税收调节居民收入差距的最优税制结构。在此基础上，在 Blanchard – Yaari 框架中动态分析税收对居民收入增长影响的理论模型，为后续实证分析奠定理论基础。

第三章为我国国民收入分配流程及静态和动态分析框架。根据我国实际，具体探究了我国国民收入分配流程，通过数据的分析，研究城乡之间、不同地区之间、不同行业之间的居民收入差距扩大的趋势，分析国民收入分配格局中居民收入占比、劳动报酬在初次分配中的比重，并探讨收入分配秩序中存在的问题。另外，从静态收入分配指标——我国城镇居民和农村居民基尼系数、泰尔熵指数和泰尔熵第二指数来测算收入差距现状。由于基尼系数对平均收入差距水平较为敏感，泰尔熵指数对高收入阶层收入差距水平较为敏感，泰尔熵第二指数对低收入阶层收入差距水平较为敏感，因此，利用上述三类静态指标全面分析我国整体收入分配差距情况，并对基尼系数来源进行分解，利用其集中度分析收入分配差距的内在成因。此外，通过收入流动性的相对指标和绝对指标衡量动态收入分配现状。

第四章为我国居民收入分配差距现状分析。在基于整体论述收入分配差距现状的基础上，分别从不同收入阶层之间的收入差距、不同行业之间的收入差距、城镇居民内部的收入差距、农村居民内部的收入差距等不同角度全方位考察收入分配差距现状及特征，并剖析背后的制度因素和形成机理。

第五章探讨我国税收制度调节收入分配的作用机理。根据我国实际数据分析我国税制结构和税制负担对居民收入作用机理,结合税收在国民收入再分配体系中的作用,总结出我国国民收入再分配流程。同时分别研究了流转税和所得税调控收入再分配的政策机理和路径,深入探讨流转税和所得税在我国收入再分配领域的作用等。

第六章为不同税类对居民收入分配的静态效应实证检验。首先建立各个税种与居民人均可支配收入的向量自回归模型和结构向量自回归模型,并依据经济理论和事实,对变量关系进行界定。其次构建居民收入对所得税和流转税类的动态结构冲击模型,从计量上刻画税收对冲击反应程度,并计算各个税种对居民人均可支配收入的相对贡献度,从而为我国调节居民收入差距、改革税种政策提供建议。计量结果发现各个税种对居民收入调节效果差异较大,总的来说,个人所得税制度对调节居民收入作用较小,但对城镇居民收入调节作用显著大于农村居民。企业所得税对居民收入有一定调节作用,降低企业所得税能提高居民收入水平。流转税类调节居民收入作用也有较大差异,其中消费税对城镇居民收入有逆向调节作用,即降低消费税税率能提高居民收入水平,对农村居民收入有较小正向调节作用。增值税对居民收入有负向调节作用,即降低增值税能提高居民收入水平。营业税对居民收入调节作用为负向,也就是说降低其税率能提高居民收入水平。总体看,税收对城镇居民人均可支配收入调节作用显著大于农村居民人均可支配收入。

第七章为税制结构对居民收入分配静态效应实证检验。首先建立各个变量的计量模型,并对数据进行调整分析,建立 VAR 模型,分析税制结构和税收负担冲击引起居民人均可支配收入动态响应程度,据此研究税制结构和税收负担对居民收入的相对贡献度。其次通过实证分析的计量结果对所得税与流转税的比重提供可借鉴意见。研究发现,税制结构的冲击引起居民收入正向作用,即提高所得课税类比重能提高居民收入福利水平,而降低税收负担能较大提高居民收入福利。所以可以看出我国要继续实施科学合理的结构性减税政策。

第八章为税收制度对居民收入分配动态效应实证检验。在构建绝对收入流动性和相对收入流动性的收入分配动态评价指标体系基础上,测算城镇居民和农村居民的绝对收入流动指标和相对收入流动指标,利用面板 GMM 模型、面板固定效应模型、面板随机效应模型、面板 Logit 模型探讨税收负担对城镇居民和农村居民收入流动性的作用机理,研究个人所得税政策改革、农业税政策调整等税收政策变化对城镇居民和农村居民的收入流动性及收入分配带来的影响。

第九章为税收调节居民收入分配的国际经验和借鉴。分析美国、日本、韩国和印度等国家在经济发展过程中减小居民收入差距的最新税收政策,分析了各国税收政策对调节其居民收入的影响机理和作用。在借鉴这些国家实践中调节居民收入差距的税收制度安排和政策调整基础上，详细分析了成功经验和失败教训，阐述其对我国提高整体居民收入福利水平的启示。

第十章为税收对收入分配的动态调节机制完善对策。依据税收对居民收入的静态和动态效应的定性和定量分析的结果，提出进一步深化税制改革的方向和目标，探讨通过税收政策切实减轻居民收入负担、协调收入分配模式和调节居民收入的对策，构建存量财富等税收调节机制的制度方案。

第十一章为结论。总结全书的研究思路和逻辑框架、政策启示，并概括研究的不足和展望未来研究的拓展空间。

本书的主要创新之处包括以下几个方面：

（1）研究视角的创新方面：本书从税收与收入分配的静态和动态的视角来考察税收的收入再分配的制度效应，并分别剖析静态收入分配衡量指标——基尼系数、泰尔熵指数对居民收入的影响机理及动态收入分配衡量指标——收入流动性对居民收入的影响机理。此外，在传统的衡量动态收入分配指标的影响因素分析框架基础上引入税收这一重要的收入分配调节工具，并探讨税收对动态收入分配及收入流动性的影响程度和作用机理。

（2）理论研究的创新方面：理论研究方面，探讨收入分配理论、最优课税理论和公平课税理论，深入探讨不同理论的特征，比较分析最优课税理论和公平课税理论的共同之处和差异性。依据福利经济学理论和持久收入理论，探讨动态收入分配理论及制度的作用机理，从而扩展了税收的福利效应理论及税收对居民收入的动态效应理论基础。

（3）研究方法的创新方面：在研究税收对收入流动性的动态效应实证分析模型中，本书通过1978~2015年的省际面板数据构建收入流动性动态指标体系，并利用动态面板广义矩估计（GMM）方法、面板Logit方法检验模型。值得一提的是，本书首次利用季度数据将不同税种对居民人均可支配收入进行动态实证研究，在此基础上比较分析各个税种对居民收入的动态影响程度和路径，探析现行税制调节居民收入差距的相对贡献率，能更好揭示我国税制调节居民收入差距的真实情况，从而为现行税制改革提供更具针对性的改进建议。另外，将税收负担纳入动态收入分配分析框架之中，利用收入流动性这一动态收入分配评价指标衡量税收对其产生的效应和影响。依据被解释变量的特征，静态实证分析中利用的研究方法主要包括：向量自回归模型（VAR）、结构向量自回归模型（SVAR）、脉冲响应分析、方差分解等；动态实证分析中利用的研究方法主要包括：动态面板系统GMM模型、面板Logistic模型、PSM—DID模型等。

（4）实证研究的创新性结论方面：通过实证分析税收对居民收入的动态经

济效应得出,现行个人所得税对城镇居民收入调节作用远大于对农村居民收入调节作用;现行企业所得税对城镇和农村居民收入调节作用相当。现行消费税对城镇居民收入有逆向调节作用,对农村居民收入有较小正向调节作用,而增值税和营业税对城镇和农村居民收入有负向调节作用,其中对城镇居民收入调节作用大于其对农村居民调节作用。税制结构对城镇居民收入调节作用较小,对农村居民收入基本没有作用。税收负担对城镇居民调节作用较大,对农村居民调节作用较小。另外,税收负担对城镇居民和农村居民收入流动性和动态效应的作用机理差异性较为显著。

(5)政策启示的创新方面:结合前文实证研究中各税种对调节居民收入差距的机理,从税制结构和税收负担对居民收入的动态经济分析视角入手进行实证分析,研究税制结构和税收负担对居民收入差距的具体影响机理和路径,并对现行税制结构和负担进行具体评述,提出可行的改进建议。

综上所述,本书利用微观和宏观数据,实证分析我国税收对居民收入差距的影响因素,为完善我国税制提供理论和数量化的现实依据。

目　　录

第一篇　理论基础篇

第一章　绪　论 ······ 3
　　第一节　选题背景及意义 ······ 3
　　第二节　国内外研究综述 ······ 6
　　第三节　研究内容及框架 ······ 26
　　第四节　研究思路和方法 ······ 28
　　第五节　研究创新和不足 ······ 29

第二章　税收调节居民收入分配的理论基础 ······ 31
　　第一节　收入分配理论 ······ 31
　　第二节　公平课税理论 ······ 33
　　第三节　最适课税理论 ······ 34
　　第四节　税收福利效应理论 ······ 40
　　第五节　税收动态效应理论 ······ 42

第三章　我国国民收入分配流程及静动态分析框架 ······ 44
　　第一节　我国国民收入分配流程 ······ 44
　　第二节　居民收入分配静态分析框架 ······ 46
　　第三节　居民收入分配动态分析框架 ······ 62

第二篇　制度机理篇

第四章　我国居民收入分配差距现状分析 ······ 81
　　第一节　居民收入差距概况 ······ 81

第二节 分阶层居民收入差距现状分析 ………………………………… 83
第三节 分行业居民收入差距现状分析 ………………………………… 87

第五章 我国税收制度调节收入分配的作用机理分析 ……………………… 89
第一节 税收调节居民收入分配作用机理概述 ………………………… 89
第二节 流转税调节收入分配的作用机理分析 ………………………… 92
第三节 所得税调节收入分配的作用机理分析 ………………………… 97

第三篇 实证检验篇

第六章 不同税类对居民收入分配静态效应实证检验 …………………… 109
第一节 所得税类对居民收入分配的静态效应实证分析 ……………… 109
第二节 流转税类对居民收入分配的静态效应实证分析 ……………… 128
第三节 不同税类对收入分配静态效应的小结 ………………………… 149

第七章 税制结构对居民收入分配静态效应实证检验 …………………… 152
第一节 税制结构对城镇居民收入分配的静态效应实证分析 ………… 152
第二节 税制结构对农村居民收入分配的静态效应实证分析 ………… 162
第三节 税制结构对收入分配静态效应的小结 ………………………… 170

第八章 税收制度对居民收入分配动态效应实证检验 …………………… 172
第一节 税收对城镇居民收入流动性动态效应实证分析 ……………… 172
第二节 税收对农村居民收入流动性动态效应实证分析 ……………… 183
第三节 行业收入差距与收入流动性动态效应实证分析 ……………… 190
第四节 税收的动态收入分配效应小结 ………………………………… 203

第四篇 政策启示篇

第九章 税收调节居民收入分配的国际经验和借鉴 ……………………… 209
第一节 美国的经验及启示 ……………………………………………… 209
第二节 日本的经验及启示 ……………………………………………… 221
第三节 韩国的经验及启示 ……………………………………………… 225
第四节 印度的经验及启示 ……………………………………………… 231
第五节 各国模式比较分析 ……………………………………………… 232

第十章 税收对收入分配的动态调节机制完善对策 ………………… 235

 第一节 完善所得税对居民收入分配的动态调节机制 ………………… 235
 第二节 完善流转税对居民收入分配的动态调节机制 ………………… 239
 第三节 完善财产税对居民收入分配的动态调节机制 ………………… 241

第十一章 结　论 …………………………………………………………… 242

附　录 ………………………………………………………………………… 244

参考文献 ……………………………………………………………………… 259

第一篇　理论基础篇

第一章 绪 论

本章探讨选题背景及研究的理论和实践意义、国内外相关领域的经典文献研究回顾、文章结构和框架安排、研究思路和方法介绍、研究的创新之处、研究中的不足及未来研究的拓展空间。

第一节 选题背景及意义

一、选题背景

改革开放30多年来，随着我国经济社会的不断发展，人民生活水平持续提高，但收入分配领域的改革严重滞后于经济发展水平，其居民收入占国民收入比重呈日益下降趋势，导致居民收入差距不断扩大。

首先，从劳动报酬占初次分配或GDP的比重来考察收入分配问题。之所以从这一角度切入问题是因为，劳动者报酬是收入分配中的一个核心问题。劳动是与其主体即劳动者不可分割的能力，因此劳动者报酬是要素所得中相对来说机会最平等的竞争和分配。所以，劳动者报酬成为国民最主要的收入，占有国民收入的最大比例，是社会进步的标志，也是当今发达国家收入分配的普遍趋势。改革开放以来，尤其是步入21世纪以来，劳动者报酬占国民收入的比重持续下降。依据国家统计局数据显示，2008~2011年，劳动者报酬在初次分配（GDP）中的比重分别为47.1%、47.9%、46.2%、45.5%，且在2012年仍然在50%以下（47.5%）。2013年开始劳动报酬占初次分配的比重呈现出较为明显的增长态势，

2013年和2014年分别为50.2%和51%。① 我国真实的劳动者报酬占GDP比重确实显著低于西方最发达国家，他们一般高于50%的水平，我们大致落后6～10个百分点。②

其次，国家统计局公布2015年我国基尼系数为0.462，创下2003年以来的最低值。2016年基尼系数为0.465，相较于2015年呈现出上升态势。从国际比较来看，我国居民收入差距已经相当大，基尼系数高于0.4这一国际警戒线，并且有继续扩大的趋势。如图1-1所示，人均GDP增长速度＞城镇居民人均可支配收入增长速度＞农村居民人均可支配收入增长速度，其中城镇居民人均收入增长速度较为接近人均GDP增长速度，农村居民人均收入增长速度远低于人均GDP增长速度，可以看出大多数农村居民并没有分享到经济发展带来的福利。

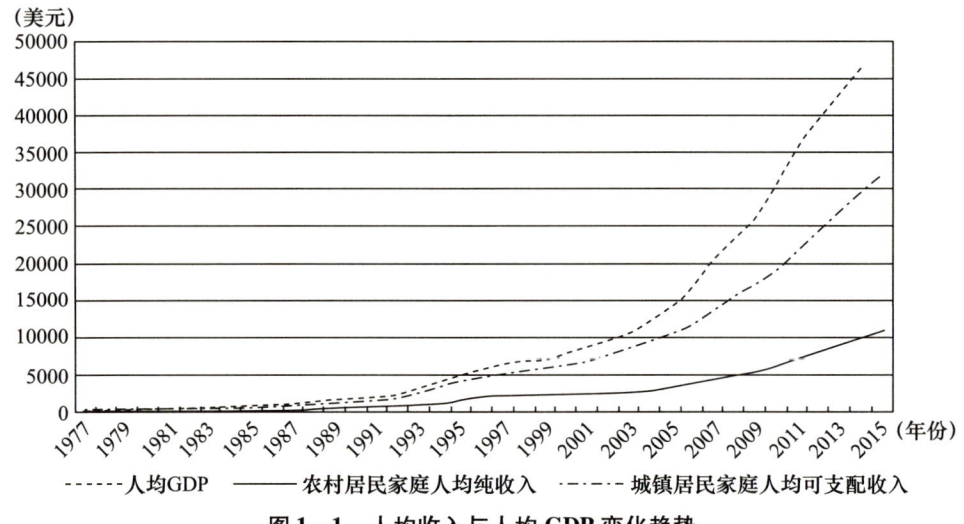

图1-1　人均收入与人均GDP变化趋势

资料来源：依据中国宏观经济信息网的宏观数据整理计算。

---

① 我国劳动者报酬在初次分配及再次分配中的比例一直在直线下降，2004年还有一个剧烈的下跌。不过，2004年的下跌是因为国家统计局结合该年全国经济普查资料，在统计口径上作了重大调整，即将原自我雇佣的个体工商户（更准确地说是所有非农个体户）的收入，由原本全算作劳动者报酬，改为营业盈余。由于缺了这一部分，2004年及以后的劳动者报酬总量自然就掉下来一大块。为了弥补这个口径变化带来的数据不连贯，统计局已按新口径对劳动者报酬进行了历史回溯调整。同时，统计局又根据2004年经济普查资料，回溯调高了以前年度的GDP数值。

② 实际上这也是完全可以理解的：发达国家商品和服务的品牌、专利和增加值优势明显，劳动生产率、人力资本素质和劳工价格都显著高于我们。特别是发达国家的第三产业包括服务业高度发展，往往达到GDP的70%。而众所周知，第三产业是劳动密集型从而劳动增加值比重很高的产业。我国目前尚处于工业化的中期，工业增加值占国民生产总值近半，第三产业尚不够发展（刚达40%），这自然会抑制我国劳动者报酬在国民收入初次分配中的份额。从这个角度看，即使其他条件不变，随着我国的经济成长和第三产业的长足发展，我国劳动者报酬占比也会持续上升。

收入差距过大已经严重制约我国经济发展方式的转变和发展模式转型，抑制国内需求的扩大，制约了产业升级和转型，为了有效解决这一问题，党的十八大报告中提出，要千方百计增加居民收入，争取到 2020 年实现国内生产总值和城乡居民人均收入比 2010 年翻一番的目标；同时进一步加大收入分配改革的力度，更好更快地提高中低收入阶层的收入，合理地规范合法收入，坚决打击非法收入；通过这些措施，使人民群众特别是中低收入阶层的群众更好更多地分享祖国发展改革的成果。① 2013 年 11 月召开的中共十八届三中全会中指出"紧紧围绕更好保障和改善民生、促进社会公平正义深化社会体制改革，改革收入分配制度，促进共同富裕"。② 2014 年 3 月政府工作报告中进一步强调"深化收入分配体制改革，努力缩小收入差距"的政策；我国新旧两届政府都将增加居民收入和调节收入分配问题纳入到了改革的首要议事日程中③，并在 2016 年 3 月 5 日召开的十二届全国人大四次会议公布的"十三五"规划纲要草案中提到"2020 年城乡居民人均收入比 2010 年翻一番"及"优化收入分配，缩小全社会收入差距"的施策目标。税收作为政府筹集公共收入和调节收入分配的重要工具，不可避免地参与或影响生产要素报酬的分配过程。因此，研究居民收入问题不能忽视税收因素的影响。

税收政策调节收入分配的途径：比如国际上通行的，通过累进所得税调节高收入，通过税收支出减轻低收入者的税收负担，通过遗产税和赠与税削弱财富过度集中，通过对慈善捐赠的企业个人实施税收优惠来鼓励社会进行第三次分配，使以上分配方式协调发展，进一步促进社会公平正义，构建和谐社会。

但是，我国调节作用较强的直接税收占税收总收入比重过低，导致税收不能有效调节居民收入差距，甚至加大了居民收入差距，因此增强税收调控国民收入分配的有效性已刻不容缓。所以，优化现行税制结构，动态化实施税收政策，发挥税收调节收入分配的重要职能，促进经济的稳定发展，保证居民收入与经济发展同步，持续公平发展和稳定增长。

二、研究意义

本书的理论价值在于，分析税收政策调节居民收入差距作用的边界和功能定位，对于完善和健全我国税收调控居民收入差距理论具有重要价值。通过实证分析各个税种、税制结构和税收负担对调节居民收入差距的作用，能够发现数字背后的经济学原因，探析现行税制调节居民收入差距的影响程度和效率，为健全以

---

① 谢伏瞻. 千方百计增加居民收入［N］. 经济日报, 2012 年 11 月 24 日.
② 习近平. 中国共产党第十八届中央委员会第三次全体会议公报［R］. 2013 年 11 月 12 日.
③ 李克强. 十二届全国人大二次会议政府工作报告［R］. 2014 年 3 月 5 日.

税收为主导的调节居民收入再分配体系提供政策参考。另外，通过收入流动这一指标动态研究收入分布问题，可以丰富和拓展收入分配问题的研究范式。流动性既体现了收入分布的跨期变动情况，也涉及公众对贫富差距的感知、价值判断与容忍程度。因此，有效弥补了高低阶层之间收入比、基尼系数、泰尔熵指数等从静态角度衡量收入分配差距的传统指标中存在的不足，增强了分配领域的动态研究视角。可见，通过动态化实施税收政策能有效调节收入分配关系，尽早实现发展成果由人民共享的目标。

实际应用价值方面，健全的居民收入分配体系符合社会公平和可持续发展的要求，同时也是事关我国长治久安的战略问题。有效地界定各个税种在我国税收总额中的合理比重，能切实减轻中低收入者的纳税负担，有效调节过高收入，使公平与效率良性互动，同时建立健全调节存量财富的税收制度，也有利于推进改善我国居民收入福利水平。另外，本书通过实证分析税收对居民收入差距影响成因，为完善我国税收制度提供理论和数量化的现实依据，所以实际应用价值较大。从流动性研究看，实现收入流动性有利于收入分配中公平与效率的统一。如果一个社会有较好的收入流动机制，那么收入分配不公的问题可能没有人们想象得那样严重（Sawhill，2000；章奇等，2007）。因为期初收入低的人可以在期末取得较高收入，今天的穷人可能会成为明天的富人（Khor & Pencavel，2006）。在这样的经济社会运行机制中，所谓的公平与否不仅体现在贫富差距的高低，更体现在经济增长和分配机制中获得机会的均等程度。与此同时，收入流动性在长期内能够改善收入不平等所带来的社会压力和冲突，促进经济的稳定增长及长远发展，从而有效提升经济效率。

第二节　国内外研究综述

一、流转税类调节居民收入差距的研究综述

（一）国外研究综述

一般利用分析居民消费份额中的税收负担来评估间接税对居民收入的影响。Mark A. Wynne（1997）用相对标准的三部门内生经济增长模型分析了一些简单税制改革的福利和经济增长效应。发现从资本税收转移到消费税收，有明显的福利改进。如果用消费税替代劳动所得税将导致福利有更大的改进，同时发现鼓励家庭加大对人力资本投入是福利和经济增长改进的重要动力。在税收政策制定时

应豁免家庭对教育和人力资本的投入征税。

Younger 等（1999）借助消费者支出调查数据研究了马达加斯加的间接税对收入分配的影响。Rajemison 等（2003）利用投入产出模型分析了马达加斯加的进口税、消费税等税种的税收负担归宿情况。Brita Bye，Birger Stram 和 Turid Avitsland（2008）发现，间接税（如增值税）在许多国家税收中占较大比重，同时在实施增值税制度时会有免税额、减免税率等。一个非单一的增资税税率将导致一定的效率损失、鼓励寻租行为和税收欺诈活动，亦导致较高的管理成本。他们对挪威的增值税改革进行比较分析后发现，一个不能全额抵扣的增值税制度扩张到更多范围征税的福利效应小于仅对商品征收增值税的情况。另外，单一的增值税税率制度的福利效应优于多级增值税税率制度的情况。Metcalf 等（2009）也探讨了间接税对不同收入群体的负担，并提出了最佳税制设计方案。Qian Li（2012）认为，流行的税制改革建议未能提升效率或者公平。他认为通过交替的消费税改革，也就是先用消费税替代劳动所得税，然后用劳动所得税替代消费税，结果显示总的资本、劳动和消费都被提高。而且，单独的累进消费税能得到较高的福利水平，同时富裕和贫穷直接的福利差也被缩小。Francesco Figari 和 Alari Paulus（2012）检验了收入租金（私人和公共）和间接税（增值税和消费税）再分配的影响，比较了欧盟五个国家货币性转移支付和间接税的效应。扩展了收入的概念，考虑了收入租金和间接税的情况，并对这几个国家收入不平等情况进行了更加可靠的描述。发现在所选的国家里间接税对收入有递减效应，但负效应比其他税收福利工具要小。收入租金整体上减小了收入不平等，特别是对那些居住在自有住宅里的贫穷居民更加有利。

（二）国内研究综述

我国 20 世纪 90 年代开始关注要素收入的分配问题。张伟（2002）分析各个税种在国民收入初次分配中的税收归宿现状，发现间接税作为筹集政府收入的主要来源，直接参与了收入分配。刘怡、聂海峰（2004）利用城市住户调查数据，分析了流转税类税收负担情况，发现营业税税负主要由高收入阶层负担，增值税和消费税负担主要由低收入阶层负担，且间接税从整体上扩大了收入差距，但经检验不显著。于洪（2008）发现，我国城镇居民中不同收入阶层的消费品的需求弹性差异较大，在此基础上分析了不同收入阶层受消费税结构和归宿的影响程度。平新乔、梁爽（2009）从福利效应视角研究我国增值税和营业税对课税对象影响的差异，发现营业税对各个消费群体的负效应大于增值税的负效应。根据研究提出，我国应着眼服务业的整体衡量，对企业实施综合抵扣，逐步推进营业税改增值税。

郭庆旺、吕冰洋（2011）认为，虽然我国经济持续高速增长，但国民收入中的劳动要素分配份额却逐年下降,基于理论分析可知,税收借助收入效应和替代效应发挥作用;同时利用广义矩估计得出,资本份额分配受企业所得税影响而下降,征收个人所得税导致劳动分配份额下降,而间接税对资本和劳动份额影响不大,但从公平和效率均衡角度出发,有必要优化要素收入分配机制,完善相关税制。聂海峰、岳希明(2012)分析了间接税对于城乡收入分配和差距的影响,发现从全国看,间接税整体上表现为累退性。城镇居民的税收负担大于农村居民税收负担,也就是间接税扩大了城乡内部的收入差距,但缩小了城乡居民之间的收入差距。间接税作为具有累退性的税种,整体上扩大了低收入阶层的差距。

岳希明、张斌、徐静(2014)根据传统税收归宿分析方法,使用具有全国代表性的住户调查数据和资金流量表,计算每个家庭承担的税负总额,观察它与收入水平之间的关系,结果显示:中国税制整体是累退的,个人所得税等累进性税收在一定程度上减弱了间接税的累退性,但因其规模小,不足以完全抵消间接税的累退性。有效税率与收入之间的关系在城乡之间存在明显的差异,税收的累退性在农村较城镇更为明显。

伍山林(2014)研究收入分配格局,并从劳动者、资本所有者和政府在增加值中各占多大的比重来探讨我国收入分配格局。在企业层面上,税收制度不仅通过分配阶段而且深入生产环节对收入分配格局产生复杂影响。研究发现:为了提高劳动收入份额,有必要减少间接征税。但从长远看,其关键是劳动要素变得更加重要;改制提高了资本和政府收入份额,挤压了劳动收入份额;对于中国税收持续超速增长,实际税负上升是主要原因,间接税设计和重复征税的影响并没有人们想象得那样大。这一研究对收入分配格局演变做出了谨慎、乐观的判断,建议采用"减轻间接征税与加重直接征税并举"的策略。

田志伟(2015)使用城镇住户调查数据与可计算一般均衡模型相结合的办法研究中国五大主要税种对城镇居民收入分配的影响。研究发现,直接税的税收累进性较强,但其较低的平均税率限制了直接税收入再分配效应的发挥;对间接税的税收累进指数进行分解,发现间接税调节居民消费支出差距的能力有限,因此,中国间接税的差别税率政策在损害效率的同时并没有起到很好的调节收入分配作用。综合看,虽然五大税种能够改善中国收入分配状况,但其对不同收入群体的影响程度是不同的,以不同收入群体税收负担占居民总收入的比重看,高收入阶层与低收入阶层均在中国五大主要税种的收入再分配过程中受损,而中等收入阶层受益。

汪昊(2016)研究表明,由于增值税和营业税的间接税性质,对于高达1万亿元的营改增减税,居民几乎感受不到。如此大规模的减税究竟对我国居民收入分配有何影响?本书以间接税归宿的一般均衡理论为基础,通过构建可计算一般均衡（CGE）模型，对基尼系数、MT 指数、累进性指数等重要指标进行测算与分解。研究显示，营改增后，居民平均税收负担下降了 1.63%，居民平均收入上升了 1.57%，消费品平均价格下降了 1.33%，但不同居民从中受益不同。营改增后，全国、城镇和农村的基尼系数均有下降，收入分配得到改善。改革对收入分配产生一个不利的影响：增值税的累退性增加。但由于平均税率下降对收入分配的正效应，抵消了增值税累退性增加的不利影响，二者综合后收入分配得到改善，营改增后平均税率下降是收入分配得到改善的最重要因素。最后，本书建议，中国应降低食品和药品等生活必需品税率，这可进一步降低增值税的累退性和平均税率，从而改善居民收入分配。

尹音频、闫胜利（2017）的研究中提到，间接税在社会收入分配领域发挥怎样的作用直接关系到社会的公平程度。然而，间接税易于转嫁的特点使得测量间接税的收入分配效应存在一定的技术难度，为此，相关文献大多在间接税完全转嫁的假设下，测量间接税的收入分配效应。基于此，本书立足于间接税转嫁的理论与现实基点，检验我国间接税的收入分配效应。实证结果表明：我国七大类生活消费品的间接税 80% 是由消费者承担的，各收入阶层以及各阶层居民不同消费支出项目所承担的间接税比例呈不规则分布。我国间接税具有逆向调节的负效应，不利于社会公平。但在居民完全承担间接税的假设条件下，所得到的测量结果夸大了间接税逆向调节的负效应。

汪昊、娄峰（2017）拓展了财政再分配的传统分析方法，将间接税纳入研究框架，构建了一个可以综合测算包括税收、社会保障和转移支付在内的各项财政工具的再分配效应的分析框架，综合采用财政预算归宿法、居民收入核算法和 MT 指数测量与分解法，以中国 2012 年投入产出表和城乡居民调查数据为基础，构建了社会核算矩阵和可计算一般均衡模型。测算结果表明：我国的财政再分配从整体上对收入分配为逆向调节。财政再分配导致全国基尼系数上升 2%，其中，来源端间接税、政府社会保障支出和支出端间接税分别使基尼系数上升 1.7%、1.3% 和 3.2%，转移支付、社会保障缴费和个人所得税分别使基尼系数下降 3%、0.4% 和 0.7%。这一现象在中等收入国家和高收入国家中均不多见。主要原因在于，我国转移支付、政府社会保障支出、个人所得税和社会保障缴费在财政支出和收入中所占比重过低，对收入分配的正效应过小，间接税在财政收入中占比过高，对收入分配的负效应过大。

二、所得税类调节居民收入差距的研究综述

（一）国外研究综述

Lane（1998）利用爱尔兰的经验数据分析，认为只有降低个人所得税税率才

能使工会接受降低工资的政策，也就是税前劳动分配占比和税后劳动份额占比并不一定存在互为因果关系。Kakwani 和 Lambert（1998）以澳大利亚的所得税为例，利用分解出税收影响收入公平的原因，发现税收不公平主要来自横向不公平。Branko Milanovic（1999）研究多个国家和地区在 20 世纪的初次分配和再分配后的基尼系数，发现个人所得税在发展中国家调节作用小于在发达国家的作用，同时收入差距越大的国家越有对低收入者实施收入再分配的倾向。Metcalf（1999）通过比较分析环境税和个人所得税归宿的差异，得出高收入家庭负担环境税比重小于低收入家庭负担环境税比重的结论。

Gruber 和 Seaz（2000）分析了更具一般意义四档边际税率的所得税制，认为最优所得税率应该在保证税制整体累进性的前提下，高收入阶层对应较低的边际税率，以鼓励其增加更多的劳动供给，从而为政府贡献更多税收，以此补贴低收入阶层，即边际税率随着收入增加而下降，但是平均税率随着收入增加而上升。Verbist（2004）发现，在欧盟所有国家个人所得税都是累进性的，较为有效地减少了收入差距，同时发现免税政策有利于增加税制累进程度，但扣除和抵免的效应不确定。Ximing Wu，Jeffrey M. Perloff 和 Amos Golan（2006）认为，相比于社会保险和直接转移支付制度，边际税率对调节收入分配和提高福利效应更为有效。所得税减免效应虽然作用较小，但其效果较为理想。除了附加保障收入，其他社会保险项目效用较小，但有利于平等效应。利用各种不同的不平等测度方法测量的结果都是一样的。

Denvil Duncan 和 Klara Sabirianova Peter（2008）借助多个国家个人所得税的面板数据，检验居民收入所得税制度对收入不平等的影响，发现累进税率减少了可观测到的不平等。用基于消费标准衡量的基尼系数表明，累进税率对真实的不平等有较小的影响。但在特定条件下发现累进税可能会提高实际的不平等，特别是在那些法律不健全和有大量非税部门的国家。最后结论认为，单一税收政策更加有效率。

Haufler 等（2009）认为，随着经济一体化程度的提高，公司税税率下降，但工资所得税的税率有所上升，从而导致资本分配份额上升和劳动分配份额下降。Rolf Aaberge 和 Ugo Colombino（2009）为了分析次优的所得税政策，介绍和采用罗默（1998）的机会均等的框架模型，他们称之为扩展的机会均等模型。考虑到存在的收入不平等和类型的界定难度，把父母教育作为外生环境变量进行估计。根据扩展的罗默机会均等模型，为了估计次优结果，税收转移规则不考虑家庭背景，仅仅考虑收入，通过一次总付转移和一种或者两种边际税率来界定；最后的分析结果是最优税收转移规则将导致更加普遍的一次总付税（边际税率为0），同时并未证实产出平等比扩展的机会均等标准更加支持再分配政策。

Grant Casteel 和 Joseph Haslag（2010）发现，伴随所得税税率的下降，经济增长加快，并且相当稳健。用校准模型估计不同税种的效率，起初，人们相对于销售税更加青睐所得税，但随着时间推移，在消费税下集聚消费和福利会超过在所得税制度下集聚的居民消费和福利。通过合理设计，用中性的消费税取代所得税，经济能取得更快的增长。Keshab Bhattarai（2012）分析发现，英国从 1750 年到 1850 年，因为工业革命，收入不平等迅速加大，平均每年大概增加 2.05%。为了保护工人和低收入家庭，国会颁布了一系列税收和转移支付条例，从 19 世纪中期开始这种趋势得到改变，到 20 世纪 60 年代，英国成为世界上最平等的经济体之一。在最近 40 年里，新一轮的税收转换体系和市场改革为了获得较高的经济增长率，再次加大收入不平等程度。多个家庭、多个部门动态一般均衡模型分析显示出，通过多部门和家庭收入的分配，财政政策会影响经济增长路径、资本积累和投资过程；当经济不发展，更加的公平不能保证更高的福利。基于未来维持经济增长和均衡结构的现实，借助跨期收入和替代效应模型分析财政政策对劳动休闲、家庭消费决定和公司投入选择的影响，发现此类政策对长期政策影响较为有效。

Francesca Bastagli，David Coady 和 Sanjeev Gupta（2012）认为，税收和支出政策应该成为提高或者维持财政政策调节收入分配的主要手段，以支持经济有效率发展，包括减少偷漏税的机会，提高收入者所得税累进税率，去掉无效率支出，扩张发放救济计划，资源整合应该集中扩大所得税和消费税税基，减少免税额和税收遵从度，扩大公司和个人所得税规模。同时，消费支出改革应该集中在减少价格补贴，提高转移支付的效率，扩展社会保障体系。Samuel Brown，William Gale 和 Adam Looney（2012）验证中性的所得税改革存在三个竞争性目标间的内在权衡：维持税收收入，保证税收的累进性和降低边际税率。他们发现，任何税收中性的所得税改革——例如所提出的对高收入阶层减税，必将提高中等和低收入纳税者的税收负担。Jorge Martinez - Vazquez，Blanca Moreno - Dodson 和 Violeta Vulovic（2012）发现，累进的个人所得税和公司所得税制能有效减少收入不平等。但在开放和全球化经济体中，公司所得税的效应将大打折扣，消费税和关税对收入分配有正向作用。在社会支出方面，发现社会福利、教育、健康和房屋公共支出占 GDP 比例越高，越有利于收入公平。Denvil Duncan 和 Klara Sabirianova Peter（2012）基于可观测到的和实际的收入不平等，分析国民所得税收制度的结构累进税的效果。对 1981~2005 年累进税的大量面板数据进行测算，发现累进税减少了可观测到的不平等，但对实际不平等影响较小，最后探讨了单一税制的效用。

Noel Melton Jotham Peters（2013）发现，伴随个人和公司的税收减免，不列

颠哥伦比亚碳税影响家庭跨省投资和经济活动。借助 Navius' GEEM 模型，发现征收碳税比没有征收碳税时，中等收入家庭境况变得更加富裕。一个关键原因可能是政府通过碳税减少个人和公司所得税，使这个地区变得更加有投资吸引力。Antonis Adam，Pantelis Kammas 和 Athanasios Lapatinas（2013）检验了税制结构对收入不平等的影响。用一个简洁的理论模型（因为这样可以验证和解释相关文献）进行分析，暗示出不平等的经济体更加依赖资本所得税，放松劳动所得税。这种现象经检验是稳健的，受政治制度和民主程度影响较小。James R. Repetti（2013）认为，房地产（财产）税收对调节收入分配和保证经济增长更加有效率。相较于所得税，财产税对储蓄伤害更小，因为其有效税率相对于人的生命周期是很低的。Nicole B. Simpson（2013）研究美国所得税减免和儿童税收减免（包括他们起源和结构）发现，美国的所得税税率一直下降，税收优惠和减免力度在加大，并对劳动力市场和家庭构成影响。

Casey Rothschild 和 Florian Scheuer（2013）基于多维技术向量异质性，研究罗伊模型的税收再分配，假设在一个最优的再分配模型里，个人可以从几个可能部门中选择一个。当政府没有观测到部门选择或者潜在的居民技术，受约束的帕累托边界以一个简单的非线性所得税来描述，并表述了最优税率特征。发现如果部门投入是互补品，自我选择的多部门模型能产生最优所得税，在自然条件下，比单一部门模型相应的税收有更低的累进性。但比离散类型的标准多部门模型有更高的累进性，且没有职业选择和跨期部门工资分配。James Cloyne 和 Paolo Surico（2013）用长跨度家庭消费调查数据和英国新的外生所得税变化描述方法，展示了抵押人对税收变化的消费反应。发现有抵押的家庭会对税收变化有明显的反应，且反应程度大于租房者。Nora Lustig，Carola Pessino，Pobreza 和 John Scott（2013）对阿根廷、玻维利亚、巴西、墨西哥、秘鲁和乌拉圭等国的财政政策效应研究表明，阿根廷、乌拉圭和巴西借助大量的直接税和现金转移支付减少了收入不平等和贫穷，而在墨西哥、玻维利亚和秘鲁相比较少。虽然直接税是累进性的，但由于直接税占 GDP 的份额太低，所以降低不平等和贫困效果较小。在玻维利亚和巴西，间接税几乎完全抵消了现金转移支付的减少贫困的效用。在教育和健康方面，相对于现金转移支付，非现金转移支付在相当大的程度上减少了不平等。

（二）国内研究综述

近几年，研究我国所得税对居民收入差距影响的模型分析较多。王韬和周建军等（1999，2000）借助可计算一般均衡模型进行实证研究，分析了以所得税为主和以消费税为主的税制体系间的差异。财政部科研所（2003）和中国税务学会（2003）发表的研究报告，讨论了我国税收政策对居民收入分配的影响。李绍荣和耿莹（2005）借助实证分析发现，资本所有者和劳动所有者收入分配的差距可能由我国的流转税类、所得税类、资源税类和财产税类份额上升导致的。王亚芬、肖晓飞、高铁梅（2007）通过比较我国城镇居民税前收入、税后收入的基尼系数大小，并利用计量经济模型等从多方面分析了个人所得税调节城镇居民各收入阶层分配差距的效用。发现我国居民收入差距呈现逐年扩大趋势，提出应对高收入者课征高税，以提高综合调节效应。

张阳（2008，2009）利用CGE模型分析了两部门中企业所得税的税收归宿问题，发现对资本课征的企业所得税由资本和劳动要素共同分担，但资本负担率大概为60%。同时发现，高收入户承担企业所得税占总税收的比例大大低于其收入占总收入的比例，所以企业所得税是累退的，但累退程度小于流转税。杨志勇（2009）认为，个人所得税应该朝综合税制方向发展，采取分步突破策略来改革个人所得税制度。李林木、汤群群（2010）根据1994～2008年历年收入不良指数估计值和税收收入中各项直接税所占比重的时间序列数据进行实证分析，发现我国现行个人所得税和财产税等税收政策在一定程度上加大了税后收入差距，建议对个人所得税制和财产税制进行综合改革，提高税制总体的累进性；并以构建第三方信息报告制度为重点，建立科学的税源监管体系，提高高收入阶层的税收负担。

岳希明、徐静、刘谦、丁胜、董莉娟（2011）考察了2011年9月1日实施的个人所得税改革的收入再分配效应。根据目前我国分项课征的个人所得税征管模式，本书推导出税收的收入再分配效应指数按收入构成的分解方法。根据该分解方法的主要分析结果可概括为两点：其一，平均税率的高低是个税收入分配效应大小的主要决定因素，累进性则是次要的。由于平均税率的降低，本次税收改革弱化了本来就十分微弱的个人所得税的收入分配效应。其二，我国个人所得税整体累进性指数随工资薪金所得费用扣除的提高呈"倒U型"。十分巧合的是，本次改革确定的3500元免征额正好处于"倒U型"的最大值，超过3500元的费用扣除反而会削弱我国个税的累进性。

马骁、陈建东、蒲明（2011）根据2008年四川省和安徽省城镇居民住户调查月度数据分析了四川省和安徽省城镇居民个人所得税缴纳的分布情况以及对收入差距的调节作用。研究表明，个税对实际收入差距的调节力度十分有限。高收入群体的个税负担过低，且四川省城镇住户的个税负担低于安徽省。另外，个税收入理论值与实际值之间存在巨大差距表明目前的个税征管水平亟待提高。据此，我们提出了个人所得税制改革的相关建议。王亚芬（2012）利用个人所得税对收入再分配作用的数理模型，计量回归分析不同收入群体收入受税收政策的影响程度。米增渝、刘霞辉、刘穷志（2012）通过创设经济增长、不平等与财政政策之间的动态关联理论模型，发现当富人负担较多税负和穷人得到更多补贴时，居民收入差距在缩小，经济增长加速；反之则反是。利用我国相关数据实证分析后发现：我国税收大多由穷人负担，相当于对富人实施补贴，造成收入不平等扩大和经济增长放缓，提出了在加大对穷人转移支付和构建公平环境方面基础上，强化个人所得税累进程度。

岳希明等（2012）分析现行个人所得税征收模式对居民收入的再分配效应。认为：第一，平均税率大小是决定个人所得税调节效应大小决定因素。我国现行个人所得税制改革提高了边际税率，但降低了平均税率，从而减小了个人所得税调节收入分配差距的作用。第二，我国个人所得税整体累进性指数呈"倒U型"是由我国工资薪金所得扣除标准提高所导致的。李青（2012）以税前税后收入份额差距、平均税率作为指标，分别从纳税人与收入的角度对2000～2009年我国个人所得税的再分配效应与累进性进行了考察。基于公开统计数据的计算表明：就纳税人角度而言，个人所得税在收入分配方面发挥了明显的正效应，而且还呈现出不断加强的累进性。基于学者王小鲁测算的数据所进行的计算则表明：个人所得税的再分配效应与累进性相对较弱，且从收入角度看，个人所得税反而表现出累退性。有关结论的差异提示，改善征管与统计状况是转向分类综合模式个税，加强个税再分配功能的必要条件。刘元生、杨澄宇、袁强（2013）借助包含人力资本投资和政府税收的两阶段世代交替模型分析了个人所得税免征额和税率对收入和财富分配以及经济增长的影响。借助数值模拟发现，居民收入的基尼系数变动与个人所得税免征额变动呈"U型"曲线关系，因此，实施动态化调整税收免征额的政策能更加有效地调节收入分配差距。通常来说，经济增长率与个人所得税税率呈反向变动，反映了公平和效率之间的均衡。徐建炜、马光荣和李实（2013）通过研究个人所得税的收入再分配效应时发现：1997～2005年，虽然个税累进性逐年降低，但由于其平均税率的上升，导致调节收入分配效应较大。2006～2011年，税制改革后，虽然个人所得税的累进性有所提高，但其平均税率下降较多，弱化了个人所得税的收入再分配效应，并且各个收入群体的税负差异较大。结论认为，应完善税收征管能力和降低流转税税率。

曹桂全和任国强（2014）以2008年天津市城镇住户调查微观数据为样本进行经验分析，分析了免征额、税前扣除、税率结构、免税收入对税收累进性和再分配效应的影响和贡献率。分析结果表明，个人所得税只能缩小不到1%的初次分配收入差距，再分配效应是弱的；免征额效应是再分配效应和累进性的主要来源，税率结构也有积极的再分配效应，而税前扣除降低了税收累进性，免税收入具有了很大降低再分配效应的作用。在此基础上，还对个人所得税再分配效应弱的原因和扩大个人所得税再分配效应的对策进行了探讨。张晓燕（2014）利用

CHNS数据库，在明确影响我国收入差距家庭因素（诸如家庭人数、性别比例、年龄结构等因素）的基础上，利用调节模型分析了个人所得税对家庭影响因素与收入差距关系的调节作用。模型结果显示：首先，家庭差异对收入差距具有显著的影响作用；其次，加入个人所得税之后总体上加强了家庭影响因素对收入差距的调节作用。这表明：如果个人所得税的课征模式能够体现出家庭差异等因素，则会更加有效地调节居民收入差距，因此提出我国个人所得税应以家庭为单位进行征收，强化所得税的收入分配调控作用。田志伟、胡怡建、朱王林（2014）表明，收入分配已成为中国社会关注的焦点问题，但现有的研究更多地关注个人所得税的收入再分配功能，且多使用横截面数据，分析结论难免有所欠缺。研究中使用城镇住户调查数据分析了2002～2011年我国个人所得税、企业所得税与个人社会保障支出对城镇居民收入分配的影响。研究发现，所得税与个人社会保障支出对收入分配的正向调节作用在2002～2004年逐渐增强，而在2005～2011年逐渐减弱，其中个人社会保障支出对城镇居民收入分配逆向调节作用不断增大是我国所得税与个人社会保障支出收入再分配功能恶化的主要原因。刘扬、冉美丽、王忠丽（2014）使用2000年以来的数据，构建居民收入再分配效应、税负归宿的纵向公平、征税模式的横向公平和税收汲取模式四个维度，实证比较中美两国个人所得税对居民收入分配的影响。研究发现2000～2010年，美国个人所得税平均降低不平等程度6%，中国则仅为0.4%；我国个人所得税税收—收入份额比系数接近1，呈现比例性，低收入群体承担等于或高于其收入份额的税收，而美国个税则呈现累进的纵向公平性；我国分类征收模式下不同来源的相同收入税负不同，导致工薪收入者成为主要税负者；我国税收汲取模式下个税的非主体税地位严重制约其再分配功能发挥。整个税制结构问题和个人所得税设计自身缺陷双重阻碍，导致我国个税调节收入分配作用有限，本书的研究为我国个人所得税改革提供了经验证据，并为强化收入再分配职能、体现分配公平提供建议。

雷根强、郭玥（2016）运用中国家庭追踪调查（CFPS）2012年数据，对在劳动所得综合收入中引入包括基础扣除、子女抚养扣除、老人赡养扣除、住房贷款利息扣除和租金扣除的差别费用扣除的个人所得税政策效果进行模拟分析。他们发现，差别扣除能更好地匹配纳税人的个人及家庭负担，体现税收量能负担原则。综合运用基尼系数、阿特金森指数和广义熵指数评估的结果显示，差别扣除更有利于个人所得税发挥调节收入分配的职能，且其引入主要体现在对高收入群体及相对家庭生活负担较重适龄群体收入差距的缩小。另外，在差别扣除中引入地区差异对再分配并无明显作用。建议应适时推行差别费用扣除，同时为其引入应加紧建立覆盖全面的个人纳税信息平台。

三、调节居民收入差距的其他手段相关研究综述

（一）国外研究综述

Kakwani（1977）、Suits（1977）发现，前人的研究没有有效区分平均税率和边际税率对收入分配影响的差异，借助分解居民收入差距基尼系数，利用累积性和 Suits 指数衡量税制的累进程度，通过比较税前和税后基尼系数大小，并结合税收集中度分析税制累进程度。当税前与税收基尼系数为正时说明税制是累进的，也就是缩小了居民收入差距；反之为累退的，不利于收入分配的调节。Ke - young Chu、Hamid Davoodi 和 Sanjeev Gjpta（2000）发现，总体上说，税前收入分配在发展中国家较工业化国家导致较少的不平等，其原因可能是发展中国家没能有效运用税收和转移支付手段来减少收入分配上的不平等。且在发展中国家卫生保健和初级、中等教育并没有取得预想目标，导致其影响是累进的。Herwig Immervoll、Horacio Levy 和 Christine Lietz（2005）认为，欧盟成员国的直接税和现金福利制度在规模和结构上差异较大。利用税收福利模型模拟欧盟现实情况，分析其对跨部门收入不平等的直接影响。Edward N. Wolff 和 Ajit Zacharias（2007）评估了1989~2000年美国政府支出和税收对家庭经济福利的影响，发现整体上的不平等通过政府净支出而大量减少；借助其分解结果可以看出，政府净支出减少收入不平等的效应比税收大。

Mukaramah - Harun、Ahmad Zafarullah Abdul Jalil 和 Nor'aznin Abu Bakar（2008）借助马来西亚家庭部门收入分配数据，分析了公共支出的效应。发现在教育方面的公共支出加剧了种族间的不平等，并导致城市和农村更大的差距。然而，农村和农业上的公共支出对种族之间和城乡间差距有缩小的作用。António Afonso、Ludger Schuknecht 和 Vito Tanzi（2008）检验了在发达经济体里，公共支出、教育和制度对收入分配体系的影响。发现公共政策借助社会支出，间接的高质量教育和人力资本，合理的经济制度等影响了收入分配。Muinelo 和 Roca - Sagales（2010）用43个收入中等偏上和高收入国家1972~2006年的非均衡面板数据分析了不同财政政策工具对经济增长和收入不公平的短期影响。实证结果显示，按照当前的标准扩大政府在支出和税收方面的规模，降低了经济增长速度，但改善了不平等程度。另外也证实公共投资是唯一可以打破以上效率和公平均衡规则的政策手段，即在减少不公平的同时，没有减少产出。所以实证和理论研究都表明在一定条件下，可以突破刺激政策在效率和公平间均衡的两难境地，尤其在短期内提高公共产品投资刺激经济增长，同时缩小收入分配差距。

Agnese Sacchi 和 Simone Salotti（2011）研究了财政分权对家庭收入的不平等效应。以1971~2000年 OECD23 个国家为样本，分析了财政分权对这些国家收

入不平等的影响。基于次级中央政府税收自主权和不同的支出水平，运用稳健的财政分权措施开展研究，借助不同的方法处理潜在的内生性和反向因果关系问题，发现高水平的税收分权和较高的家庭收入不平等相关，这也暗示出于效率原因，财政分权可能更加有吸引力。Florian Misch，Norman Gemmell 和 Richard Kneller（2011）从两个方面评估了经济增长和福利最大化之间的平衡。首先，为了比较经济增长和福利最大化的税率，加入财政政策的内生经济增长模型。其次，根据增长率和福利水平，检验模型产出的区别。注重强调平衡的范围：增大在福利最大化平衡水平以上、以下和相等三种情况的最大税率范围。他们发现，即使经济增长和福利最大化税率有较大差异，也仅表现在增长率和福利水平上有略微差异。

  Koen Caminada，Kees Goudswaard 和 Chen Wang（2012）发现在过去的十年中，OECD 国家的贫富差距一直在扩大。是税收还是社会转移导致这种趋势？是否不同社会计划再分配能力已经被改变？通过放松比较设定财政再分配的几个部分，发现在过去的 25 年（特别是爱尔兰）所有这 20 个国家初始家庭不平等都在扩大。在大多数国家，再分配的范围也扩大了。被选择国家在 1985~2005 年，公共退休金和储存计划对增加再分配贡献了 60%。社会救助大概贡献 20%，对疾病、残疾的福利贡献大概 13%。其他转移支付（伤残职业福利、教育福利、儿童保育现金福利和其他儿童和家庭福利）大约占再分配整个增长的 22%。相反 1985~2005 年，税收的再分配作用降低到 17% 左右。

  Luca Agnello 和 Ricardo M. Sousa（2012）用统计方法识别财政政策效应，发现财政联盟明显缩小了收入差距。财政紧缩计划把公共债务带到一个可持续的发展路径，同时可能减少不平等。扩展性的财政政策对于提高收入分配变化很重要。Joshua Aizenman 和 Yothin Jinjarak（2012）研究了加剧的收入不平等、实际财政空间和主权债务利差之间的联系，用 2007 年、2009 年和 2011 年 50 个国家的数据进行分析发现，较大的收入不平等与较低的税基、较低的实际财政空间和较高的主权债务利差相关，且这些影响的经济效应很大，以 2011 年为例，基尼系数提高 1%，相对应的税基降低 GDP 的 2%，主权债务利差提高 45 个基点。Peter Hoeller，Isabelle Joumard，Mauro Pisu 和 Debbie Bloch（2012）发现，各个国家里工龄中的劳动收入不平等的水平差异很大。劳动收入不平等通过工资率、工作时间等不同因素导致。个人劳动收入不均等也是家庭收入市场不均衡的主要驱动因素。家庭结构也和自我雇佣及资本收入分散一样对收入不均衡起到相对较小的影响。

  Francesco Giavazzi 和 Michael McMahon（2012）用家庭层面的数据研究财政政策效应和家庭对政府支出转移如何反应等。研究识别的方法允许具体时间的总效应，例如货币政策的立场或者美国范围内的商业循环。发现家庭对支出冲击有显著异质性。这个效应随时间变化而不同，同时存在其他因素。支出转移对收入再分配也有显著影响，但估计总乘数效应时消失了。例如，家庭主要劳动力工作较少时间，遭受设定的支出类型的冲击有：发现消费下降，工作时间提高，实际工资下降。Iris Claus（2012）评估了亚洲在收入不平等方面政府财政政策的效用，探讨了财政政策再分配的角色和量化效应。当税收制度倾向于累进时，政府支出用于收入再分配时更加有效率。另外，分析结果显示，亚洲政府在社会保障方面的支出明显有不同的分配效应，其社会保障支出明显加大了收入不平等程度，而在世界其他地方都是社会保障减少收入不平等。这种逆向效应主要是受亚洲国家在住房方面的支出影响。

Eric J. Toder, Benjamin H. Harris 和 Katherine Lim（2012）分析了税式支出中三个重要部分（自有住房补贴、医疗护理和退休储蓄）的分配效应。这三项总计占有税式支出的47%，大约占GDP的3%。主要依赖税收激励来鼓励自我住房、医疗保险对工作家庭的覆盖和中等收入家庭的退休储蓄。Leah Boustan, Fernando Ferreira 和 Hernan Winkler（2012）认为，现今扩大的收入不平等是和美国市政公债和学区大范围提供服务而逐渐扩大政府税收及支出有关。Sean Higgins 和 Claudiney Pereira（2013）发现，在拉丁美洲相对于其他国家，巴西有更高的税率和大量的社会支出。利用包含劳动和非劳动资源支付的直接税、养老金制度的贡献、接受的转移支付、利用的公共教育和健康服务和消费等丰富的家庭调查数据估计巴西财政政策对收入再分配效应。丰富的数据允许挑出每一种直接税和转移支付的效应。在支出方面，尽管巴西有目标明确的反贫困措施，但是很大比例的转移支付的受益人并非贫困人群，相对于大比例的支出，不平等和贫困减少是很低的。在税收方面，很多贫困的人支付的税收比他们得到转移支付的要多。

（二）国内研究综述

安体富、任强（2007）认为，我国现今的收入分配格局是由三次分配共同作用导致的，在此基础上，阐述了税收调节居民收入分配的机理，并就政府如何有效提高税收调节收入分配差距效率提出相应的政策建议。李稻葵、刘霖林、王红领（2009）探析了我国初次分配中劳动份额不断下降的趋势，并结合世界各国情况，发现在世界各国发展过程中，劳动份额在初次分配中比重呈"U型"规律，其转折点为人均GDP6000美元（2000年购买力平价），且我国初次分配中劳动份额的变动情况也符合这一规律。

孙玉栋（2009）提出我国税制结构对调节居民收入分配有一定作用，但也存在调节力度弱化和逆向调节作用。在重点分析引致原因基础上，从税制结构改进、优化征税纳税环境等方面提出政策建议。罗长远、张军（2009）通过对我国劳动收入占比变动的实证分析，发现不同产业劳动收入的占比与产业结构变动呈正相关关系。借助劳动收入与产业数据的比率发现：各产业劳动收入占比和相应产业比重的差异是由劳动收入占比变动引起的。吕冰洋、禹奎（2009）基于分解我国历年资金流量表，认为我国目前宏观税负较高，其中原因是我国经济社会发展带来的税收增长红利的集中释放，使得税收增长速度长期超过GDP。同时由于我国间接税是税收收入主要来源和间接税自身具有的累退性特点，导致居民部门负担了主要税负。

罗涛（2010）构建由税种、税制结构、征管制度、合理的税收负担四大要件组成的理论模型，研究税收调节系统内各要素之间的互动关系和税收调节系统与环境系统之间的互动关系。闫坤、程瑜（2010）认为，现今我国收入分配差距问题较为严重，财税政策作为主要调节收入分配工具，在我国并没有有效发挥其作用，提出借助收入和支出两种手段来完善财税政策的建议。吕冰洋（2010）认为，要素收入分配、居民收入分配和国民收入部门分配都受税收政策变动影响，但影响机理和程度不同。同时，结合我国税制结构特点和理论分析，提出完善我国利用税收调节居民收入分配的对策。

吕冰洋、郭庆旺（2012）认为，应以均衡公平和效率为原则，综合以市场为主的税前要素收入分配和以政府为主导税后要素收入分配方式，通过估算我国要素收入分配情况发现：从我国整体情况看，税前和税后劳动分配份额比重一直持续下降，税前和税后资本要素分配份额比重呈先升后降，之后逐步平稳的趋势。但是，两种要素收入分配份额一直是税前分配份额高于税后分配份额。何其春（2012）发现，企业家收入份额的下降能减小居民收入差距，增加对企业家来自创新收入的累进税率会减少其劳动投入和降低企业增长速度，但有益于改善居民收入差距水平。因此，增加劳动收入税率会加大工人和企业家之间的收入差距，但经济增长速度受其影响较小。

四、居民收入差距动态评价指标及税收调节机制相关研究综述

基尼系数或泰尔熵指数是衡量收入分配公平与否的静态指标，不能全面反映特定收入阶层经历了一段时间的变化以后其所拥有的收入份额或所在收入阶层发生变化的程度，因此，20世纪60年代开始，国外学者从动态的角度研究收入分配问题，构建了收入流动性这一指标体系，并将此指标应用到收入分配领域，以反映机会公平程度及收入动态分布问题。收入流动性指标体系的构建弥补了基尼系数、泰尔熵指数等原有相对静态的研究收入不平等或贫困问题的传统范式。

（一）国外研究综述

早期的收入流动性研究主要从社会流动性概念的角度衡量国别之间的差异

性，例如，Friedman 在 1962 年对资本主义和非资本主义制度之间的社会公平性的研究成果。此后，Boudon、Bibby、Bartholomeus 等学者分别在 1973 年、1975 年和 1978 年关注收入流动性概念的界定。由于观察的角度不同，每个学者对收入流动性含义的理解及研究方法都有着显著差异（Fields and Ok，1996）。20 世纪 90 年代至今，针对发达国家收入流动性的国别研究以及欧洲地区和美国之间、欧洲内部各国之间、拉美国家间收入流动性的国际比较文章较多。国别研究中较为典型的包括 Jarvis 和 Jenkins（1998）对英国、Corak 和 Heisz（1999）对加拿大、Canto（2000）对西班牙、Lee 和 Solon（2009）对美国的研究等。Auten Gerald 和 Gee Geoffrey（2009）利用美国的纳税申报数据分析了美国不同收入阶层收入流动程度及背后的制度因素。他们认为，虽然许多研究已经记录了美国经济收入不平等的长期趋势，但人们对收入流动性和向上流动的潜在机会关注较少。从个人所得税申报表的面板数据来看，1987～1996 年、1996～2005 年，在美国存在较大规模的收入流动性。这一结果与现有的移动性的研究相一致。数据显示，超过一半的人的收入位次移动到另一个不同的 1/5 的收入位次；每个周期结束时，大约有一半的纳税人开始在收入底层的 1/5 上升到高收入组。相比之下，基准年收入最高的人更有可能降到低收入阶层，而这些纳税人的平均实际收入在每一个时期都有所下降。经济增长导致大多数纳税人在这两个时期的收入增加。收入分配的初始位置和婚姻状况的变化被认为与收入分配的最大向上或向下变动有关。

国际比较中包括 Aaberge 等（2002）对斯堪的纳维亚地区和美国之间、Van Kerm（2004）对德国、比利时和美国之间、Fields 等（2006）对拉美国家之间的比较研究是典型代表。

2013 年，美国哈佛大学和伯克利大学的学者联合研究了美国不同城市收入流动性的差异以及导致这种差异的原因，并表明税收政策是否先进是收入流动性高低的重要影响因素。Bayaz – Ozturk Gulgun、Burkhauser Richard V. 和 Couch Kenneth A.（2014）比较研究了德国和美国 1984 年和 2006 年的代内收入流动性。文中提出，跨民族文学经常分析代内收入流动性在很短的时间内，流动性可能会被认为是不变的。研究认为，一个重大的社会变革——德国统一——突然地、永久地改变了流动性。在 1984～2006 年使用标准的措施（与西部的德国州和美国的面板数据），发现德国的收入流动性是更传统的结果。但是，将数据削减到 5 年时发现，在德国统一后的几年里，收入流动性大幅度下降，但在美国，这两项措施都没有显著下降。

Murtazashvili Irina、Liu Di 和 Prokhorov Artem（2015）用一种新的非参数方法估计美国和瑞典的代际收入流动性。该方法解决了文献中提出的几个经验问题，并适用于其他估计。研究认为,以前对收入流动性的估计通过保持家庭间的流动性来掩盖传输机制的异质性。我们发现,在家庭背景的流动模式中,父亲的教育所引起的显著差异使我们质疑传统的结果,即瑞典的人口代际传递比美国的人口中重要的部分要弱。

关于税收和收入流动性的研究较为典型的文献是 Kennedy,Sean 和 Jin,Yosuke 和 Haugh,David 和 Lenain,Patrick(2016)基于爱尔兰税务委员的行政税收记录做的一篇实证文章。文章采用一个新的面板数据分析了收入不平等在爱尔兰的发展状况。研究表明,按国际标准衡量爱尔兰市场收入的高度不平等似乎是由收入分配的两端驱动的。随着时间的推移,收入流动性的分析表明,在收入分配的两端都很低,尽管它在危机开始后在低端增加,反映了劳动力市场的急剧恶化。研究数据证实,所得税制度是"高度进步的高端收入分配和福利制度提供了爱尔兰的低收入阶层"最重要的支持。过去十年中,税收和福利制度的再分配功能有所提高,这主要归功于政府的各项收入支持计划,也有赖于法定税率的渐进式改革。

Nissanov 和 Zoya(2017)利用俄罗斯纵向监测调查(rlms – hse),采用混合模型的方法分析了 1995~2007 年俄罗斯的收入流动性的决定因素。按照家庭收入分组进行的组内分析的结果表明,中间阶层流动性的概率大于穷人或富人。然而,如果一个家庭远离中间群体,下降到底部组的概率远高于向上移动的概率。

此外,有些研究是针对发展中国家展开的收入流动性和不平等之间的研究。例如,Guven,Aytekin 和 Dalgic,Basak 和 Tansel,Aysit(2016)通过分析 2005~2010 年的土耳其收入和生活条件(SILC)来分析收入不平等及收入流动性。研究发现,在调查期间,土耳其的收入不平等相当高,收入流动性却相当低。这一研究的结论包括:随着时间的延长,土耳其的收入流动性增加,但收入流动性并没有减少收入不平等。与分布的两个尾部的个人相比,在收入分配的中间阶层移动性更强。最低收入群体中只有 1.7% 的个体能够移动到最高收入群体中。

近两年,在原有研究基础上,学者们开始关注地理和居住环境等新的因素对代际收入流动性的影响。例如,Rothwell 和 Massey(2015)认为,代际经济流动的研究往往忽视了童年的地理环境,包括邻里素质和地方购买力。文章推测,在代际流动的个体差异部分归因于区域和邻里条件,特别是能否获得高品质的学校这一因素。未来父母收入在 50% 左右情况下受到现阶段邻里的收入水平影响。表明社会环境、邻里效应是影响代际收入流动性的主要因素。

在国别研究基础上,有些学者从长期和短期收入分配均衡角度衡量国内不同地区之间的收入流动性及收入分配的差异性。某一时期收入分布程度看似相同的两个地区,若收入流动性存在较大的差异性,长期内两个地区的收入分配状况会出现截然相反的结果,那些收入流动性较大的地区通常享有更好的社会福利(Friedman,1962;Formby,Smith 和 Zheng,2004)。正如 Khor 和 Pencavel 所说,收入差距较大但同时具有较高的收入流动性的社会,长期而言,收入分配不公现象可能不会继续恶化(Khor and Pencavel,2006)。

(二) 国内研究综述

随着我国家庭微观数据调查研究的兴起并逐渐得以应用,进入 21 世纪以后,有些学者开始关注我国农村地区收入流动性的测算及其影响因素的分析。

较早且系统全面地利用定量方法进行流动性问题研究的学者为王海港(2005)。他利用中国经济、人口、营养和健康调查(CHNS)数据分析了 1989~1997 年中国家庭的收入流动性,发现高比例持续贫困的发生比较分散,并不固定在哪一类型家庭。随后,王海港(2007)利用中国社会科学院经济研究所 1988 年、1995 年"中国城乡居民收入分配"抽样调查(横截面数据),研究了高、中、低收入阶层在总体收入分配中的地位及其变化的方向,得出 1988~1995 年没有明显的证据显示农村居民收入两极分化,城镇居民在排除了收入最低的 10% 人口后,高、低收入两极分化;中间收入阶层的收入份额减少,财富向高收入者集中;收入者在不同的收入等级之间的流动更加容易。同时,依据 1989~2000 年"中国经济、人口、营养和健康调查"面板数据研究流动性。发现 20 世纪 80 年代末 90 年代初农村人口收入流动性程度最高,90 年代初以后城市人口收入流动性大幅提高;人口内部分组中受教育多的家长的家庭有相对稳定的高收入;90 年代收入的流动性对改善农村居民内部不平等的贡献越来越小,但对城市和城镇居民的作用明显。此外,利用 1988 年、1995 年"中国城乡居民收入分配"抽样调查,研究了城镇居民的代际收入弹性,发现 1988~1995 年我国城镇居民收入的代际流动性降低;高收入父母的收入对子女收入的影响远大于低收入父母。基于上述分析得出结论,改革和市场化在城镇为贫穷家庭的子女创造了一些改变命运的机会,但也更加巩固了富家子弟的地位。改善收入分配、培养中等收入阶层和降低收入的代际依赖程度需要进一步开放行业管制和劳动力市场。

Khor 和 Pencavel(2005)利用中国社会科学院收入分配课题组 1995 年的城镇住户调查数据,分析了中国 1990~1995 年居民的收入流动性,结论是这一期间中国的收入流动性高于美国和一些发达国家。孙文凯、路江涌、白重恩(2007)利用农业部 1986~2001 年六省农村固定观察点数据,对农村家庭收入流动进行了经验分析,发现:第一,分析期内农户呈现出收入流动程度随时间先增大后逐渐稳定的趋势,这使得持久收入不均等程度显著小于年度不均等,1995 年以后虽然有较大的年度收入不均等,但持久收入不均等较小;第二,分析期内农村收入流动始终大于同期城市收入流动；第三，在 1986~1990 年，农民平均收入较高省份的收入流动程度较大，而在 1995~2001 年，各省收入流动差异并不明显；第四，农民收入水平有条件收敛的趋势，同时，教育水平提高、外出打工，都对农民收入增长有显著的推进作用。

有些学者表示，如果在收入分配分析时考虑了收入流动性因素，收入分配问题可能就没有人们所想象的那样严重，因为今天的穷人可能成为明天的富人（章奇、米建伟、黄季焜，2007）。研究者利用中国农村的调研数据，发现最穷的 25% 的农村居民收入地位向上流动的可能性在增加，而中等收入农民的向上收入流动性却逐步陷入停滞。文章还把富人和穷人之间的收入差距的变化分解为两个部分：一是一直停留在富人阶层和穷人阶层的那部分人的收入的变化，二是向上流动到富人阶层或向下流动到穷人阶层的那部分人的收入的变化，发现收入流动性的变动对收入差距变化的作用是在不断上升的。最后，利用 Multinomial Logit 模型对可能影响收入流动性的各种因素进行定量分析，发现家庭抚养人口、人力资本禀赋和土地转包等因素对农村居民的收入流动性有明显影响。张立冬等（2009）、王朝明等（2008b）、王晓等（2009）利用不同的流动性测算方法计算了我国农村居民的收入流动性，但较少涉及收入流动性影响因素的全面考察。

尹恒、李实、邓曲恒（2006）利用中国社会科学院收入分配课题组收集的 1995 年和 2002 年的住户调查数据，进一步考察 20 世纪 90 年代以来中国居民的收入流动问题。分析结果显示，与 20 世纪 90 年代上半期相比，20 世纪末以来中国城镇人口的收入流动性大大下降。具体而言，1998~2002 年中国城镇个人的收入流动性比 1991~1995 年显著下降。这种下降是全局性的，即不同特征人群的收入流动性都呈现出同步下降的趋势。1991~1995 年出现的较高的收入流动性，其结果是低文化程度者、退休人员和集体企业职工等人群迅速沉入收入分布的底层，而金融业人员、机关事业单位人员和管理人员等人群迅速升至收入分布的顶层。1998~2002 年，收入流动性的降低使得收入阶层的分化趋于稳定化。

权衡（2005）是较早研究收入流动性的学者之一，早期的研究偏向于定性的角度分析收入流动性的形成机理及影响机制，后期也利用定量方法测算居民收入流动性的绝对量和相对值。权衡（2008，2012，2015）从收入流动性分析出发研究收入分配问题，认为传统的"经济增长—收入分配"替代论的分析框架将会被进一步拓展为"经济增长—收入差距—收入流动"的新分析框架。该框架的实质在于强调经济发展和收入分配过程中的机会均等，特别是强调公民教育机会和基本医疗的健康机会的公平，不仅有利于提升经济社会发展的内在效率，而且还可以通过促进收入流动而缓解收入差距过大而带来的社会压力。收入流动性可以实现收入分配中的公平与效率的统一。从中国目前的实际情况看，权力因素、教育资本以及制度安排依然是影响中国城乡居民收入流动的主要因素，其中权力和教育因素是所有影响城乡收入流动的最重要因素。因此，通过制度创新实现机会均等，促进收入流动，才是解决收入分配问题的关键与核心。

王洪亮（2009）从区域收入流动性的角度构造出新的流动性指标，测算出了我国各个地区之间居民收入流动性及年际相关系数，这一研究开辟了对我国收入流动性问题研究的新的视角和方法。研究中运用1978~2005年中国分省份分城乡面板数据，采用收入转换矩阵、新构造的收入流动性指数和收入年际相关系数等方法对中国区域居民收入流动性问题进行了研究。文章探讨了收入转换矩阵方法的一些不足，并尝试采用其他方法对区域居民收入流动性做进一步分析，其一是新构造的收入流动性指数，该指数具有良好性质，其介于0~1区间，同时能够对收入流动性的来源进行分解；其二是采用收入年际相关系数来分析区域居民收入流动性，在计算出相邻任意年份的收入相关系数基础上建立经济计量模型，分析不同时期不同区域收入流动性的大小。研究结果表明，区域居民收入流动性越来越低，但不同地区居民收入流动性强弱有别。从城乡看，1985年前居民区域收入流动主要来源于农村，1985年后居民区域收入流动主要来源于城镇；从地区看，东部地区区域居民收入流动性高于中部，中部地区又高于西部。王晓（2013）也做了类似的研究，认为我国实施"区域差异改革"策略导致东中西部遵循不同的发展轨迹，因此，分区域考察中国城镇居民收入流动格局有着重要意义。通过对区域城镇居民收入流动分析发现：第一，东部和中部的收入流动水平在1993~1997年达到最高，随后不断下降，西部地区在2000~2004年达到最高峰后出现下降。第二，从不同收入阶层地位的动态演化来看，各地区中等收入阶层经济地位具有不稳定性；相比中部和西部，东部的顶层缺乏流动性，同时底层居民表现出较强的向上流动水平。第三，进入2004年之后，中西部地区收入流动的绝对值及其福利的增长速度高于东部。因此，创造机会平等的公共政策，打破限制劳动力跨区流动的制度障碍，建立完善的福利保障制度，以及大力发展第三产业，从而实现居民收入总体向上流动比例大于向下流动比例具有重要的政策意义。

严斌剑、周应恒、于晓华（2014）通过多种收入流动性指标衡量农村地区不同收入阶层之间的流动性，并利用实证分析方法探讨了影响农民收入流动性的因素。分析结果表明，中国农村收入流动性在波动中呈下降趋势；最低收入群体呈现收入固化态势，中等收入群体进入低收入群体的概率大于进入高收入群体的概率；受教育程度改善、非农就业程度提高、家庭生产性固定资产扩大、家庭赡养比提高对家庭收入水平和收入位置的提高影响显著。同时表明，在诸多影响因素中税费负担对农村居民收入水平和收入位置具有显著影响。

五、前人研究总结与评价

上述税收制度对居民收入分配问题的研究比较系统地分析了直接税和间接税等对要素收入分配、经济增长和居民收入差距产生的影响，国外的研究较为细化，研究丰富，数据翔实，虽然各个国家国情差异较大，但基本原理是相通的，所以为我们进一步分析税收对我国居民收入差距的经济效应影响提供了较好的视角、思路和方法。现今，我国调节居民收入分配的税收政策研究侧重税收调节收入的一般原理、制度设计和政策取向等问题，定性分析相对较多，定量分析较少。另外，相关的定量和实证分析，分析方法的规范性等方面都与国外同类成果有一定的差距。但我国学者研究居民收入差距的总体共识是现行税制在调节收入分配方面发挥的作用相当有限，原因可能在于我国国情较为复杂和税制结构失衡，直接税税种不全，收入占比低，间接税累退性强，各相关税种之间缺乏完好的分工与协调等。国内的研究从税收对居民收入差距影响动态效应视角研究不同税种对居民收入规模产生的影响以及税制结构、税收负担对居民收入产生的经济效应方面的实证研究较少且不够深入。与此同时，没有系统地考察税种搭配、税制结构和税收负担对居民收入以及社会福利产生的差异以及税率水平对居民收入差距造成的影响，而对这些问题的研究涉及能否构建有效的税收调节居民收入差距机制的关键因素。本书重点围绕税收对居民收入产生的动态效应和调节机制展开研究。

此外，大多数关于收入流动性的研究注重流动性的测算及其新方法的探索，对于地区居民收入流动性的影响因素及其作用机理的研究较少，且将税收这一收入分配重要手段纳入分析框架来探索二者之间相互关系的文章则更是凤毛麟角。在诸多税种中，个人所得税是影响城镇居民收入水平的重要因素。我国自1980年实施个人所得税以来，经过多次改革和调整，2006年、2008年和2011年相继调整个人所得税的免征额，对城镇居民收入水平和流动性的影响程度较为深远。由于在我国公开的多数微观数据中较少涉及劳动者缴纳的税金、税前和税后收入这些指标，因此，基于微观数据来研究我国税收对收入流动性的作用机理存在一定的困难，而宏观层面分省份的数据资料一般会统计出家庭人均支出中个人收入税这一指标，这为本书的研究提供了重要的数据来源。

第三节 研究内容及框架

一、研究内容

围绕"税收对居民收入差距影响的经济效应"开展研究,以内生收入分配理论为基础,将居民收入分配格局动态演化,进行递归分析,并通过政策变量之间的变动关系来检验税收对居民收入差距的动态效应,构建调节居民收入差距的税收政策协调机制。其中,通过分别构建所得税类和流转税类对居民收入影响的计量模型,动态分析各个税种对居民收入影响的响应程度和相对贡献率,同时结合各个税种、税制结构和税收负担之间作用机理,将前面实证分析的各个税种与居民收入差距的关系纳入其中,全面系统分析税收对居民收入差距的影响机理和路径。研究内容具体分为以下几个方面:

(1) 绪论部分。绪论中阐述研究的背景和意义,在此基础上,对国内外关于税收调节居民收入差距、动态收入分配研究相关文献进行整理和归纳,优化本书的研究方法,构建研究主线和框架。

(2) 理论基础。对税收调节居民收入分配差距的理论进行详细论述,分收入分配理论、公平课税理论和最适课税理论等几个方面构建本研究的理论基础,在此基础上,在 Blanchard - Yaari 框架中动态分析税收对居民收入增长影响的理论模型,为后续实证分析奠定理论基础。

(3) 指标体系。我国国民收入流程及静动态分析框架。探讨我国国民收入分配流程,分析不同收入分配的不同阶段的特征及现状。多维视角介绍静态收入分配指标,在此基础上比较分析各类指标之间的共同点和差异性;多维视角介绍动态收入分配指标,在此基础上比较分析各类指标之间的共同点和差异性;总结和归纳静态和动态指标在收入分配体系中的特点和互补性。

(4) 现状分析。通过数据的分析,研究城乡之间、不同地区之间、不同行业之间的居民收入差距扩大的趋势,分析国民收入分配格局中居民收入占比、劳动报酬在初次分配中的比重,并探讨收入分配秩序中存在的问题。此外,利用简单的实证分析模型界定居民人均可支配收入与居民收入差距之间关系,为进一步研究税收对居民收入差距的动态经济效应研究奠定理论基础。

(5) 制度机理。探讨税收对我国居民收入差距调节作用。首先,分析税收在国民收入分配体系的作用。其次,对比分析流转税类和所得税类对居民收入再分配调节作用机理,论述了所得税类和流转税类调控居民收入的政策分析等。

(6) 静态效应——不同税类对收入分配的作用机理。探讨税收种类对居民收入的静态效应。首先,建立各个税种与居民人均可支配收入的模型,并依据经济理论和事实,对变量关系进行界定。其次,构建居民收入对所得税类和流转税类的动态结构冲击模型,从计量刻画税收对冲击反应程度,并计算各个税种对居民人均可支配收入的相对贡献度,从而为完善我国税收调节居民收入差距提供政策建议。

(7) 静态效应——税制结构对居民收入分配的作用机理。分析税制结构和税收负担对居民收入的静态效应。首先,建立各个变量的计量模型,并对数据进行调整分析,建立 VAR 模型,分析税制结构和税收负担对居民收入动态冲击的响应程度。其次,在上述分析基础上,研究税制结构和税收负担对居民收入的相对贡献度,为分析税制结构和税收负担等内在作用机理和现行税制改革提供可借鉴价值的建议。

(8) 动态效应——税收负担对收入流动性的作用机理。构建绝对收入流动性和相对收入流动性的收入分配动态评价指标体系,在此基础上,测算城镇居民及农村居民的绝对收入流动指标和相对收入流动指标,利用面板 GMM 模型、面板固定效应模型、面板随机效应模型、面板 Logit 模型探讨税收负担对城镇居民和农村居民收入流动性的作用机理,研究个人所得税政策改革、农业税政策调整等税收政策变化对城镇居民和农村居民的收入流动性及收入分配带来的影响。

(9) 国际经验。探讨税收对居民收入制度效应及调节机制的国际借鉴。分析发达国家、新兴经济体和发展中国家在经济发展过程中调节居民收入差距的相关税收政策和调节手段,借鉴这些国家实践中调节居民收入的税收制度安排和政策调整,总结成功经验和失败教训,阐述税收政策调节我国居民收入差距的启示。

(10) 政策启示。分析我国税收对收入分配的动态机制完善对策。依据税收对居民收入的静态和动态效应的定性和定量分析的结果,提出进一步深化税制改革的方向和目标,探讨通过税收政策切实减轻居民收入负担、协调收入分配模式和调节居民收入的对策,构建存量财富等税收调节机制的制度方案。

(11) 结语部分,总结全书、分析本书中的不足和缺陷,展望未来研究的拓展空间。

二、研究框架

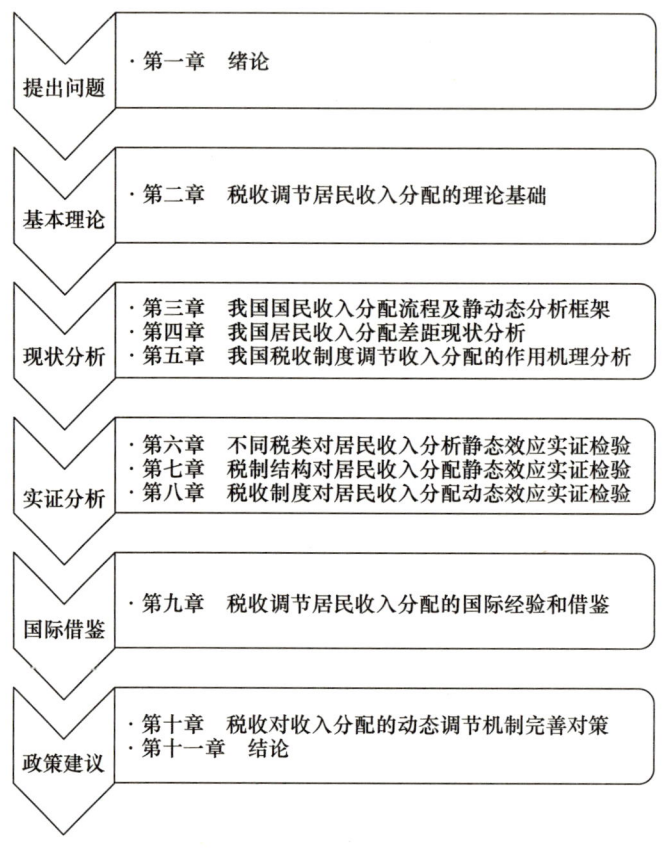

图1-2 研究框架

第四节 研究思路和方法

一、研究思路

本书以公共经济学、税收经济学、福利经济学、制度经济学等理论为指导,利用 Eviews 和 Stata 等最新版本计量分析软件,按照以下思路开展研究:文献回顾和理论基础分析→税收对居民收入影响的动态效应理论模型→不同税种对居民收入的动态效应实证分析→税制结构和税收负担对居民收入的动态效应实证分析→税收调节居民收入分配的国际借鉴→税收调节居民收入差距的完善对策→总结。

二、研究方法

针对不同的研究内容，本书分别采用定性分析方法和定量分析方法。

对于定性分析方面，本书首先运用文献分析法梳理国内外学者的相关研究成果并确立研究的理论基础，通过比较研究法探讨居民收入增长较快的典型国家税收制度改革的成功经验及存在的问题，在此基础上构建理论模型，通过不同收入群体的税收负担情况以及国家权威统计数据资料建立数理模型并进行指标分析之间的描述性统计分析，探寻经济变量间的平衡关系和影响路径，全书以实证分析为主，辅以规范分析，探讨税收调节居民收入差距的调节机制。

对于定量分析方面，在静态收入分配税收作用机理方面，本书采用面板数据向量自回归和结构向量自回归方法进行研究。在动态收入分配税收作用机理的相关内容方面，结合被解释变量取值范围和特征，选取连续型或离散型的检验方法。以税收对城镇居民收入动态调节机制中的实证检验方法为例，在考察税收对城镇居民绝对收入流动性的动态作用机理的检验方程中，本书选取了面板系统GMM模型进行估计；在考察税收对城镇居民相对收入流动性作用机理的检验方程中，本书选取了面板有序Logistic回归模型进行检验。

第五节 研究创新和不足

一、可能的创新

（1）首先通过公式计算出我国居民收入整体基尼系数，然后分别选取城镇居民人均可支配收入和农村居民人均可支配收入为研究对象，构造VAR模型，对基尼系数、城镇居民人均可支配收入和农村居民人均可支配收入进行动态效应分析，发现提高城镇居民和农村居民人均可支配收入能有效降低基尼系数，但农村居民人均可支配收入对基尼系数相对贡献率大于城镇居民的贡献率。同时利用计量回归分析得出，我国居民人均可支配收入的提高对提高中低收入阶层作用远大于对高收入阶层的作用，所以我国现今居民人均可支配收入能较好代表我国居民整体收入情况和中低收入阶层分布,因此选取其为研究对象有较强的理论和实践价值。

(2)在研究内容和分析方法上,本书首次利用季度数据将不同税种对居民人均可支配收入进行动态实证研究,在此基础上比较分析各个税种对居民收入的动态影响程度和路径,探析现行税制调节居民收入差距的相对贡献率,能更好揭示我国税制调节居民收入差距的真实情况,从而为现行税制改革提供更具针对性的改进建议。

(3)结合前文实证研究中各税种对调节居民收入差距的机理,从税制结构和税收负担对居民收入的动态经济分析视角入手进行实证分析,研究税制结构和税收负担对居民收入差距的具体影响机理和路径,并对现行税制结构和负担进行具体评述,提出可行的改进建议。

(4)在结论上,通过实证分析税收对居民收入的动态经济效应得出,现行个人所得税对城镇居民收入调节作用远大于对农村居民收入调节作用;现行企业所得税对城镇及农村居民收入调节作用相当。现行消费税对城镇居民收入有逆向调节作用,对农村居民收入有较小正向调节作用。增值税和营业税对城镇及农村居民收入有负向调节作用,其中对城镇居民收入调节作用大于其对农村居民调节作用。税制结构对城镇居民收入调节作用较小,对农村居民收入基本没有作用。税收负担对城镇居民调节作用较大,对农村居民调节作用较小。

二、存在的不足和未来研究拓展

受研究数据、方法和范围限制,本研究虽然尽力去完善,但仍有一些不足。首先是限于实证研究数据掌握不够充分和不可得,实证模型研究还不够细化,导致有些实证模型无法进行回归等。有待于建立大型微观面板数据库,对理论和实证模型还需要深入分析,增加各税种对各阶层居民收入的动态影响机理和效率分析,尤其要考虑收入流动性等因素的影响,因其能动态化衡量我国居民收入差距水平,体现公平和效率的均衡,符合可持续发展原则,所以融入居民收入流动性指标能更加全面有效地分析税收调节居民收入分配的机制,从而提出更加有价值的建议。

研究动态收入分配的税收作用机理过程中,本书虽然立足于地区间收入流动性的多维视角探讨税收负担、地区特征因素对收入流动性的边际效应。但是,由于受到数据可得性的限制,没有更加深入地研究居民个人及家庭异质性对收入流动性的作用机理。此外,本书仅从绝对和相对的角度刻画了流动性指标,没有细致和全面地反映不同维度下的流动性测算方法来揭示其变化与成因。今后可以结合个人、家庭及社区等微观数据,进一步考察地区之间、阶层之间、行业之间的收入流动性及相关制度的政策效应。

第二章 税收调节居民收入分配的理论基础

本章从收入分配理论、最优课税理论、公平课税理论、税收福利效应理论、税收对动态收入分配作用机理等角度全面、深入探讨收入分配理论基础，比较分析不同理论之间的共性和差异，剖析税收对收入分配的理论机理。

第一节 收入分配理论

一、收入分配理论概述

收入分配理论的探讨对于我国实现居民收入倍增、缩小贫富差距的相关税收政策建议具有重要理论依据，就收入分配而言有广义和狭义之分。国民收入分配被称为广义上的收入分配，指一国或一个地区一定时期内经济活动成果在各主体之间的分配。在各部门、各生产单位和非生产单位以及居民中的分配过程称之为狭义的收入分配，这种过程包括初次分配、再分配和最终分配三个过程。

二、收入分配理论演进

收入分配理论一直是国内外所关注的热点问题，下面从古典经济学、新古典经济学、马克思主义经济学、福利经济学以及当代经济学等几个派别进行分别介绍。

收入分配问题一直是以威廉·配第、亚当·斯密、大卫·李嘉图等为代表的古典经济学派所关注的焦点，且包含土地、资本、劳动这三种生产要素的收入分配方式是其研究重点。其中，威廉·配第最先阐述了地租理论、利息理论，在此理论基础上考察了工资、地租、利息等范畴，提出了劳动价值论。亚当·斯密以威廉·配第的理论作为财富创造和收入分配问题的分析基础及出发点，总结出劳动价值为工资、资本价值为利润、土地价值为地租的结果。亚当·斯密认为，虽然雇主方有较强的压低工资议价能力，但支付给劳动者的工资有一个最低水平，即为劳动者能够维持基本生存所需的开支。大卫·李嘉图认为传统政治经济学应该成为收入分配问题和规律研究的核心。

19 世纪 70 年代，以边际效用价值论为研究重点的新古典经济学派替代了以劳动价值论为核心的古典经济学派，以需求为研究主线，贯穿始终；认为边际效用递减规律是解释经济现象的基础规律，可以在市场中发挥基础性配置作用，并达到最优配置，主要代表人物有克拉克、马歇尔等。克拉克认为，各生产要素由边际生产力来决定收入分配，即每一种边际生产投入获得相应的报酬。马歇尔将企业家才能放入萨伊的生产三要素理论里，创建了生产四要素理论，并利用均衡价格分析法研究每种生产要素均衡的供需价格，即收入分配理论由工资、利息和利润来决定。

在古典经济学、新古典经济学派的理论基础上，马克思主义经济学家通过探析资本主义社会生产关系及其本质，阐述了收入分配模式与资本主义经济社会中制度和体制间的相互影响，认为资本主义社会里大量失业和收入差距过大现象是由其资本主义经济的本质决定的，即资本主义发展必然伴随着资本过度集中和资本有机构成提高等特征。同时，其日益扩大的生产力导致快速增长的供给能力与逐渐衰退的需求之间矛盾日趋激化，随时可能爆发经济危机。马克思主义认为，经济发展和收入分配之间联系非常紧密，经济制度变更对收入分配制度体系起决定性作用。

凯恩斯则认为，实现充分就业和提高消费倾向将提高资本积累水平，并可能造成居民收入两极分化，且从长期看，不利于资本主义发展，同时公平的收入分配也会刺激消费倾向，也就是收入分配关系会影响到居民消费倾向。

新剑桥学派作为凯恩斯主义的重要分支，认为征收高额累进所得税和财产税能有效缩小收入分配差距的制度改革，鼓励政府对低收入的家庭实施补助，主张将军事部门掌握的资源向民用部门转变，重新配置资源，大力鼓励出口，控制进口，从而创造更多就业岗位。此外，政府应加强对灰色收入以及非法形成的财产收入的监管，实施罚没政策。

新自由主义是一个包括众多学派的思想和理论体系。狭义新自由主义主要是指以哈耶克为代表的新自由主义。广义新自由主义，除了以哈耶克为代表的伦敦学派外，还包括以弗里德曼为代表的货币学派、以卢卡斯为代表的理性预期学派、以布坎南为代表的公共选择学派和以拉弗、费尔德斯坦为代表的供给学派等，其中，影响最大的是伦敦学派、现代货币学派和理性预期学派。新自由主义的收入分配理论的主要政策主张是劳动和资本等生产要素按照市场机制获得相应的报酬,报酬的多寡有赖于要素的供给和生产能力需求的均衡过程。对于劳动力的价格问题,新自由主义者认为,按照劳动力市场的供给与需求而得到保障,经济体会按照市场体制进行自我调整直至充分就业。在政策层面,新自由主义者主张解放对劳动力市场的管制,取消就业保障和刚性工资,但其结果却导致工资及收入的差距的扩大。按照新自由主义的理论解释的话,这种不平等是由于市场机制对人的回报。同时,新自由主义创造"自然失业率"的概念,一是为平均失业率的上升提供了政策解释,二是为资本要素报酬率的上升提供了政策分析依据,这些政策有利于富有阶层和金融部门,同时主张下调税率而提高高收入阶层的收入水平。

第二节 公平课税理论

一、公平课税理论概述

公平课税论(Theory of Equitable Taxation)来源于亨利·西蒙斯的研究。他主张政府应该尽量少地干预经济生活,即政府只干预市场不能办到的事情,也就是政府做好守夜人的角色,并通过政府参与再分配过程,以利于更加广泛的公平。

20世纪中期开始,经济学家针对如何构建良好的税制及其构成要素做了不断的探索。到目前为止处于主流地位的税制改革理论主要有公平课税理论、最适课税理论、财政交换论。公平课税理论兴起于20世纪50年代和60年代,最适课税理论兴起于70年代,财政交换理论则复兴于90年代,三大理论对各国税制建设和改革提供了重要的理论和实践价值,并产生了深远影响。

公平课税理论主张政府在设计和改革税制时既体现公平原则筹措资金,又适度限制政府对市场经济的干预。打破这种双重政策目标的两难境地在于如何选取适度的税基。

二、公平课税论的理想税制

公平课税论下的理想税制,主要是根据综合所得概念对宽所得税基课征累进的个人直接税。就香兹—黑格—西蒙斯的所得概念而言,"毛所得"可能包括工资和薪金、经营所得(如合伙经营所得、独资经营所得以及农业所得等)、资本所得、租金、特许权使用费、附加福利、耐用消费品的估算租金、转让所得、养老金所得以及赠与和遗产所得等。据说,这种宽所得税基能在不同的所得类型之间、不同的部门之间和不同的活动之间实现税收中性。同时，宽税基也有助于降低名义税率，从而使税收的超额负担或福利成本最小化。总之，公平课税论认为，以宽税基、低名义税率实现公平和效率目标，这种见解被20世纪80年代的很多工业化国家的税制改革所证实。

公平课税理论的核心思想是通过实施较低税率和宽税基的政策实现公平和效率的目标。公平课税理论的基本内容包括四个部分：第一，强调横向公平目标，很少涉及纵向公平，而纵向公平的任务应由政府决定；第二，把税收政策与政府支出制度隔离分析；第三，主张将税基的综合性和税收待遇的统一性相结合的税制理念；第四，坚持量能纳税原则，纳税能力大小不以传统的效用理论来衡量某个人的纳税能力。

三、公平课税理论与最适课税理论的区别

公平课税论与最适课税论的主要差别，至少表现在以下两方面：

第一，公平课税论主要强调横向公平目标，而最适课税论则主要强调纵向公平。

第二，按照公平课税论，追求公平原则的效率成本是次要的问题；按照最适课税论，公平目标和效率目标纳入到一个福利函数中综合考虑，设计出最优的公平—效率组合的税制结构。由于最适课税论在一个标准下把公平目标和效率目标统一起来，故它能分析累进性或纵向公平与激励或效率之间的取舍对税率结构设计的影响。所以，最适课税论相对于公平课税论表现出来的一个优点是，经济分析可以用来分析合理的税率结构。

总之，最适课税论自20世纪70年代初以来，支配着税制设计与政策问题的学术讨论。但是，由于最适课税论需要有大量的信息和管理条件，故对现实税收政策和税制改革方案的影响非常小。

第三节 最适课税理论

一、最适课税理论概述

最适课税理论是以追求有效配置资源和公平的收入分配为基本准则，也就是研究社会福利最大化的税收体系而开展分析的理论。最优课税论假定政府有足够的税收征管能力和掌握充分的纳税人相关信息。但在现实生活中，政府由于信息

不对称不可能完全掌握纳税人和课税对象的信息，导致税收征管无效率。所以，如何优化税制和选择适宜的税收工具，并均衡经济社会关系，使之福利最大化是最适课税理论的最终目的。

最适课税理论有三个最为核心的内容：其一是最优税制结构理论；其二是最适商品课税理论；其三是最适所得税制理论。

二、最优税制结构理论

最优税制结构理论综合考虑了直接税（所得税）和间接税（商品税）效率和公平方面的优势。也就是研究均衡直接税和间接税的问题，特别如何用差别化商品税起到补充所得税的问题。

（一）直接税与间接税关系

自从税收成为政府筹集收入的工具以来，直接税和间接税的比重关系问题一直是各个国家的税制结构中重要的方面。虽然世界各国政治制度、执政理念、经济社会发展水平和税收征管能力以及文化底蕴和历史渊源各不相同，但从现行税制结构总的发展趋势上看出，无论是发达国家还是发展中国家，直接税和间接税并重的模式是现行税制结构的总体特征。

随着经济的发展，直接税的比重呈现整体上升的趋势，而间接税的比重则呈现出下降的趋势（见图 2-1）。另外，收入水平低且经济欠发达国家的间接税比重远远高于直接税比重，收入水平高且经济发达国家直接税的比重远远高于间接税的比重，由此可见，发达的高收入国家和欠发达的低收入国家之间税制结构存在较大的差异，表明税收在发挥功能时会产生很大的差异。基于此，发达国家新的税制改革方向体现为努力强化商品税类的比重，而发展中国家则强化所得税类的功能。①

（二）直接税和间接税合理搭配原则

直接税的主要税种包括所得税类和财产税类，间接税主要包括以商品为课税对象等税种。直接税和间接税各有其优缺点，在设计税制结构时，需根据本国国情综合直接税和间接税的优点。首先，商品课税可以替代在所得课税不能起作用的领域发挥作用，以提高税制整体效应；其次，政府应通过实施差别化商品税使经济活动的私人成本等于社会成本，即私人成本内部化，从而利于资源的有效配置；再次，所得税会影响劳动力供给，抑制私人储蓄和投资活动，产生额外负担；最后，直接税和间接税的存在有其必然性，且两者的关系应为相互补充，而非相互替代。②

---

① 杨斌. 税收学 [M]. 北京：科学出版社，2006。
② 朱志钢，高梦莹. 论直接税与间接税的合理搭配 [J]. 税务研究，2013（6）：48。

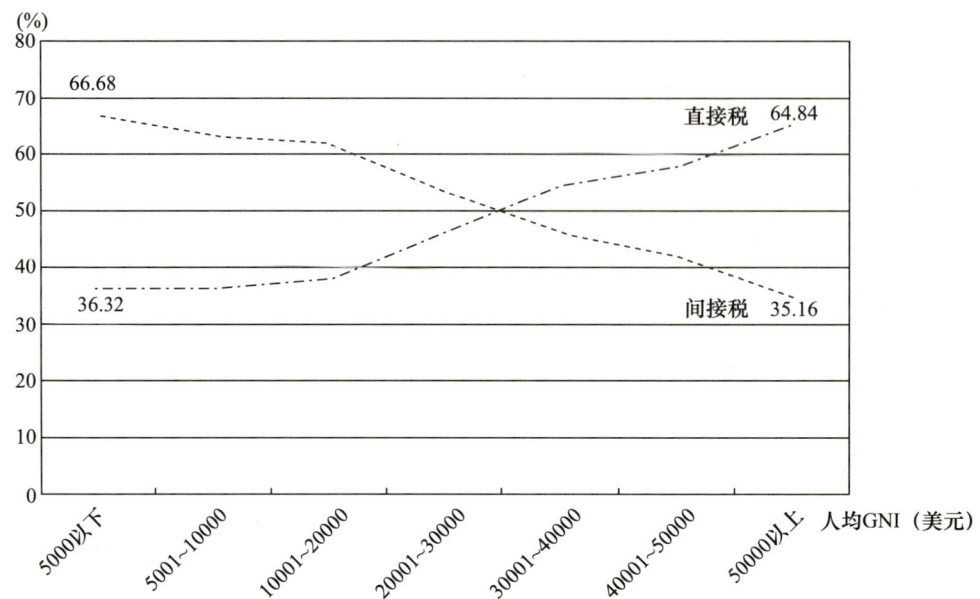

图 2-1 世界各国直接税和间接税比重及搭配情况

注：直接税中不包含社会保障税的支出。

资料来源：依据《国际统计年鉴 2012》和 IMF 的 Government Finance Statistics Yearbook 2011 的数据整理而得到的分析结果。

直接税能够较好地体现公平税负和量能纳税的原则，并在调节社会财富方面具有特殊的作用；间接税具有普遍性和效率性的特征，对经济社会运行的影响较少，超额负担较轻。从优化税制结构角度看，需要发挥直接税为主体的税制结构在调节收入分配差距等方面的特殊功能，克服间接税为主体的税制结构中存在的税负不公和非量能负担的缺陷。在直接税基础上适当构建间接税体系，从而避免直接税体系中存在的征纳双方税收征管成本较高的问题，并发挥间接税能有效筹集规模较大的财政收入的特征。[①] 所以根据本国实际，均衡公平和效率的原则，积极推进税制改革、动态优化税制结构，以充分发挥直接税与间接税各自的优点。

三、最适商品课税

最适商品课税体系中，在征收既定税收收入框架下如何确定商品税税率，才能使整个社会税收超额负担最小是其关注的主要问题，如对自身需求价格弹性大的商品征收较低税率等。

---

① 郭庆旺，匡小平. 最适课税理论及对我国税制建设的启示［J］. 财政研究，2001（5）：18.

只有使各种商品相应税收收入的边际超额负担相同,才能保证总税收负担最小。对弹性小或者没有弹性的商品课征高税率,对弹性大的商品课以低税率,符合最适课税效率原则,但应结合具体课税对象综合分析,例如对低弹性商品课征低税率,可能起到逆向调节作用。

如果要使商品税具有一定的再分配功能,它至少要满足一个条件,即高收入者的消费支出中所负担的商品税高于低收入者。因此如果对弹性小的商品课以高税率,等同于向富人补贴,违背公平原则。所以,在进行税制设计时,要均衡考虑公平和效率原则。

由此可见,要使商品税具有相应的再分配功能:其一,要有一套差别税率;其二,对必需品适用低税率或免税,对奢侈品适用高税率。①

四、最适所得课税理论

在政府以社会福利函数最大化为目标前提下,国家可以凭借较低累进税率的所得税实现收入再分配,因此高的边际税率不仅会导致效率损失,而且不利于公平分配目标的实现。米尔利斯提出所谓"倒U型"最适所得税率,即个人适用的税率首先应该是累进的,而后转向累退,收入最高的人适用的边际税率应该为零,其理由在于:在同样的效率损失情况下,政府通过提高中等收入者的边际税率,从高收入阶层那里取得较多的收入,通过降低最高和最低收入阶层的边际税率,增加这一群体的福利(效用),从而促进收入分配公平。②

大多数发达国家实施的个人所得税制度主要体现出三大特征:其一是以综合所得为课税基础;其二是设置各种有效的扣除或减免制度标准;其三是收入额度超过一定水平以后,适用的税率随着收入的增加体现阶梯式递增的规律,通常称为超额累进税率制度征税。最适所得课税理论研究的核心问题有两个方面:第一是横向公平问题,即综合所得课税基础的确定上体现的公平性问题;第二是纵向公平问题,即累进程度的最优设定问题。在不同的假设下,运用不同的方法可以得出不同的结论。本书选取较有代表性的几个模型进行论述。

(一)埃奇沃斯模型

埃奇沃斯(1897)在"边际均等牺牲税"和功利主义的效用基础上,假定政府征收的税收收入是一定的,社会福利也是个人福利之和,建立了一个简单的模型,考察了最适所得税问题。他假定:

首先,在取得既定的税收收入前提下,税收目标是尽可能使个人效应之和最大。如果 U_i 表示第 i 个人的效用,W 表示社会福利,税收制度应当是:

---

① 郭庆旺,匡小平. 最适课税理论及对我国税制建设的启示 [J]. 财政研究,2001 (5):19.
② 郭庆旺. 最适课税论:所得课税与商品课税的比较 [J]. 财经问题研究,1995 (7):15.

$$\max W = \sum_{i=1}^{n} U_i$$

式中，n 代表社会中的人数。个人有相同的效用函数，效用的大小仅仅取决于人们的收入水平。收入的边际效用是递减的，效用递减的比例超过收入增加的比例，可获得的收入总额是固定的，即税制对产出没有影响。①

在上述假定条件下，要求设计使税后所得分配平等的税制结构。因此，应当对富人的所得课以高税。

这也意味着，所得税制要实行高度累进税率制度，从最高所得一端开始调节所得，直至实现完全平等，也就是说，高所得者的边际税率为100%。埃奇沃斯模型所强调的是公平，但在现实生活中，税制肯定会影响消费者的选择，从而影响到产出，进而影响到经济效率，因此，实施100%的边际税率显然是行不通的。还有，个人效用水平仅取决于收入，没有考虑到闲暇作为获得效用的一种途径。一旦考虑到个人效用不仅取决于收入，而且还取决于闲暇，所得税就会产生扭曲，带来额外负担。②

（二）最优线性所得模型

斯特恩在其《最优所得税理论研究》一文中，考虑了个人在所得（消费）和闲暇之间进行取舍，研究所得税的累进程度问题。③

斯特恩认为，消费和闲暇之间的替代弹性、对不公平的关注程度和政府收入需求规模三个要素都会影响最优税率，且发现，在消费和闲暇之间的替代程度适中的情况下，劳动供给弹性越大，最优税率值越低。④

斯特恩的局限性：第一，所得税仅限于线性形式，为单一税率。税率随着收入而升降，最高档边际税率为零，才能实现社会福利最大化。可以这样假定，存在某一最高收入的人，对某一点以前的收入，边际税率为正数，对超过 Y 以后的收入，边际税率为零。那么，这个人可能会选择多工作。对政府而言，税收没有减少，其他人的效应没有降低，而这个人的效用提高了。从福利经济学角度说，这是一种帕累托改进，符合效率原则。所以，对高收入人的边际税率应该为零。第二，必须通过一次总额支付才能完成。一次总额支付在实践中难以实现，因此政府肯用政策的工具受限。

斯特恩的研究还发现，在考虑闲暇与所得之间的异质性时，取得的收入也会有差异：劳动供给弹性越大，对劳动所得课税所产生的超额负担就越大。⑤

---

①② 杨斌．税收学 [M]．北京：科学出版社，2006．
③ 哈维·S. 罗森．财政学 [M]．北京：中国人民大学出版社，2009．
④⑤ 毛程连．财政学 [M]．上海：复旦大学出版社，2009．

(三) 最优非线性所得税模型

通常来说，因纳税人能力各异，即使其劳动时间相同，取得的收入也会不同。因此，能力上的差异也就导致了收入上的差异。米尔利斯研究了存在差异所得情况下的最适累进性问题。他假定：

（1）模型是静态的，即只考虑当期；

（2）忽略偏好、家庭规模和构成和自愿性转移支付间的差异；

（3）个人是理性的，个人效用是关于消费和劳动供给的函数，社会福利则是个人效应函数之和；

（4）假定没有移民；

（5）假定政府对经济中的个人效用及其行动具有完备信息；

（6）不包括实施最优税收的管理成本。①

上述假定意味着模型中个人仅在他们的税前工资或生产率上有差别，而税收仅对劳动供给产生影响。每个人的效用函数都相同，个人通过理性选择消费和闲暇使他们效用最大化，但个人效用最大化受政府税收政策约束。②

在上述假定下，也就变成政府如何选择所得税税率。米尔利斯经过严格数学论证得出结论是：第一，边际税率应在 0 和 1 之间；第二，对最高收入个人适用的边际税率应是 0；第三，如果最低工资的个人是在最优条件下工作的，则对他们的边际税率应是 0。③

针对米尔利斯的结论的解释如下：考虑到税收对劳动供给的抑制效应，如果边际税率为 1，那么额外劳动收入全部用于缴税，就理性的个人而言，其消费水平不变而失去了较多的闲暇，导致其效用下降。在上述情况下，个人将减少劳动供给，增加对闲暇消费，最后导致社会福利下降，所以，其边际税率应小于 1。④

在非线性所得税制下，对最高收入阶层课征的最适边际税率是 0。其原因在于：在税率给定的前提下，最高收入阶层在赚得一定水平收入之前，其适用的边际税率为正数，而当他的所得超过这个水平收入临界值之后，其边际税率为 0，那么，最高收入阶层会选择更多的劳动投入。对政府而言，其税收收入可能会有所增加，没有降低其他人的效用，但该人效用提高了。从帕累托效率角度分析，以上导致整个社会福利增加，这是一种帕累托效率改进；所以对最高收入人的边际税率应为 0，其实上述模型的最优税率是"倒 U 型"，但这次模型要求个人效应相同，过于极端，主要原因是劳动供给弹性对于边际税率的扭曲非常重要，增加边际税率能将具有较高能力的个人所得转移到政府手中，但不改变劳动供给。劳动供给弹性和边际税率这两个因素的权数取决于超过这一能力水平的人数和这

---

① 杨斌. 税收学 [M]. 北京：科学出版社，2006.
②③④ 郭庆旺. 最适所得课税 [J]. 财经问题研究，1995 (8)：31 – 32.

一能力水平的人数的比率,同时还取决于工作能力水平。[①]

第四节 税收福利效应理论

税收动态福利效应理论通过模型分析税收对居民收入的动态效应,即界定征收所得税的比例,分析市场达到均衡时的利率和工资水平,在此基础上界定个人优化财富行为方程,探讨税收对个人所得及福利的影响程度,重点比较劳动所得税、资本所得税和消费税在福利最大化条件下的人均财富水平以及降低持续性收入不均等效果的大小。在 Blanchard – Yaari 框架中动态分析税收对居民收入增长的影响。这一部分以家庭部门、企业和政府为研究对象展开研究,用到的主要数理分析理论模型描述如下:

(1) 家庭部门。家庭部门通过 Yaari (1965) 和 Blanchard (1985) 发展的世代交叠框架模拟。Blanchard (1985) 运用 Yaari (1965) 的观念,设计一个世代交叠模型,死亡的概率是一个随机变量,充分考虑了消费在世代之间的转移效果。每时每刻都有新的人员出生,根据 Buiter (1988) 的假设,具有代表性的个人面临一个不随年龄变化的死亡概率 ($\beta \geq 0$)。人口总量在任何时候都是不变和规范统一的。因为家庭没有遗赠动机,所以家庭代际之间没有联系。因此新出生的人没有金融资产。由于没有遗赠,家庭与养老保险公司建立了相对均衡的人寿保险合同。消费者在生命周期里每时都会收到自己金融资产的一定比率的回报。然而一旦死亡,所有的存量资产都归保险公司所有。消费为 $C(\nu, \tau)$,闲暇为 $L(\nu, \tau)$。

一个 v ($v \leq t$) 时刻出生的代表性个人在 t 时刻的预期生命效用函数 $U(\nu, \tau)$ 的表达公式如下:

$$U(\nu,\tau) = \int_t^\infty \{\in_c \log C(\nu,\tau) + (1-\in_c)\log[1-L(\nu,\tau)]\}\exp[(\alpha+\beta)(t-\tau)]d\tau$$

式中,α 为贴现率,$\in_c$ 代表消费效用分享,$C(\nu, \tau)$ 为 ν 时刻出生的代表性个人在 τ 时刻的消费量。具有代表性的个人面临的动态消费预算条件如下:

$$\dot{A}(\nu, t) = [\gamma(t) + \beta]A(\nu, t) + W(t)[1 - t_L(t)] + T(t) - X(\nu, t)$$

式中,$A(\nu, t)$ 代表金融资产,$\gamma(t)$ 代表真实利率,$W(t)$ 是独立于年

[①] 杨斌. 税收学 [M]. 北京:科学出版社,2006.

龄之外的实际工资率。$t_L(t)$ 代表劳动收入的税率，$T(t)$ 表示在所有代际之间的一次总转移支付。$\dot{A}(v,t)$ 表示对时间的微分。

$X(v,t)$ 为 v 时刻出生的具有代表性的个人在 τ 时刻的商品消费的总价值和闲暇消费的机会成本。

$$X(\nu,t)=[1+t_C(t)]C(\nu,t)+[1-t_L(t)]W(t)[1-L(\nu,t)]$$

$t_C(t)$ 代表私人消费的比例税。消费预算恒等式满足"非蓬齐博弈"（No Ponzi Game）条件，即个人不能无限借款以至于产生无限效用：

$$\lim_{\tau\to\infty}A(v,\tau)\exp\left\{-\int_t^\tau[r(\mu)+\beta]d\mu\right\}=0$$

$$H(t)=\int_t^\infty\{W(t)[1-t_L(\tau)]+T(\tau)\}\exp\left\{-\int_t^\tau[r(\mu)+\beta]d\nu\right\}d\tau$$

$H(t)$ 代表家庭劳动花费的总市场价值的税收收入。

最后我们会得到个人消费增长的欧拉动态方程：

$$\frac{\dot{C}(v,t)}{C(v,t)}=r(t)-\alpha-\frac{\dot{t}_C(t)}{1+t_C(t)}$$

以上方程正是大家熟知的凯恩斯—拉姆齐规则所描述的，个人消费的利率变化是与时间偏好与真实利率差正相关的。消费税率的突然升高并不影响私人消费的增长率。消费税率的逐渐改变将影响私人消费增长率，就像资本利率使消费趋势的轮廓趋于平缓。合并后可以产生总的凯恩斯—拉姆齐规则，描述存在的世代交叠模型的修改后总的消费增长。

$$\frac{\dot{C}(t)}{C(t)}=\left[r(t)-\alpha-\frac{\dot{t}_C(t)}{1+t_C(t)}\right]-\in_C\beta(\alpha+\beta)\left\{\frac{A(t)}{[1+t_C(t)]C(t)}\right\}=\frac{\dot{C}(\nu,t)}{C(\nu,t)}-\beta\left[\frac{C(t)-C(t,t)}{C(t)}\right]$$

（2）公司部门。

$$V(t)=\int_t^\infty\{[1-t_K(\tau)][Y(t)-W(t)L(t)]+\delta K(\tau)\}\exp\left[-\int_t^\tau r(\mu)d\mu\right]d\tau$$

（3）政府和市场均衡。

$$T(t)=t_K(t)[Y(t)-W(t)L(t)]+t_L(t)W(t)L(t)+t_CC(t)$$

然后分析模型的性能，进而分别分析所得税、资本所得税和消费税对家庭收入的经济效应。

第五节 税收动态效应理论

本书从收入流动性的角度探讨收入分配的动态效应。收入流动性的理论分析基础可以追溯到20世纪50年代的持久收入理论（Friedman和Kuznets，1954）以及更古老的盖尔顿（Galton，1889）模型分析体系。① 前者将个人 i 在时间 t 的收入（或收入对数）记为 W_{it}，假设它由两个因素所决定：持久收入成分 X_{it} 和暂时收入成分 U_{it}。其中，持久收入反映了个人的自身素质、教育、职业培训、所处位置以及其他的因素，这些被假定为不随时间变化；暂时收入则是反映了偶然性或一个特定时期内影响收入的因素。持久收入模型如下：

$$W_{it} = X_{it} + U_{it} \tag{2-1}$$

在这个简单的持久收入模型中，收入流动性的程度依赖于暂时收入引起的变动比例，但期初与期末的收入之间没有特殊的联系，因此，从流动性的角度而言，没有体现真正意义上的收入动态化。为了刻画两期收入之间动态关系，我们引入盖尔顿提出的趋于均值的回归模型：

$$W_{it} = \beta W_{it-1} + U_{it} \tag{2-2}$$

盖尔顿模型表明，前一期的收入传递了个体的所有相关信息，$t-1$ 期的随机冲击可以影响 t 期的收入水平。因此，t 期与 $t-1$ 期收入相关性可以计算如下：

$$r(t-1,t) = \beta \sigma_w(t-1)/\sigma_w(t) \tag{2-3}$$

式中，$r(t-1,t)$ 表示两期收入相关系数，$\sigma_w(t)$ 代表时期 t 变量的标准差（$\sigma^2(t)$ 代表方差）。盖尔顿趋于均值的回归模型共有5个前提假设，其中不同时期的随机项之间不相关（无序列相关性）的假设引起了切尔希（Chesher，1979）、哈特（Hart，1976）、克里迪和哈特（Creedy和Hart，1979）等多位数学者的关注，并对这一假设进行了调整。如果用 V_{it} 来代表随机项（盖尔顿模型变换为 $W_{it} = \beta W_{it-1} + V_{it}$），并且随机项 V_{it} 符合一阶自回归过程：

$$V_{it} = \alpha V_{it-1} + U_{it} \tag{2-4}$$

按照这一放宽了的假设条件，重新定义 t 期和 $t-1$ 期的持久收入模型：

$$W_{it} = X_{it} + V_{it}; \quad W_{it-1} = X_{it-1} + V_{it-1} \tag{2-5}$$

利用假设关系式（2-4），可以得到如下方程：

$$W_{it} = X_{it} + \alpha(W_{it-1} - X_{it-1}) + U_{it} \tag{2-6}$$

---

① 阿特金森. 收入流动性的实证研究 [M]. 平新桥等译. 北京：北京大学出版社，2005.

为了获取两期收入的流动程度，在盖尔顿模型式（2-2）等式两侧同时减去固定收入一阶滞后项 W_{it-1}，将此差分记为收入流动性 $mobility_{it}$，并利用式（2-3）替换 U_{it}，新的方程为：

$$mobility_{it} = \beta W_{it-1} - W_{it-1} + V_{it} - \alpha V_{it-1} \qquad (2-7)$$

通过式（2-4）进一步更换 V_{it} 和 V_{it-1}，最终得到模型 8：

$$mobility_{it} = (1-\alpha-\beta) \cdot [F_{it-1} \cdot \alpha/(1-\alpha-\beta) - W_{it-1}] + V_{it} \qquad (2-8)$$

由式（2-8）可知，两期收入流动程度与上一期的固定收入 F_{it-1} 的一定比例和 W_{it-1} 的差额及随机项 V_{it} 相关。当政府介入收入分配领域时，个人在固定收入部分 F_{it-1} 缴纳的所得税 $T(F_{it-1})$ 影响两期收入流动程度。因此，加入税收因素后的收入流动方程界定如下：

$$mobility_{it} = (1-\alpha-\beta) \cdot \{[F_{it-1} - T(F_{it-1})] \cdot \alpha/(1-\alpha-\beta) - W_{it-1}\} + V_{it}$$
$$(2-9)$$

式（2-9）表明，税收主要通过固定收入部分影响人们的可支配收入并作用于两期收入流动。如果（$\alpha+\beta$）小于 1，则税收对两期收入流动性的影响为负，即随着个人缴纳的税收额度的增加，两期收入动态变化程度将减少。

与此相反，（$\alpha+\beta$）大于 1 则为正。非经常性收入或偶然收入如股息红利、彩票收益等暂时收入在扰动项 V_{it} 中体现，这些收入也应按照一定比例缴纳税金，但由于各期暂时收入不明确，因此暂不考虑这一部分的税收因素对收入流动性的影响。此外，个人及家庭特征因素、地区经济结构及发展程度等也会直接或间接通过固定收入和暂时收入影响收入流动程度。

第三章 我国国民收入分配流程及静动态分析框架

经过30多年的改革和发展，我国已经进入了中等偏上收入国家行列，与此同时，出现了经济增长放缓、收入分配不平等、基尼系数高、收入流动性较小等问题。2015年官方公布的全国居民收入基尼系数为0.462，这是基尼系数自2009年来连续第7年下降。但是，2016年基尼系数却不降反升，为0.465，超过国际公认的0.4贫富差距警戒线①。有些科研机构和高校发布的基尼系数与国家统计局的指标差距较大。这些数据表明，我国目前的基尼系数达到甚至超过了0.6，而按照这一指标，我国则成为了收入差距"悬殊"的国家②。由此可见，我国收入分配问题较为严峻，成为建设和谐社会的一道障碍。

党的十八大报告明确了"初次分配和再分配都要兼顾效率和公平"，为政府在初次分配中保护劳动所得、支持要素市场健康发展等方面厘清了思路。党的十八届三中全会则进一步强调"紧紧围绕更好保障和改善民生、促进社会公平正义，形成收入分配合理有序的格局，建立更加公平可持续的社会保障制度"的建设目标。③进一步深化收入分配制度改革，满足公众诉求，激发新的发展动力和后劲是社会稳定和经济社会可持续发展的根本。

第一节 我国国民收入分配流程

从经济学角度而言，收入分配分为两个部分：首先是功能收入分配，也叫要

---

① 国家统计局在2013年首次公布了2003~2012年的全国基尼系数。2003~2013年的基尼系数都超过了0.47，2014年首次下降至0.47以下，为0.469，2015年为0.462，2016年同比小幅增长，为0.465。

② 诸多类似研究中，西南财经大学的研究与国家统计局数据差距最大。2012年12月，西南财经大学中国家庭金融调查与研究中心根据住户调查得出，2010年中国基尼系数为0.61，城镇基尼系数为0.56，农村基尼系数为0.60。公开资料显示，改革开放之前中国基尼系数为0.18，属于收入分配绝对公平的国家。

③ 中国共产党第十八届中央委员会第三次全体会议公报。

素收入分配；其次是规模收入分配，也叫作居民收入分配。具体而言，前者是指收入在资本、劳动等生产要素之间的分配；后者是指收入在居民个人或家庭之间的分配。

国民收入分配按照分配次序分为国民收入初次分配和再分配。按照生产要素在生产中做出的贡献大小为原则进行分配的为国民收入初次分配，初次分配以注重效率为原则，国民收入初次分配应以市场机制为主导。对于政府而言，在初次分配过程中，没有对资本、劳动等要素的所有者进行征税，所以初次分配环节中各类要素取得的收入称为"税前要素收入"。

政府对初次分配形成的收入进行适当调节，构成国民收入再分配过程，其目的是保障低收入群体和丧失劳动能力的社会成员的生存权利，再分配充分体现了各社会成员之间的结果公平原则，政府是收入再分配的主导者。直接税和社会保障给付是国民收入再分配环节中政府主要的调节手段。直接税主要包括企业所得税（或称公司所得税）、个人所得税和社会保险税（或费）三种。其中，企业所得税可以看作资本收益税，因为其针对企业利润征收，利润是资本要素创造的收入，个人所得税的课税基础是个人提供的劳务和转让资本要素得到的收入，因此，可将个人所得税认定为同时对资本要素和劳动要素创造的收入课征的税收。社会保险税或费的计税依据是工资和薪金，是对劳动要素收入征收的税种，而政府的社会保险给付资金来源于社会保险税，因此，可将社会保险税认定为负的劳动要素收入税。

从现实收入分配格局而言，2000年以后，我国的要素收入分配格局出现了新的特征，劳动要素在收入分配中的份额开始下降，这与目前国家提出的"切实扭转居民收入在国民总收入中的比重、提高劳动报酬在初次分配中的比重，努力实现居民收入增长和经济发展同步，劳动报酬增长和劳动生产率提高同步"的口号相差甚远。①

图3-1体现了国民收入在政府、企业、居民之间的分配流程。企业通过生产创造出来的价值分为三部分：第一是资本要素收入，包括企业的生产经营利润、资本折旧费、资本出租或出售得到的财产性收入以及政府提供的生产性补贴；第二是政府收入，包括各种税收、附加费等收入；第三是劳动要素收入，包括劳动者工资性收入和单位社会保险付款。将单位社会保险付款作为劳动要素收入的原因在于单位社会保险付款是政府以职工工资为基数核算且返还性很强的收费（税）。

---

① http://www.ce.cn/xwzx/gnsz/gdxw/201211/24/t20121124_23877060_2.shtml。

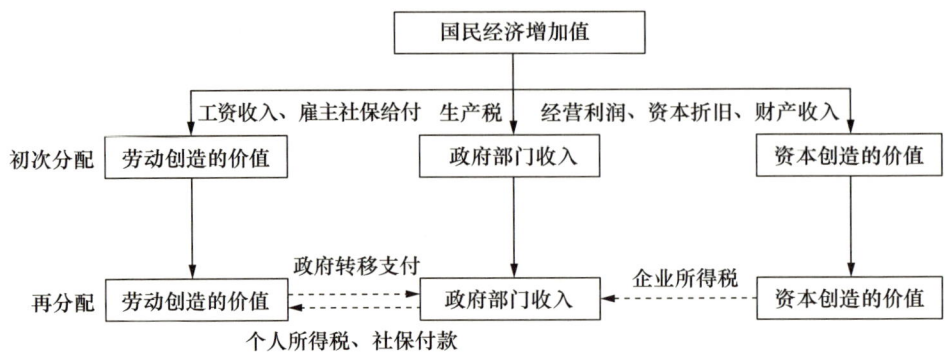

图 3-1 国民收入在三部门之间的分配流程

在初次分配基础上，政府实行国民收入的再分配，利用直接税和转移支付等工具对初次分配中形成的要素收入分配格局进行调整。政府对劳动要素的收入再分配机制是在税前收入分配基础上减去劳动者缴纳的个人所得税和社会保险费用支出，再加上政府对劳动者的社会保障支付，如养老、医疗、工伤等各类社会保险支付以及社会福利和社会救助部分。劳动者的所得税主要指针对劳动者个人劳动要素收入征收的税收部分。政府对劳动者提供的社会保障支付归属为劳动要素收入的原因是社会保险税（费）的计税依据是劳动阶层的工资和薪金，通过社会保险支出方式返还给劳动阶层，因此可以将其当作劳动要素收入。此外，政府对资本要素的收入再分配机制则是在税前资本收入分配基础上，扣除资本要素为课税对象而征收的收入税。

第二节 居民收入分配静态分析框架

一、居民收入分配静态分析指标体系

静态分析是指在既定的条件下某一经济事物在经济变量的相互作用下所实现的均衡状态，如供求曲线模型。收入分配领域中的静态分析还包括比较静态分析，是指当原有的条件或外生变量发生变化时，原有的均衡状态会发生什么变化，并分析比较新旧的均衡状态。如当供应曲线或需求曲线移动后的供求曲线模型。

衡量收入分配静态均衡状态的指标主要包括洛伦茨（Lorenz）曲线、基尼系

数、泰尔（Theil）熵指数、阿特金森指数（Atkinsom Index）等。下面进行简要介绍。

（一）洛伦茨（Lorenz）曲线

洛伦茨曲线最早是美国经济统计学家 M. Lorenz 为研究财富、土地和工资收入的分配是否公平而提出的。在一个平面直角坐标系中，纵轴为收入百分比，横轴为人口（或家户）百分比，45 度线为平均分配线，右下角的 90 度线为绝对非平均分配线。洛伦茨曲线处于 45～90 度。根据某国某年的收入分配分组资料，将一定人口（或家户）比重所对应的收入比重在图上描出，就可得到该国这一年的收入分配洛伦茨曲线。从洛伦茨曲线上可以直观地看出每个阶层的收入比重，从曲线的弯曲度可以观察到各个阶层的收入差别情况，通过对比不同的曲线了解不同国度总收入分配差别程度或同一国家不同时期的收入差别变动情况。离 45 度线越远，离 90 度线越近的曲线表示的收入差别程度越大。但洛伦茨曲线无法以一个确切的数值表示收入差别，特别是当几条曲线相交的时候其积分的数学表达为：

设收入变量 u 的分布函数为 $\rho(u)$，即收入为 u 的人数占总人数的百分比为 $\rho(u)$，总人口数为 N，则收入小于 t 的人口数为 $N\rho(u)du$，占总人数百分比为：

$$p(t) = \frac{\rho(u)du}{N} = \rho(u)du$$

收入小于 t 的所有人数的收入之和（称累积收入）为 $N\rho(u)du$，它在总收入中的比重为 $I(t) = uN\rho$

$\mu = u\rho(u)du$ 是收入 u 的期望值或社会总的平均收入。由以下两个参数方程决定的曲线即为洛伦茨曲线：

$P = P(t) = \rho(u)du$ 和 $I = I(t) = u\rho(u)du$，$(t \geq 0)$

（二）基尼系数

基尼系数是 1943 年美国经济学家阿尔伯特·赫希曼（Albert Otto Hirschman）根据劳伦茨曲线所定义的判断收入分配公平程度的指标。基尼系数是比例数值，在 0～1 之间，是国际上用来综合考察居民内部收入分配差异状况的一个重要分析指标。

赫希曼根据洛伦茨曲线提出的判断分配平等程度的指标。设实际收入分配曲线和收入分配绝对平等曲线之间的面积为 A，实际收入分配曲线右下方的面积为 B，并以 A 除以 $(A+B)$ 的商表示不平等程度。这个数值被称为基尼系数或称洛伦茨系数。如果 A 为零，基尼系数为零，表示收入分配完全平等；如果 B 为零则系数为 1，收入分配绝对不平等。收入分配越是趋向平等，洛伦茨曲线的弧度越小，基尼系数也越小，反之，收入分配越是趋向不平等，洛伦茨曲线的弧度越大，则基尼系数也越大。另外，可以参看帕累托指数（是指对收入分布不均衡的程度的度量）。

国内不少学者对基尼系数的具体计算方法作了探索，提出了十多个不同的计算公式。山西农业大学经贸学院张建华先生提出了一个简便易用的公式：假定一定数量的人口按收入由低到高顺序排列，分为人数相等的 n 组，从第 1 组到第 i 组人口累计收入占全部人口总收入的比重为 W_i，则说明：该公式是利用定积分的定义将对洛伦茨曲线的积分（面积 B）分成 n 个等高梯形的面积之和得到的。

$$G = 1 - \frac{1}{n}\left(2\sum_{i=1}^{n-1} W_i + 1\right)$$

基尼系数的具体含义是指，在全部居民收入中，用于进行不平均分配的那部分收入所占的比例。基尼系数最大为"1"，最小等于"0"。前者表示居民之间的收入分配绝对不平均，即 100% 的收入被一个单位的人全部占有了；而后者则表示居民之间的收入分配绝对平均，即人与人之间收入完全平等，没有任何差异。但这两种情况只是在理论上的绝对化形式，在实际生活中一般不会出现。因此，基尼系数的实际数值只能介于 0~1，基尼系数越小收入分配越平均，基尼系数越大收入分配越不平均。国际上通常把 0.4 作为贫富差距的警戒线，大于这一数值容易出现社会动荡。

（三）泰尔（Theil）熵指数

泰尔熵指数（Theil Index，1967），也称为"泰尔系数"或泰尔熵标准（Theil's Entropy Measure）是衡量个人或者地区之间收入差距（或者称不平等度）的指标。泰尔熵标准是由泰尔（1967）利用信息理论中的熵概念来计算收入不平等而得名。泰尔熵指标的原理如下：

假设 U 是某一特定事件 A 将要发生的概率，$P(A) = U$。这个事件发生的信息量为 $E(U)$ 肯定是 U 的减函数。用公式表达为：$E(U) = \log(1/u)$。当有 n 个可能的事件 1，2，…，n 时，相应的概率假设分别为 U_1，U_2，…，U_n，$U_i \geqslant 0$，并且 $\sum U_i = 1$。

熵或期望信息量可被看作每一件的信息量与其相应概率乘积的总和：

$$E(U) = \sum U_i h(U_i) = \sum U_i \log\left(\frac{1}{U_i}\right)$$

显然，n 种事件的概率 U_i 越趋近于 $(1/n)$，熵也就越大。在物理学中，熵是衡量无序的标准。如果 U_i 被解释为属于第 i 单位的收入份额，$E(U)$ 就是一种反映收入分配差距不平等的尺度。收入越平均，$E(U)$ 就越大。如果绝对平均，也就是当每个 U_i 都等于 $(1/n)$ 时，$E(U)$ 就达到其最大值 $\log n$。泰尔将 $\log n - E(U)$ 定义为不平等指数——也就是泰尔熵标准：

$$T = \log n - E(U) = \sum u_i \cdot \log n u_i$$

用泰尔熵指数衡量不平等的一个最大优点是，它可以衡量组内差距和组间差距对总差距的贡献。泰尔熵标准只是普通熵标准（Generalized Entropy Measures）的一种特殊情况。当普通熵标准的指数 $C=0$ 时，测量结果即为泰尔熵指数。取 $C=0$ 的优势在于分析组内、组间差距对总差距的解释力时更加清楚。

如果考虑地区之间的收入差距，那么，泰尔熵指数的计算公式具体如下：

$$T = \sum \left[\frac{I_i}{I} \times \log\left(\frac{I_i/I}{P_i/P}\right) \right]$$

式中，T 是泰尔熵指数，I_i 是第 i 个地区的收入，I 是总收入，P_i 是地区 i 的人口，P 是总人口。如果收入份额与人口份额相等，则对数中的真数（即份额比）为1，则对数值为0，泰尔熵指数也就为0，表明地区之间没有任何差异。如果份额比大于1，表明该地区发达，相应的对数值大于0；如果份额比小于1，表明该地区落后，相应的对数值小于0。

泰尔熵指数和基尼系数之间具有一定的互补性。基尼系数对中等收入水平的变化特别敏感。泰尔熵 T 指数对上层收入水平的变化很明显，而泰尔熵 L 和 V 指数对底层收入水平的变化敏感。

（四）阿特金森指数（Atkinsom Index）

阿特金森指数是测度收入分配不公平指数中明显带有社会福利规范看法的一个指数。阿特金森指数首先计算出一个等价敏感平均收入 y_ε（y_ε 定义为如果每个人享受到了这样一个等价敏感收入时的社会总福利，相当于收入实际分布时具有的社会总福利值）。y_ε 可由下式计算得出：

$$y_\varepsilon = \left[\sum_{i=1}^{n} f(y_i) y_i^{1-\varepsilon} \right]^{\frac{1}{1-\varepsilon}}$$

或者

$$y_\varepsilon = \left[\int_{y_i}^{1-\varepsilon} dF(x) \right]^{\frac{1}{1-\varepsilon}} = \left[\int (x) y_i^{1-\varepsilon} dx \right]^{\frac{1}{1-\varepsilon}}$$

式中，y_i 为第 i 人（或组）的实际收入（总收入）；$f(y_i)$ 为第 i 人（或组）占总人口比例的密度函数；ε 为不平等厌恶参数。该参数反映社会对于不平等的厌恶（或对平等的偏好）程度，其取值范围是 $0 < \varepsilon < +\infty$，随着 ε 的增加，社会给予更大的权重给收入相对较低的人群。比较典型的 ε 权重有0.5和2。在定义了 y_ε 后阿特金森指数可以表示为：

$$A_\varepsilon = 1 - \frac{y_\varepsilon}{\mu}$$

式中，μ 为平均收入，从该指数可以看出：社会收入分配越公平，则 y_ε 越接近 μ，阿特金森指数值也就越小；对于任何分布而言，阿特金森指数值的取值范围为 $[0,1]$，其中0代表社会达到了收入的完全公平分配；如果 y_i 代表的是第 i

人的收入，则第 i 人占总人口数的比例就是 $\frac{1}{n}$，阿特金森指数又可以用下式表示：

$$A_\varepsilon = 1 - \left[\frac{1}{n}\sum_{i=1}^{n}\left(\frac{y_i^{1-\varepsilon}}{\mu}\right)^{\frac{1}{1-\varepsilon}}\right]$$

阿特金森指数具有洛伦茨准则一致性，而且在此基础上，它还具有可分解性。但是阿特金森指数的分解并不是等于组内与组间阿特金森指数之和，其分解公式如下：

$$A_\varepsilon^T = A_\varepsilon^{between} + A_\varepsilon^{within} + residual$$

也就是说，阿特金森指数完全符合判断收入分配不公平程度测定指数优良的五条公理性原则。

二、国民收入分配静态指标分析

（一）城乡总体静态收入分配现状分析

从改革开放初期到现阶段，我国居民收入呈现出较大幅度的上升趋势，以1990年和2000年为节点，我国城镇居民收入出现了较大的增长态势。农村居民收入则以1990年和2003年为拐点，出现了较大幅度的增长态势。城镇居民和农村居民人均可支配收入的增长规律见图3-2和图3-3。

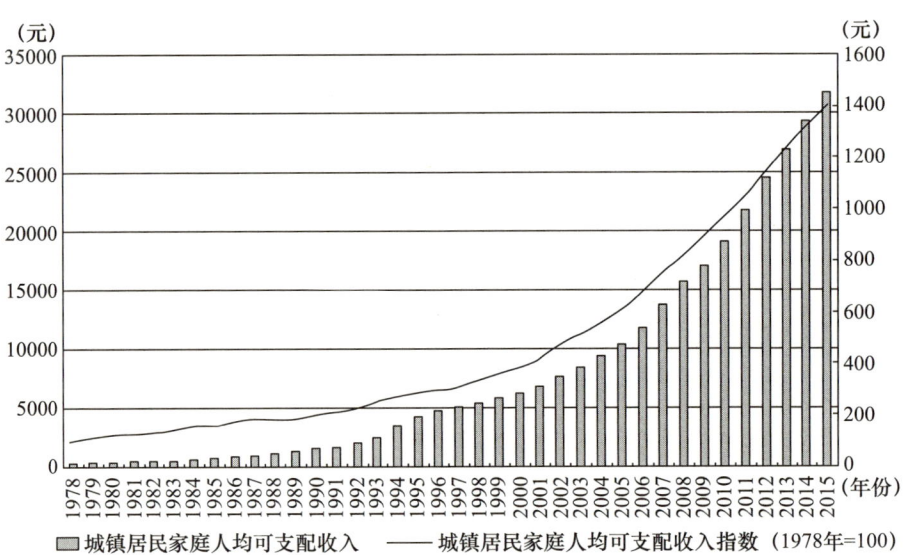

图3-2　城镇居民家庭人均可支配收入规模及增长指数

资料来源：根据中国宏观信息网数据整理计算。

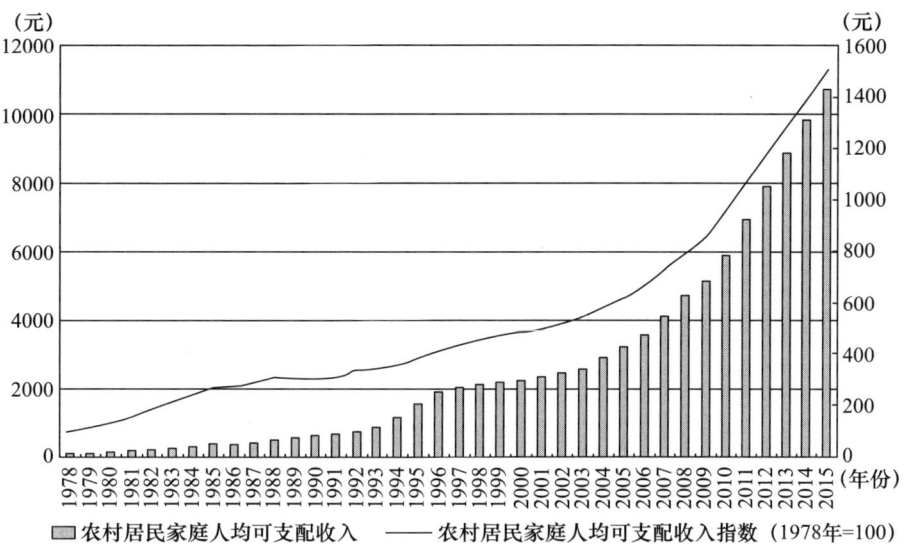

图3-3 农村居民家庭人均可支配收入规模及增长指数

注：上两个图的纵坐标轴分别为城镇居民家庭人均可支配收入指数和农村居民家庭人均纯收入指数。
资料来源：根据中国宏观经济信息网数据整理。

从城乡总体而言，将城乡居民收入进行加权汇总计算，2013年城镇居民人均可支配收入实际增长7%，农村居民人均纯收入实际增长9.3%，以城镇化率53.73%为权重，全国城乡居民收入增长8.1%，GDP超过了7.7%的增速。从增长弹性看，2013年，国内生产总值实际增长7.7%，城镇居民人均可支配收入实际增长7.0%，城镇居民收入弹性为0.91，高于1979~2012年的平均弹性0.76（即国内生产总值每增长1%，城镇居民人均可支配收入相应增长0.76%）。[①] 从年均复合增长率上看，城镇居民人均可支配收入和农村居民人均可支配收入复合增长率都小于国内生产总值复合增长率，这表明城镇和农村居民收入得到的福利小于国内生产总值的增长。

（二）我国城镇居民收入分配静态分析

1. 城镇居民收入来源结构分析

目前，城镇居民收入增长与GDP增长基本上是同步的，从名义增速看，2013年城镇居民人均可支配收入名义增长率为9.7%，GDP名义增长率为9.5%（GDP平减指数是101.7%），考虑人口因素人均GDP名义增长率为9.0%。从实际增速看，2013年，我国人口自然增长率为4.92‰，GDP实际增长率7.7%，按人口平均人均GDP实际增长率7.1%，与城镇居民人均可支配收入实际增长7%

---

① http://www.stats.gov.cn/tjsj/sjjd/201401/t20140122_503751.html.

基本同步。从比重看，2013年，城镇居民人均可支配收入占人均GDP的比重为64.3%，比2012年提高0.45个百分点。① 2015年城镇居民人均可支配收入名义增长率为8.9%，实际增长率为7.4%，远超6.9%的GDP增长率；2016年为6.7%，城镇居民人均可支配收入为33616元，比上年增长7.8%，扣除价格因素，实际增长5.6%；城镇居民人均可支配收入中位数31554元，增长8.3%。

从城镇居民收入的来源结构而言，如图3-4所示，主要分为四个方面，工资性收入、经营性收入、财产性收入、转移性收入。工资收入指就业人员通过各种途径得到的全部劳动报酬，包括所从事主要职业的工资以及从事第二职业、其他兼职和零星劳动得到的其他劳动收入；经营性收入指家庭成员从事生产经营活动所获得的净收入，是全部生产经营收入中扣除生产成本和税金（但不扣除个人所得税）后所得的收入；财产性收入指家庭拥有的动产（如银行存款、有价证券）、不动产（如房屋、土地等）所获得的收入，包括出让财产使用权所获得的利息、租金、专利收入，财产营运所获得的红利收入、财产增值收益等；转移性收入指国家、单位、社会团体对居民家庭的各种转移支付和居民家庭间的收入转移，包括政府对个人收入转移的离退休金、失业救济金、赔偿等，单位对个人收入转移的辞退金、保险索赔、住房公积金、家庭间的赠送和赡养等。②

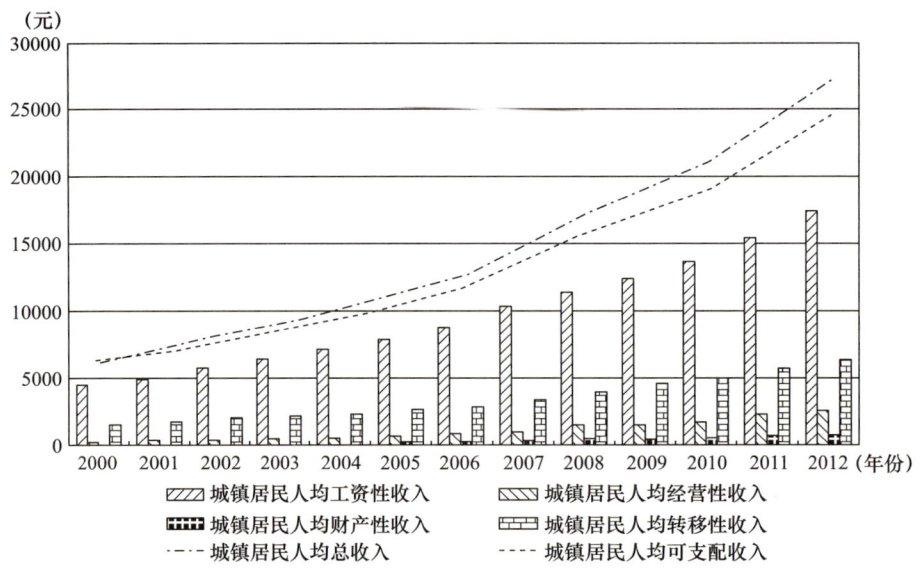

图3-4　2000~2012年城镇居民收入来源结构

资料来源：根据《中国统计年鉴2013》整理计算。

---

① http://www.stats.gov.cn/tjsj/sjjd/201401/t20140122_503751.html.
② http://www.stats.gov.cn/tjsj/zbjs/201310/t20131029_449516.html.

四种收入来源中工资薪金收入占到绝对优势地位,从 2000 年的统计数据看,工资薪金收入占到全部城镇居民人均总收入的 71%,并以每年 10% 左右的速度平稳增长,2012 年工资收入占到全部居民总收入的比重为 64%,虽然在居民总收入中的占比与 2000 年相比有所降低,但一直保持稳步增长态势。

排在工资收入之后的是居民的转移性收入,2000 年转移性收入在居民人均总收入中的比重为 23%,并一直保持稳定的份额,2012 年占到居民人均总收入的 24%。可以看出,城镇居民收入结构中转移性收入的比重占有很大的份额,政府的社会保障政策以及其他社会救助和福利措施对提高居民收入起到了重要作用。

第三是家庭成员经营活动取得的经营性收入,在 2005 年之前经营性收入的规模在居民人均收入中的比重较低,只有 4% 左右的份额,2005 年突破了 5% 的关口,此后每年增速较快,2008 年就已经达到了 9% 的规模,此后的几年一直保持在 8%~9% 的份额。

城镇居民收入中规模占比最小的是财产性收入,2006 年之前一直徘徊在 1%~2% 内,没有很大的变动,2007 年开始各年的份额超过了 2%,但一直没有突破 3% 的规模。

2. 城镇居民静态收入分布概况

科学合理衡量收入差距是进行收入分配调节的基础。本书运用基尼系数和泰尔熵指数和泰尔熵第二测量指数,从静态的角度对我国城镇居民收入差距进行衡量和分析。对于基尼系数的数值,国际上通常把 0.4 作为收入差距的国际警戒线。国际上通行的算法是利用直接计算方法,且误差较小。本书采用直接计算方法如下:

$$G = 1 - \sum_{i=1}^{n} P_i \left(2\sum_{m=1}^{i} \omega_m - \omega_i \right)$$

式中,G 为基尼系数,P_i 为第 i 个收入阶层的人口比重,ω_i 为第 i 个收入阶层的收入比重。

熵指数计算方法如下:

$$H = \sum_{i=1}^{n} a_i \log n a_i$$

式中,H 代表泰尔熵指数,a_i 代表第 i 单位的收入比重,n 为阶层数。

泰尔熵第二测量指数计算方法如下:

$$Q = \frac{1}{n} \sum_{i=1}^{n} \log \frac{\overline{m}}{m_i}$$

式中,Q 代表泰尔熵第二测量指数,$\overline{m}$ 表示总样本的平均收入,m_i 表示第 i 个样本的平均收入,n 为阶层数。

基尼系数为收入分配情况的总体指标,并且能进行基尼系数分解分析,能更好地表述收入分配的差异情况。但基尼系数主要反映中等收入居民变化情况。而泰尔熵指数对高收入阶层收入变化较为敏感。还有泰尔熵第二测量指数易受低收入阶层收入变化影响。所以上面三种衡量方法各具优势，能更加全面反映城镇居民收入变动情况。

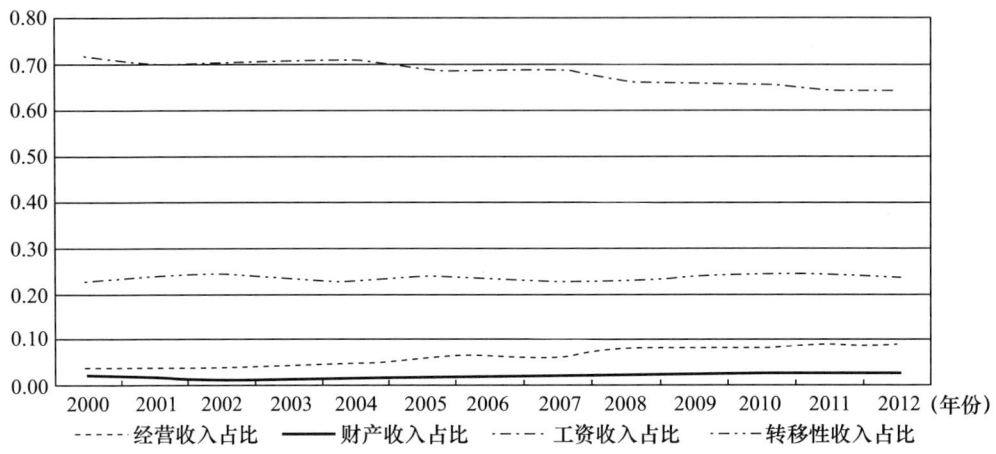

图 3-5　城镇居民各年家庭收入结构变化

资料来源：根据《中国统计年鉴 2013》整理计算。

从图 3-6 的我国城镇居民各个阶层收入差距综合比较趋势图可以看出，我国各阶层总体收入差距呈现扩大趋势。基尼系数从 2000 年的 0.2448 增加到 2011 年的 0.3174，中间出现 U 型变化，但是总体趋势是扩大的。泰尔熵指数从 2000 年的 0.0447 增加到 2011 年的 0.05966，表明高收入阶层内部收入差距也在扩大。泰尔熵第二测量指数从 2000 年的 0.0268 增加到 2011 年的 0.05072，表明低收入阶层内部差距在拉大。从三个指标综合看，都在 2007 年以后出现缩小的趋势。

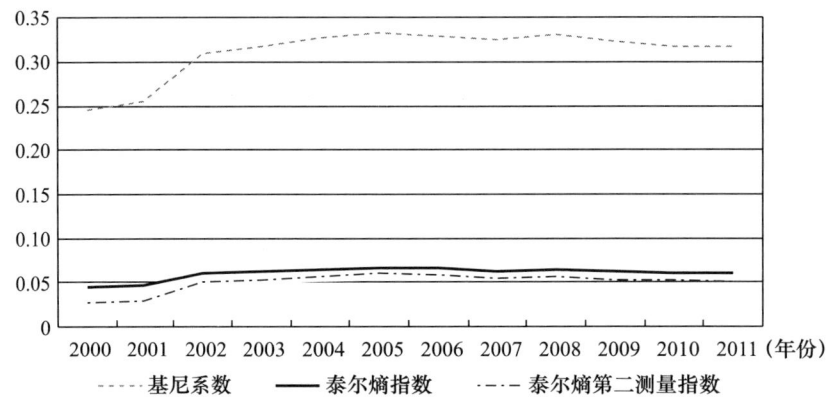

图 3-6　城镇居民各个阶层总收入差距综合比较

资料来源：根据《中国统计年鉴 2013》整理计算。

城镇居民收入的构成对居民收入增长和差距影响各有差异，研究不同收入要素和不同收入结构对居民收入差距贡献具有重要意义。图 3-7 利用基尼系数分解计算的城镇居民收入来源结构对收入差距的贡献率变化。从图中可以看出，我国城镇居民各项收入来源集中系数变化趋势各不相同，各项贡献率与各项收入比重变化趋势也各不相同。具体来说，2000~2003 年和 2007~2011 年，工资性收入集中系数小于基尼系数，2004~2006 年，工资性收入集中系数大于基尼系数；2000~2007 年，经营性收入集中系数小于总收入基尼系数，2008 年以后开始大于总收入集中系数；财产性收入集中系数经历"倒 U 型"变化，但是集中系数每年都大于总收入集中系数；2000~2004 年，转移支付集中系数大于总收入基尼系数，但 2005 年以后，每年集中系数都小于总收入集中系数，转移支付集中系数经历"倒 U 型"变化。综上可以看出，当各项集中系数大于总收入基尼系数时，具有扩大收入分配差距作用，当各项基尼系数小于总收入基尼系数时，具有缩小居民收入分配差距作用。但从综合水平分析可以看出，各项来源收入变化较大。

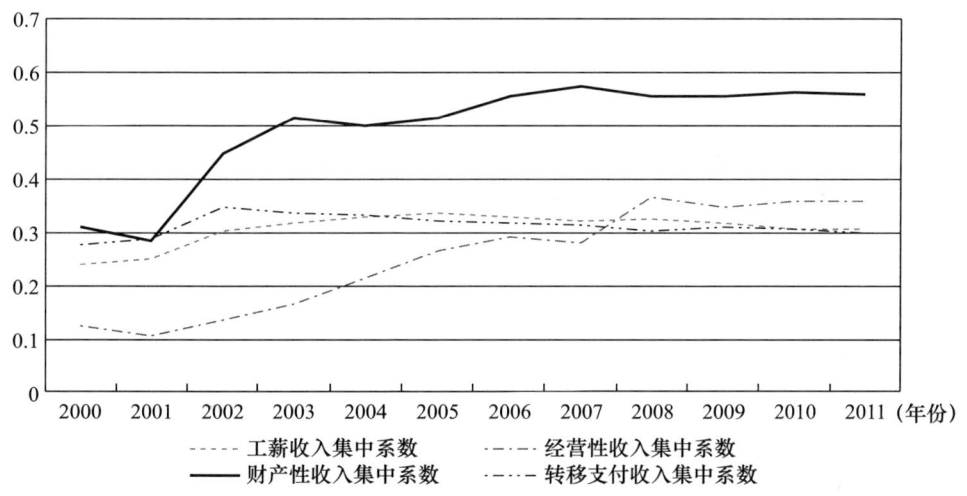

图 3-7　城镇居民各个阶层收入差距来源集中系数变化

资料来源：根据《中国统计年鉴 2013》整理计算。

图 3-8 是近年城镇居民人均可支配收入在低收入户、中等偏下收入户、中等收入户、中等偏上收入户、高收入户之间的分布情况。从图中可知，各收入阶层的收入水平都具有逐年增长的迹象，但是，随着时间的推移，高收入户的收入增长率稳步提升，高收入户的人均可支配收入与中等偏上收入户、中等收入户、

中等偏下收入户、低收入户之间的差距越来越显著。低收入户仅十几年收入也随着经济的发展而有所提升，但是增长幅度较为缓慢，与高收入户人均可支配收入的差距逐年扩大。

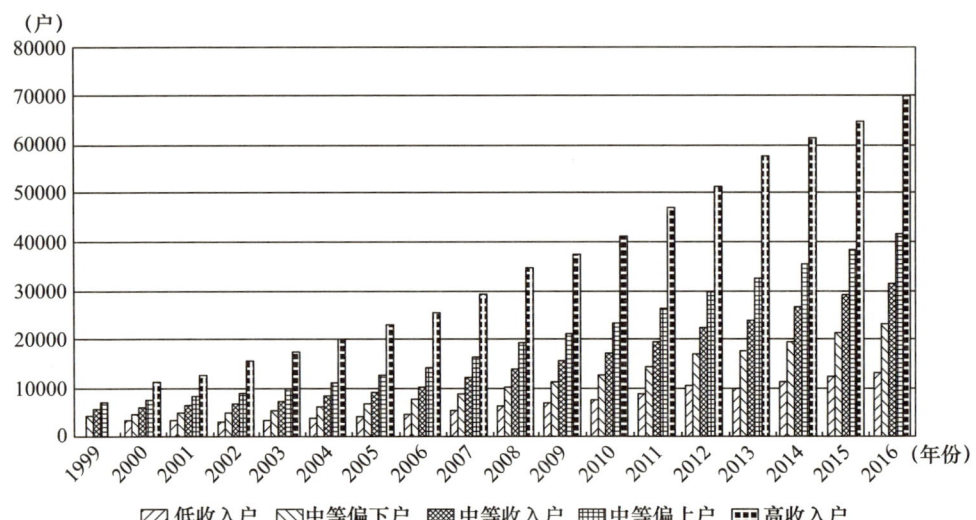

图3-8 城镇居民人均可支配收入在不同收入阶层间的分布趋势图

(三) 我国农村居民收入分配静态分析

1. 农村居民收入来源结构分析

就农村居民而言，收入来源也分为工资性纯收入、经营性纯收入、财产性纯收入、转移性纯收入四种类型。工资性收入指农村住户成员受雇于单位或个人，靠出卖劳动力而获得的全部劳动报酬和各种福利收入；农村居民家庭经营收入指农村住户以家庭为生产经营单位进行生产筹划和管理而获得的收入，家庭经营活动按行业划分为农业、林业、畜牧业、渔业、工业、建筑业、交通运输和邮电业、批发和零售贸易餐饮业、社会服务业、文教卫生业和其他家庭经营；农村居民财产性收入指金融资产或有形非生产性资产的所有者向其他机构单位提供资金或将有形非生产性资产供其支配，作为回报而从中获得的收入；农村居民转移性收入指农村住户和住户成员无须付出任何对应物而获得的货物、服务、资金或资产所有权等，不包括无偿提供的用于固定资本形成的资金，一般情况下，指农村住户在二次分配中的所有收入，农村居民家庭人均转移性纯收入不包括农村内部亲友赠送收入。①

农村居民的人均纯收入中，财产性收入的数据可查的只有从1993年开始的，之前只有工资性收入、经营性收入以及转移性收入的统计数据，因此从1993年开始分析各年份农村居民纯收入的来源结构。

综合图3-9、图3-10可以看出，1993年农村居民纯收入中74%是经营性收入，经营性收入占有绝对优势，随后的20多年，经营性收入的比重开始逐年降低，到2012年仅为45%，与此相反，农村居民家庭人均收入中工资性收入的比重则从1993年的21%上升为2012年的43%，二者的比例在2012年基本持平，表明随着城镇化进程的快速发展以及农民工进城务工人数的增加，农村农民的工资性收入的比重在全部家庭人均收入中的比例迅猛增加。

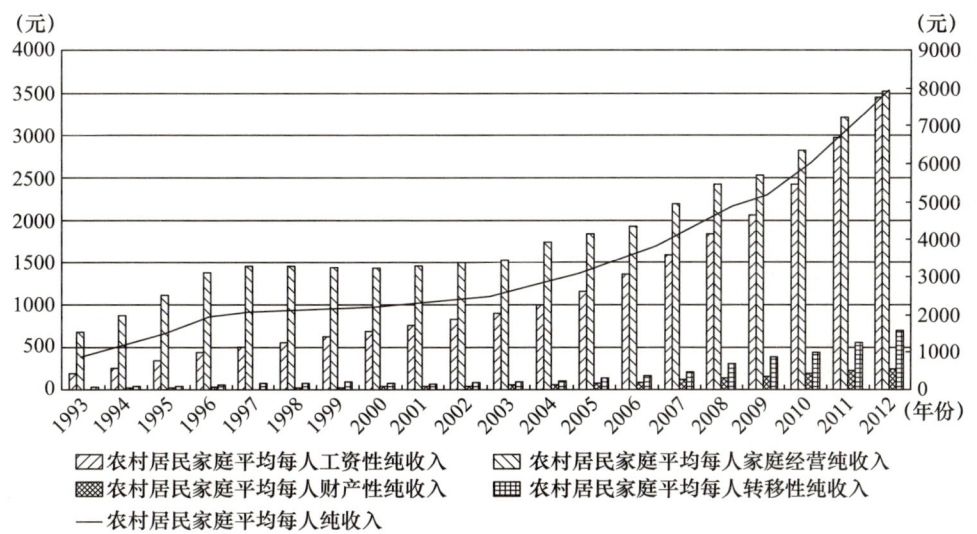

图3-9 农村居民家庭收入来源构成

注：右侧纵坐标轴表示农村居民家庭平均每人纯收入，左侧纵坐标轴为工资、经营、财产以及转移性收入。

资料来源：根据《中国统计年鉴2013》整理计算。

就农村居民转移性收入而言，1993年占到全部个人纯收入的4%，2012年为9%，转移性收入从2008年以后有了相对快速的发展，这与我国实施农村新型养老保险制度以及全面推进城乡统筹的社会保障制度有密切关联。

---

① http://www.stats.gov.cn/tjsj/zbjs/201310/t20131029_449516.html.

从各年的财产性收入而言，在农村居民人均纯收入中的比重一直没有突破4%的关口，基本上维持在2%～3%，2007年首次超过3%，但一直少于4%，表明农村居民的财产性收入非常之少。

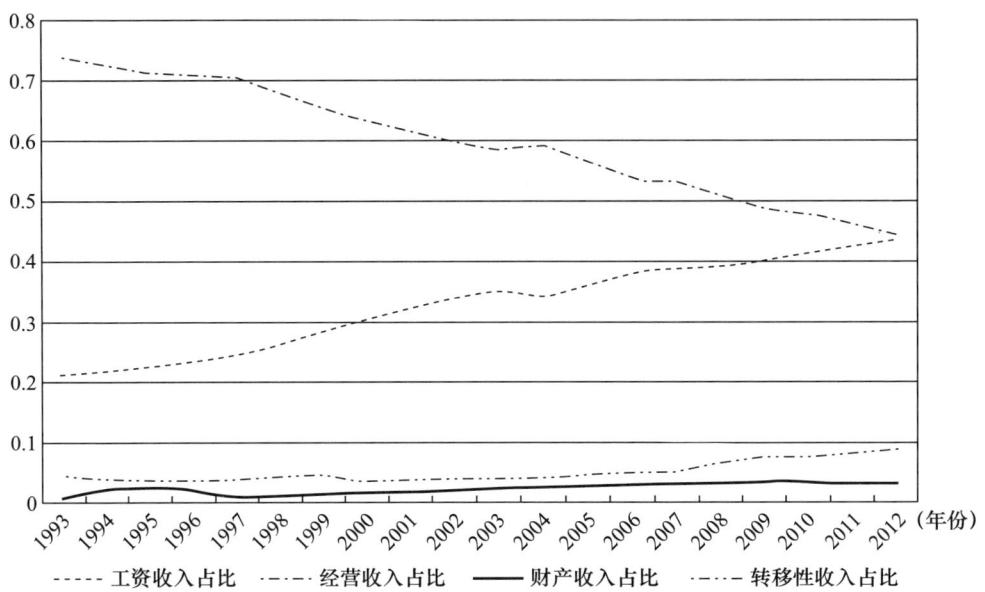

图3-10 农村居民人均纯收入来源构成

资料来源：根据《中国统计年鉴2013》整理计算。

2. 农村居民静态收入分布概况

农村居民基尼系数是代表农村地区内部居民收入分配状况的重要指标。从表3-1中的数据可知，我国农村居民收入的基尼系数扩大，但速度有放缓趋势。"十一五"期间，反映我国农村居民收入分配差距的基尼系数波动性扩大，但扩大速度比"十五"期间有所减缓。2010年农村居民人均纯收入基尼系数为0.3783，比2005年高出0.0032单位，比2000年高出0.0247单位。"十一五"期间反映农村居民收入分配状况的基尼系数年均扩大0.2%，比"十五"期间的年均扩大1.2%的速度放慢了1个百分点（张东升，2012）。

除了基尼系数有日趋扩大的趋势以外，农村居民纯收入在五等份组别中的差距也呈现出逐年扩大的趋势。从图3-11可知，农村居民高收入户的人均纯收入与中等偏上户、中等收入户、中等偏下户、低收入户之间的差距非常显著，增长率较快，其他收入组的农村居民的年均收入增速有逐年上升趋势，其中，低收入组的年均纯收入增速呈现出稳步提升状态。

表3-1 农村居民各年基尼系数

年份	农村居民基尼系数	年份	农村居民基尼系数
1978	0.212	1995	0.33
1979	0.2407	1996	0.32
1980	0.2406	1997	0.33
1981	0.2417	1998	0.34
1982	0.2416	1999	0.34
1983	0.2439	2000	0.35
1984	0.2267	2001	0.36
1985	0.3042	2002	0.37
1986	0.3045	2003	0.37
1987	0.3026	2004	0.37
1988	0.3099	2005	0.38
1989	0.3099	2006	0.37
1990	0.3072	2007	0.37
1991	0.3134	2008	0.38
1992	0.31	2009	0.39
1993	0.31	2010	0.38
1994	0.32		

注：1992年及以后年份的数据来源于张东升主编的《中国居民收入分配年度报告（2011）》。

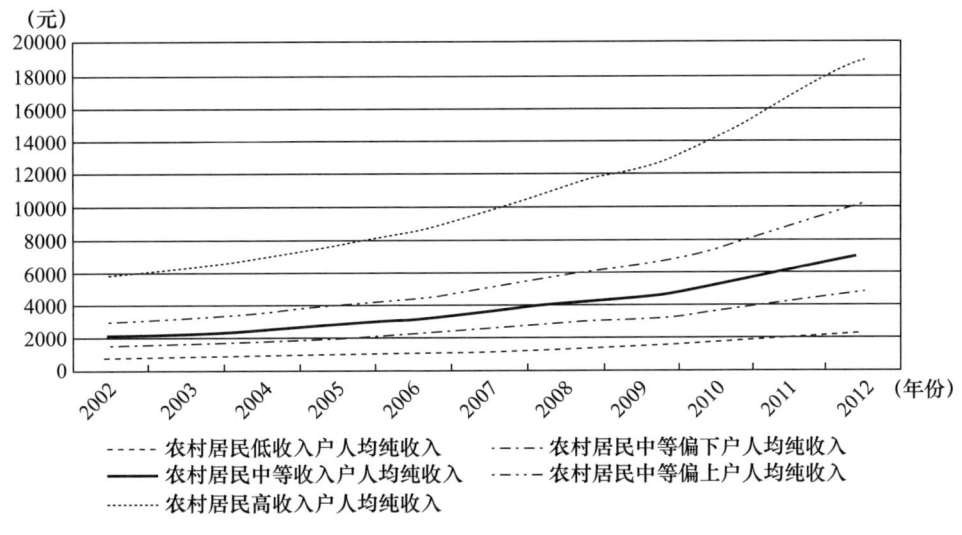

图3-11 农村居民五等份纯收入

近几年来,由于政府针对农村地区及农民出台了各类扶持政策,且 2006 年全面推进农村税费改革使得农民减轻了诸多负担,诸多政策利好叠加到一起促进农村地区经济复苏、并切实减轻了农民的各类负担。上述政策背景下,2013~2016 年农村地区人均可支配收入增长趋势显著,低收入户、中等偏下收入户、中等收入户、中等偏上收入户、高收入户的收入增长稳定,其中,高收入户收入增长在其他收入户中最为迅速,但是,也加大了与其他收入户之间的收入差距,高收入户和低收入户之间的收入差距尤为显著。另外,低收入户与其他收入户相比,收入增长最为缓慢,2013 年、2014 年、2015 年和 2016 年低收入户的人均可支配收入几乎没有增长。2013 年农村居民低收入户的人均可支配收入为 2877.94 元,2014 年反而降低到 2768.14 元。2015 年和 2016 年也出现了相同的收入倒退现象(见图 3-12)。

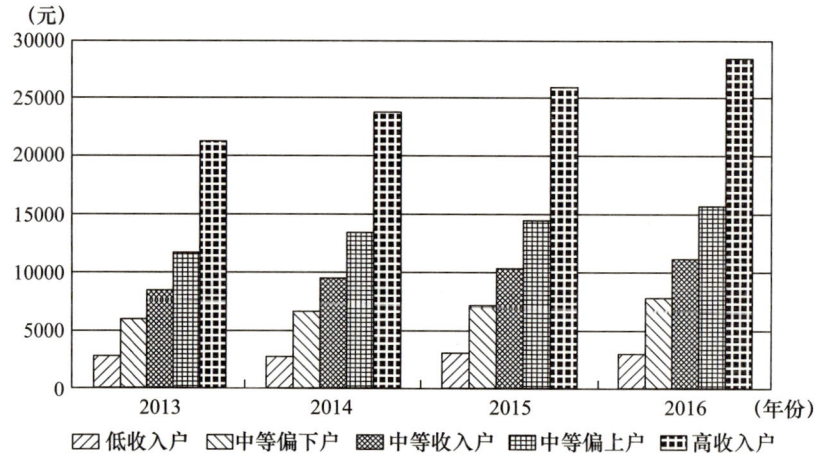

图 3-12 农村居民人均可支配收入分布趋势图

表 3-2 反映了 2000 年、2005 年、2010 年和 2012 年的农村居民五等份收入组纯收入规模及增长率。从表中可知,低收入户农村居民人均纯收入 2000 年为 788 元,2005 年为 1067 元,2010 年和 2012 年分别为 1870 元和 2316.2 元。"十五"期间低收入户农村居民人均纯收入年均增长 6.3%,"十一五"期间低收入户农村居民人均纯收入年均增长 11.9%,比"十五"期间提升了 5.6 个百分点,是各收入组中相对最高的。与此同时,高收入户农村居民人均纯收入 2000 年为 5053 元,2005 年为 7747 元,2010 年和 2012 年分别为 14049.7 元和 19008.9 元。"十五"期间高收入户农村居民人均纯收入年均增长 8.9%,"十一五"期间高收入户农村居民人均纯收入年均增长 12.6%,比"十五"期间提升了 3.7 个百分点。

表 3-2 按农户收入 5 等份分组的农村居民纯收入比较

类别	低收入户	中等偏下户	中等收入户	中等偏上户	高收入户
2000 年（元/人）	788	1415	1962	2704	5053
2005 年（元/人）	1067	2018	2851	4003	7747
2010 年（元/人）	1870	3621	5222	7441	14049.7
2012 年（元/人）	2316.2	4807.5	7041	10142.1	19008.9
"十五"期间年均增长（%）	6.3	7.4	7.8	8.2	8.9
"十一五"期间年均增长（%）	11.9	12.4	12.9	13.2	12.6
"十一五"期间年均增长与"十五"期间年均增长差（%）	5.6	5.0	5.1	5.0	3.7

（四）我国城乡居民静态收入分布比较

1. 城乡居民收入结构比较

就城镇居民和农村居民人均收入来源而言，如图 3-13 所示的城镇居民各年数据中各种收入来源的比重变化幅度非常小，没有明显的此消彼长的特征和趋势出现，工资收入为主要收入来源，各年的比例保持在 60%~70% 之间浮动，转移支付为第二大收入来源，各年比例在 22%~24% 之间浮动，经营性收入的比重也在 5%~10% 的范围内浮动，财产性收入的比重则一直在 2%~3% 之间浮动，即各年各种收入来源的比例的浮动范围都非常小，上涨或下跌的幅度非常有限，表明四种收入来源的结构很稳定。

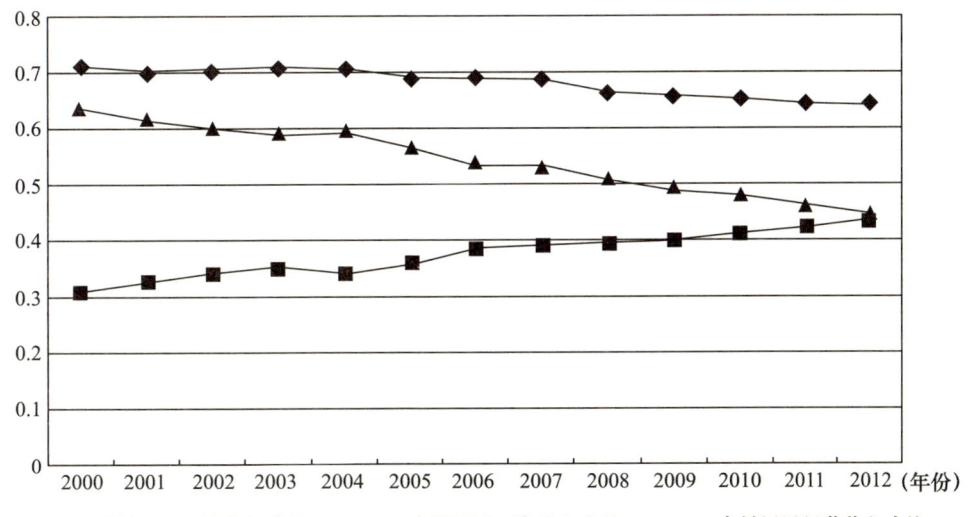

图 3-13 城镇居民工资性收入比重、农村居民经营性收入以及工资性收入比重

资料来源：根据《中国统计年鉴 2013》整理计算。

与城镇居民人均收入的来源结构相比较而言，农村居民的收入来源的结构变动幅度非常大，特征非常明显。城镇居民和农村居民收入中明显的差异就是来源方面，城镇居民以工资薪金收入为支柱，而农村居民则以经营性收入为主，但这种差异逐年缩小，到了2012年农村居民家庭人均纯收入中工资性收入的比重已经增长到了与经营性收入基本持平的规模，分别为43.5%和44.6%。

2. 城乡居民收入分布静态指标比较

从图3-14中可以看出我国居民收入总体基尼系数、农村居民收入基尼系数和城镇居民收入基尼系数都经历了升→降→升→降的过程，但农村基尼系数大于城镇基尼系数，也就是农村居民内部不平等程度大于城镇居民内部不平等程度。同时可以看出，我国居民收入总体基尼系数远大于城镇居民和农村居民基尼系数，说明我国城乡之间差距还较大，城乡之间不平等对基尼系数有较大贡献。

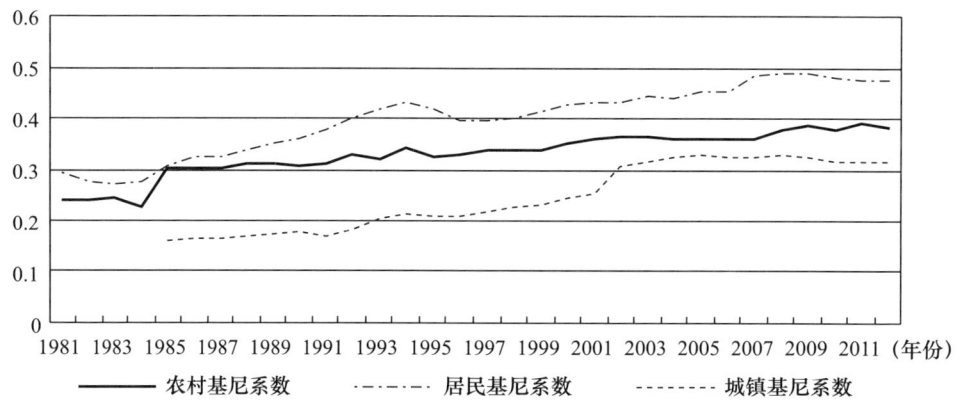

图3-14 城乡收入差距

资料来源：部分数据来自各年度《中国发展报告》和根据各年《中国统计年鉴》整理计算，部分数据来自洪兴建的《居民收入分配失衡的测度方法研究》。

第三节 居民收入分配动态分析框架

动态分析值是在引进时间变化序列的基础上，研究不同时点上变量的相互作用在均衡状态的形成和变化过程中所起到的作用，考察在时间变化过程中的均衡状态的实际变化过程，如蛛网模型。

一、居民收入分配动态评价指标

（一）动态评价指标概述

衡量收入分配差距的指标主要包括基尼系数、泰尔熵指数、高低收入比等。这些指标一般反映某一时期内不同群体之间收入分配状况公平与否的程度，是反映收入分布的静态指标。那么，如何从动态角度衡量收入分配状况？哪些指标可以反映收入分配动态变动程度？哪些因素会影响收入分配的动态指标？为了解释这些问题，本书首先介绍衡量居民收入分配动态效应的各类指标。

传统的衡量收入分配公平与否的指标强调特定时期内不同阶层之间收入分布状况，而较少涉及两个相邻或较长时间间隔之内收入分布动态变动程度。以基尼系数为例，这是国际上用来综合考察居民内部收入分配差异状况的重要分析指标，其核心含义是在特定时期内全部居民收入中衡量不平均分配的居民收入部分所占的比例，因此这是一个静态意义上的收入分配指标。如果收入分布状态分析中，加入不同时间节点上某一个体收入分布的变动状态，则可以诠释收入分配的动态效应。依据现有的研究体系，收入流动是动态角度衡量收入分配效应的主要指标之一。

流动性概念最早起源于社会学，是观察和度量社会结构变化的重要工具。经济学家将流动性应用到收入分配领域，考察收入分布状况的演变模式。经济学中的收入流动性是指期初不同收入水平的个体在期末收入规模或收入位次发生变动的程度和方向，有时也可以衡量当代人的收入分配结构是否会复制到下一代人身上。前者称为代内收入流动，后者则称为代际收入流动。

研究收入流动性具有较强的理论和政策意义。首先，从理论层面而言，这一研究丰富和拓展了收入分配问题的研究范式。流动性既体现了收入分布的跨期变动情况，也涉及公众对贫富差距的感知、价值判断与容忍程度。因此，有效弥补了高低阶层之间收入比、基尼系数、泰尔熵指数等从静态角度衡量收入分配差距的传统指标中存在的不足，增强了分配领域的动态研究视角。其次，从政策实践层面而言，实现收入流动性有利于收入分配中公平与效率的统一。如果一个社会有较好的收入流动机制，那么收入分配不公的问题可能没有人们想象得那么严重（Sawhill，2000；章奇等，2007）。因为期初收入低的人可以在期末取得较高收入，今天的穷人可能会成为明天的富人（Khor 和 Pencavel，2006）。在这样的经济社会运行机制中，所谓的公平与否不仅体现在贫富差距的高低，更体现在经济增长和分配机制中获得机会的均等程度。与此同时，收入流动性在长期内能够改善收入不平等所带来的社会压力和冲突，促进经济的稳定增长及长远发展，从而有效提升经济效率。

有关收入流动性的研究始于20世纪五六十年代，随后受到广泛关注。1962

年 Friedman 在其研究中解释了何为收入流动性。在此基础上,关于收入流动性的定义及指标体系建设、与其他收入差距指标之间的关系、影响因素实证分析、国别及国际比较分析等文章开始大量涌现。其中,国别分析包括 Jarvis 和 Jenkins (1998) 对英国的研究、Corak 和 Heisz (1999) 对加拿大的研究、Canto (2000) 对西班牙的研究、Piraino (2007) 对意大利的研究、Piketty 和 Saez (2006)、Lee 和 Solon (2009) 针对美国 20 世纪初期以来的最高收入阶层的收入流动性变动情况进行的探索等。在国别研究基础上,进一步延伸出不同国家之间特定时期流动性指标的国际比较问题。例如,Benabou 和 Ok (2001) 利用税收累进指标衡量意大利和美国收入流动性大小的研究、Aberge 等 (2002) 对斯堪的纳维亚和美国的比较研究、Van Kerm (2004) 对比利时、德国和美国的比较研究、Fields 等 (2006) 对拉美国家的比较研究等。国别比较研究从制度层面深入剖析了流动性的影响机理及不同经济体制下的政策效应。此外,有些则围绕进一步优化研究方法或细化研究视角方面做了大量工作,如 Lummer (2002) 通过工具变量法和误差修正模型探讨如何降低收入流动性实证分析中的测量误差,从而提高模型的稳健性。Rothwell 和 Massey (2015) 从地理和社区环境因素对流动性的影响的独特视角阐释了居民收入流动性问题。

随着家庭微观数据库的开发和实证研究方法的普及,针对中国居民收入流动性的研究成果越来越丰硕。Khor 与 Pencavel (2005) 比较分析了 1990~1995 年中国与美国的城市居民收入流动性,认为这一期间中国的收入流动性高于美国,但没有深入探讨中国收入流动性特征及影响因素。王海港 (2005,2007) 依据面板数据研究了中国农村和城市收入流动性的阶段性特征,并将家庭按照家长的受教育程度进行分组后探讨教育对收入流动性的影响以及不同家庭组别之间的差异性。尹恒等 (2006) 在考察 20 世纪 90 年代以来中国城镇居民的收入流动时间趋势基础上进一步分析了企业所有制性质、是否退休、工作岗位特征、文化程度等因素对收入流动性造成的异质性。孙文凯等 (2007)、权衡 (2005,2015)、Yuan (2015) 等学者也开展了类似的研究。这些研究虽然较为全面地分析、比较了不同时期、不同阶层及不同背景的城市和农村居民的收入流动性,但没有进一步深入探讨影响收入流动性的各类因素的边际效应。章奇等 (2007) 的研究则较好地弥补了上述不足。他们利用多项 Logit 模型对可能影响收入流动性的各种因素进行了定量分析,发现家庭抚养人口、人力资本禀赋和土地转包等对农村居民的收入流动性有显著作用。这一研究虽然度量了收入流动性与其影响因素之间的因果关系,但流动性的指标设定较为单一,缺乏全面、综合的评价体系。基于此,王朝明等 (2008)、张立冬 (2011) 和严斌剑等 (2014) 从各种维度选取收入流动性指标来估算我国居民多维收入流动程度,从而丰富了收入流动性的测算方法和研究范式。此外，与前人研究不同，王洪亮（2009）基于区域的视角，构造出新的收入流动指标分析框架，并阐释了城乡之间以及东中西部之间收入流动状况，为地区间收入流动性的研究提供了理论方法和实证分析依据。

国内外已有研究大多注重收入流动性的测算及其新方法的探索，对于不同地区之间居民收入流动性的影响因素及作用机理的研究较少，而且将税收这一收入分配重要手段纳入分析框架讨论二者之间相互关系的文章更是凤毛麟角。混合经济运行模式不仅充分体现了市场机制在参与劳动力报酬初次分配中的效率，而且可以通过政策手段弥补市场经济运行中出现的收入分布不均等问题。税收作为政府调节收入分配的主要政策工具，对于收入流动性产生重要影响（Atkinson，1992）。在诸多税种当中，个人所得税是影响城镇居民收入水平的关键因素。我国自1980年实施个人所得税以来，费用扣除标准和税率级次等制度要素经过多次改革和调整。那么，改革前后个人所得税税负的冲击对收入流动性的影响是否有显著差异？制度调整是推动了收入位次向上流动还是位次的向下滑落？如何理解费用扣除标准、家庭及地区特征对收入流动性的影响机制？本书在实证分析体系中详细介绍税收对收入分配流动性的作用机理。

收入流动性的衡量方法和指标较多，不同流动性指标的考察重点和目标都有所差异，较为流行的测算方法是基于转换矩阵的流动性计算方法，但其对于时间间隔较短，且同一个体在不同时期的收入流动性的测算方法并不是特别灵活。因此可以借助其他的收入流动性指数来弥补转换矩阵中存在的不足（王洪亮，2009）。按照测算流动性的目标不同，流动性指数大致分为三种类型：一是基于两期收入水平变动的测算方法；二是基于两期收入位次变动的测算方法；三是同时考虑两期收入水平和位次变动的测算方法。基于此，收入流动性大致可以分为三大类：一是相对收入流动性指标；二是绝对收入流动性指标；三是基于福利主义的收入流动性指标。下面详细介绍其指标设定原理及测算方法。

（二）相对收入流动性指标

相对收入流动性是指某一特定个体或群体的收入水平在经过一段时间（通常为一年）的变化后，相对于另一个体或群体收入排序的变动。

1. 基于转换矩阵的相对收入流动指标

在相对收入流动性的测度方法上，国际上通常采用收入转换矩阵及基于转换矩阵的统计量。基于收入转换矩阵的相对主义公理方法是到目前为止所有流动性指标中最符合研究收入流动性初衷的一种方法。

转换矩阵是一种通过对特定收入组的收入变化进行动态分析来测量收入流动性的方法，其具体的计算方法为：首先按收入由低到高对样本进行排序，然后将所有样本分为若干个收入组（通常为五分位分组），计算出在初始年份处于第 j

收入组的个体在终止年有多大比重进入其他组或维持不变,那么元素为 P_{jk}(表示初始年处于第 j 收入组的个体,在分析终止年处于第 k 收入组的概率)并且每一行各元素之和等于 1 的矩阵 P 就是转换矩阵。

按照各地区城镇居民可支配收入由低到高排序后分为五组,并分别计算出时间间隔为 1 年、6 年、10 年的 5×5 收入转换矩阵,在此基础上,可以测算出加权平均移动率、惯性率、亚惯性率、开放指数四个相对收入流动性指标。①

加权平均移动率是将移动的幅度为权重对移动概率进行加权平均,其计算公式为:

$$\frac{1}{5} \sum_{j=1}^{5} \sum_{i=1}^{5} |j - i| \cdot p_{ij}$$

式中,i 表示期初的收入组,j 表示期末的收入组。

惯性率度量收入转换矩阵中位置没有发生的地区所占的比重,是收入转换矩阵对角线上元素的算术平均值,其计算公式为:

$$\frac{1}{5} \sum_{j=1}^{5} p_{ij}$$

亚惯性率度量位置相对稳定的地区所占的比重,即收入位置维持不动或移动一层(向上或向下)的比例:

$$\frac{1}{5} \sum_{i=1}^{5} \sum_{j=i-1}^{i+1} p_{ij}$$

开放指数度量收入转换矩阵与充分流动矩阵(所有元素均为 0.2 的矩阵)的距离:

$$\chi^2 = \sum_{ij} \frac{(p_{ij} - 0.2)^2}{0.2}$$

"完全流动性"收入转换矩阵具有完全非时间依赖特征,即所有个体或家庭在后一时期占据任一区间的概率与起点(前一时期)无关,它可以作为比较的参照系。在完全流动性的情况下,五分位分组的转换矩阵的惯性率为 0.20,平均流动率为 1.60,卡方指数为 0。上述三个统计量的数值与完全流动条件下的数值越接近,即平均流动率越大、惯性率和卡方指数越低,收入流动性的程度越高;反之则越低。

2. 基于地区位次变动的相对收入流动指标

省际间收入流动性与各省份在全国中收入位次的变化有着紧密联系。当一个社会的所有省份所处的位次一成不变的时候,这个社会的收入流动性为零;如果每个省份所处的收入层次产生了较大变化,期初的低收入省份可以在期末成为高

---

① 四类指标的测算可参见尹恒、李实、邓曲恒等(2006)的研究。

收入省份，而期初的高收入省份将转为低收入省份行列，此时，整个社会的收入流动性是较高的。本书的收入位次流动性选取了两种指标：一种是纯粹的各省份两期收入位次变动，另一种是加入各个省份人口比重权重以后的位次变动情况。具体公式如下：

每一年，将各省份的收入由低到高依次排列后，计算下一年度和上一年度每个省份位次变动幅度，当省份数量 n 为奇数时，进行位次交换的次数为 $\frac{n-1}{2}$，收入位次变动的流动性最大值为 $\frac{n^2-1}{2}$。当 n 为偶数时，进行位次交换的次数为 $\frac{n}{2}$，收入位次变动的流动性最大值为 $\frac{n^2}{2}$。基于此，将实际收入位次流动性取值与其最大值的比值界定为收入位次流动性指数 M，具体公式如下：

$$M = \frac{\sum_{i=1}^{n} | q_{i,t} - q_{i,t-1} |}{(n^2 - 1)/2} \quad (当\ n\ 为奇数时)$$

$$M = \frac{\sum_{i=1}^{n} | q_{i,t} - q_{i,t-1} |}{n^2/2} \quad (当\ n\ 为偶数时)$$

上述公式中，$q_{i,t}$ 表示某一省份期末收入由低到高排序后的位次，$q_{i,t-1}$ 则表示期初位次。依据这两个收入位次计算公式，第 k 个省份的收入位次流动性可以分解为 $M_k = \frac{| q_{k,t} - q_{k,t-1} |}{(n^2 - 1)/2}$（当 n 为奇数时）或 $M_k = \frac{| q_{k,t} - q_{k,t-1} |}{n^2/2}$（当 n 为偶数时）。

此外，利用宏观数据考察不同地区收入位次流动性时，不同地区人口比重是影响收入流动性的重要因素，因此，考虑各个省份农村人口占全国农村人口比重 v_i 的因素后，期初和期末的收入位次流动性变为：

$$MP = \frac{\sum_{i=1}^{n} v_i | q_{i,t} - q_{i,t-1} |}{n - 1}$$

基于收入转换矩阵的相对主义公理方法是到目前为止所有流动性指标中最符合研究收入流动性初衷的一种方法。按照各地区城镇居民可支配收入由低到高排序后分为五组，并分别计算出时间间隔为 1 年、6 年、10 年的 5×5 收入转换矩阵，在此基础上，可以测算出加权平均移动率、惯性率、亚惯性率、开放指数四个相对收入流动性指标。①

---

① 四类指标的测算可参见尹恒、李实、邓曲恒等（2006）的研究。

(三) 绝对收入流动性指标

1. 绝对收入流动总体指标

相对收入流动性指标可以较好地刻画两期居民收入位次变动情况，但无法衡量收入水平变动带来的流动性大小指标，因此出现了基于收入绝对水平变化来度量收入流动性的指标体系。Fields 和 Ok（1996）构造的欧氏距离函数便是有效测算绝对收入流动性的重要工具之一。

$$d_n(y^0, y^1) = \frac{1}{n} \left(\sum_{i=1}^{n} |y_i^1 - y_i^0|^\alpha \right)^{1/\alpha}$$

式中，y_i^1 和 y_i^0 分别表示某一个体 i 的期末和期初的绝对收入。在此距离函数基础上，Fields 和 Ok（1999）又构造了一个新的绝对收入流动性指标，其公式如下：

$$M_{FO}(y^0, y^1) = \frac{1}{n} \sum_{i=1}^{n} |\log y_i^1 - \log y_i^0|$$

依据公式，测算 $\alpha = 1$ 时线性绝对距离函数来测算收入流动性指标，当期末和期初的收入差额取绝对值时称为非方向性收入流动（AAIC），不取绝对值时称为方向性收入流动（AIC），且每个省份都可以得出非方向性和方向性绝对收入流动因子。

在实证分析中计算收入流动性时使用的方法主要有 $mobility_{it} = |y_i^1 - y_i^0|$ 和 $mobility_{it} = |\ln y_i^1 - \ln y_i^0|$。前者为非方向性收入流动，后者为非方向性对数收入流动。若不取绝对值，则成为方向性收入流动和方向性对数收入流动。

2. 绝对收入流动地区分解指标

若测算不同地区之间的收入流动程度，则可以将收入流动性指标在各个地区之间进行分解。

（1）绝对水平流动的地区分解。绝对水平流动（Absolute Income Mobility，AIM）指标设定为如下形式：

$$AIM = \frac{1}{n} \sum_{j=1}^{n} |y_j^f - y_j^i|$$

式中，y_j^f 是省份 j 的期末收入水平，y_j^i 是省份 j 的期初收入水平，n 为参与流动性测算的省份数量。如果将上式的连加符号打开，测算某一省份期初和期末农村居民收入流动性指标数值，公式变换过程如下：

$$AIM = \frac{1}{n} \sum_{j=1}^{n} |y_j^f - y_j^i| = \frac{1}{n}(|y_1^f - y_1^i| + |y_2^f - y_2^i| + |y_3^f - y_3^i| + \cdots$$
$$+ |y_n^f - y_n^i|) = \frac{|y_1^f - y_1^i|}{n} + \frac{|y_2^f - y_2^i|}{n} + \frac{|y_3^f - y_3^i|}{n}$$
$$+ \cdots + \frac{|y_n^f - y_n^i|}{n}$$

依据上式,第 k 个省份的期初至期末的收入流动性为 $\frac{|y_k^f - y_k^i|}{n}$,其他省份的流动性以此类推。

上述 AIM 计算过程中两期收入差额取绝对值,因此也叫作非方向性绝对收入流动。若两期收入差额不取绝对值,则称为方向性绝对收入流动。其计算公式如下:

$$AIM = \frac{1}{n}\sum_{j=1}^{n}(y_j^f - y_j^i)$$

(2) 绝对对数收入流动的地区分解。绝对对数收入流动(Absolute Logarithmic Income Mobility,ALIC)指标设定为如下形式:

$$ALIC = \frac{1}{n}\sum_{j=1}^{n}|\log(y_j^f) - \log(y_j^i)|$$

上式中各变量的含义与绝对水平流动公式相同,其中,第 k 个省份的绝对对数收入流动性可表示为 $\frac{|\log(y_k^f) - \log(y_k^i)|}{n}$,其他省份的收入流动性以此类推。

(四)基于福利主义的流动性指标

经济学家最早研究收入流动性的目的是为了分析长期中收入流动性是否有利于改善收入分配,为此 Fields(1999)定义了可以用于实际计算的"收入变动作为长期收入平等器(Progressivity)的进步指标",简称为 P 指数。

福利主义的流动性指标为 $P = 1 - I(\bar{y})/I(y')$,其中,$\bar{y}$ 是起始年与终止年的平均收入分布,y' 是初始年的收入分布,$I(\cdot)$ 是不平等度量指标(通常为基尼系数)。当 $P > 0$ 时,表明初始年与终止年平均收入分布的不平等程度要低于初始年度,即长期来看收入分布比较公平;以此类推,$P < 0$ 时,长期收入分布更不平等,而 $P = 0$ 时,则表明收入分布格局没有发生变动。

二、国民收入分配动态指标分析

(一)城乡总体动态收入分配现状分析

本书通过测算相对收入流动指标来分析我国 1996~2014 年的短期、中期和长期的收入流动情况。

表 3-3 的计算结果显示,以一年为间隔的短期收入流动性四类指标中,除了亚惯性率以外,其他指标的波动性较强。与充分流动矩阵相比,地区居民收入流动性较差。中期和长期的收入流动性与短期相比有较大的转变,流动性明显提高,其中 2002~2008 年的中期收入流动性比 1996~2002 年要更强一些,但 2008~2014 年的中期收入流动性与之前的两个阶段相比明显下降,地区居民之间收入流动性不够充分。

表 3-3 基于转换矩阵的收入流动性分析

指标	时间间隔	加权平均移动	惯性率	亚惯性率	开方指数
短期收入流动	1996~1997	0.257143	0.742857	1	9.977324
	1997~1998	0.190476	0.809524	1	12.47732
	1998~1999	0.128571	0.871429	1	14.60884
	1999~2000	0.061905	0.938095	1	17.38662
	2000~2001	0.066667	0.933333	1	17.22222
	2001~2002	0.328571	0.671429	1	12.94218
	2002~2003	0.128571	0.871429	1	14.88662
	2003~2004	0.185714	0.842857	1	13.58844
	2004~2005	0.252381	0.747619	1	11.30952
	2005~2006	0.290476	0.742857	0.966667	10.2551
	2006~2007	0.257143	0.77619	0.966667	12.40363
	2007~2008	0.12381	0.87619	1	15.73696
	2008~2009	0.061905	0.938095	1	17.38662
	2009~2010	0.061905	0.938095	1	17.38662
	2010~2011	0.190476	0.809524	1	12.47732
	2011~2012	0	1	1	20
	2012~2013	0	1	1	20
	2013~2014	0.438095	0.614286	0.985714	9.594104
中期收入流动	1996~2002	0.504762	0.552381	0.942857	6.734694
	2002~2008	0.7	0.457143	0.87619	5.21542
	2008~2014	0.32381	0.67619	1	9.62585
长期收入流动	1996~2006	0.771429	0.519048	0.809524	5.141723
	2006~2014	0.319048	0.680952	1	10.3288
	1996~2014	0.966667	0.32381	0.809524	4.659864

长期而言,1996~2006 年的收入流动性要明显高于 2006~2014 年,表明近几年我国地区之间居民收入固化现象越发严重,如图 3-15 所示。

(二) 城镇动态收入分配现状分析

收入流动性的衡量方法和指标较多,不同流动性指标的考察重点和目标都有所差异,较为流行的测算方法是基于转换矩阵的流动性计算方法,但其对于时间间隔较短、同一个体在不同时期的收入流动性的测算方面并不是特别灵活。因此,可以借助其他的收入流动性指数来弥补转换矩阵中存在的不足(王洪亮,2009)。转换矩阵以外的流动性指数测算方法大致分为两种类型:一是基于两期收入水平变动的测算方法,通常称为绝对收入流动;二是基于两期收入位次变动的测算方法,称为相对收入流动。

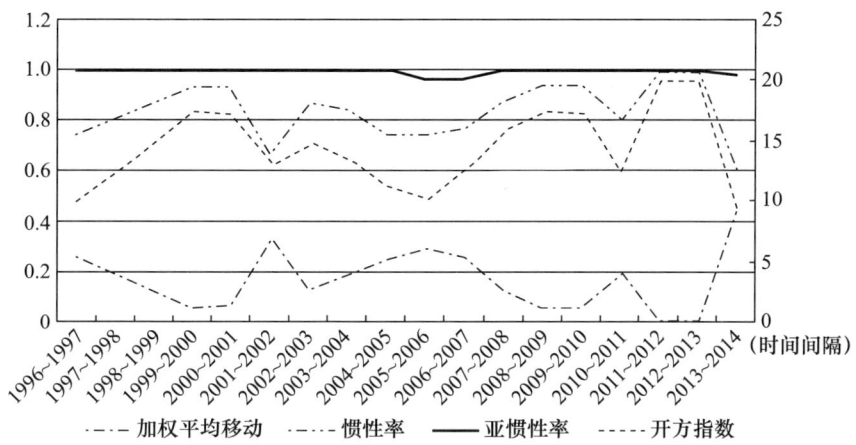

—·— 加权平均移动　---- 惯性率　——— 亚惯性率　----- 开方指数

图 3-15　四类相对收入流动性指标的测算结果

注：右侧纵轴衡量紫色虚线代表的开方指数，左侧纵轴衡量加权移动平均、惯性率和亚惯性率。

1. 绝对收入流动现状

利用绝对收入流动性指标公式，依据 1996~2014 年我国 31 个省、市、自治区（不包含台湾省）的城镇居民可支配收入数据（以 2000 年价格为依据剔除了物价波动），计算出了每个省份一年为间隔的绝对收入流动性指标值。

由图 3-16 可知，各个省份的期末和期初的收入差距绝对值在 18 年间逐渐增加，表明近几年大多数省份一年之间居民可支配收入变动（增长或下降）幅度较大，各项政策对居民收入的利好效应明显。收入最高的上海、北京、浙江三省（市）的绝对收入流动性指标与收入最低的甘肃、青海、新疆相比，高收入地区的一年间收入变动幅度明显大于低收入地区，并且这种差距呈现出逐年扩大趋势（见图 3-17）。

2. 相对收入流动现状

除了绝对收入流动以外，收入相对流动同样是动态反映收入分布状态的重要指标。通常将期初和期末的收入由低到高排序后，比较期末的收入位次和期初收入位次之间发生变化的程度，如期末位次比期初上升、不变、下降。图 3-18 反映了我国各个省份各年收入由低到高排序后五分位数的分布情况。从图中可知，发达地区（如北京、上海、广东、天津、浙江）收入位次发生变动的概率较低，而中低收入省份之间的收入位次波动较为频繁。可见，地区之间收入差距固化现象颇为严峻。此外，各地区收入位次波动规律不尽相同，有的表现为逐年上升，有的则下降，有的各年保持位次不变。各地区之间相对收入流动性的差异性有助于估计如税收等影响收入流动性的各类因素。

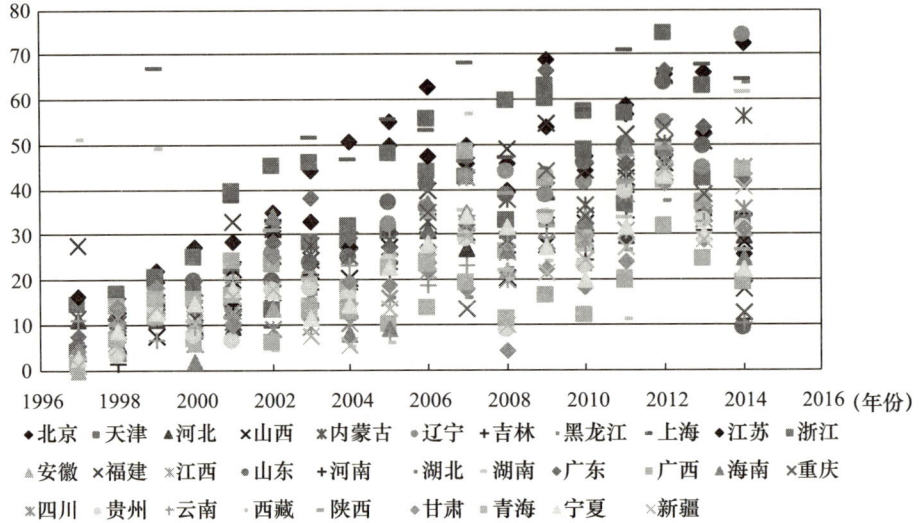

图 3-16　31 个省、市、自治区 1996~2014 年绝对收入流动指标值

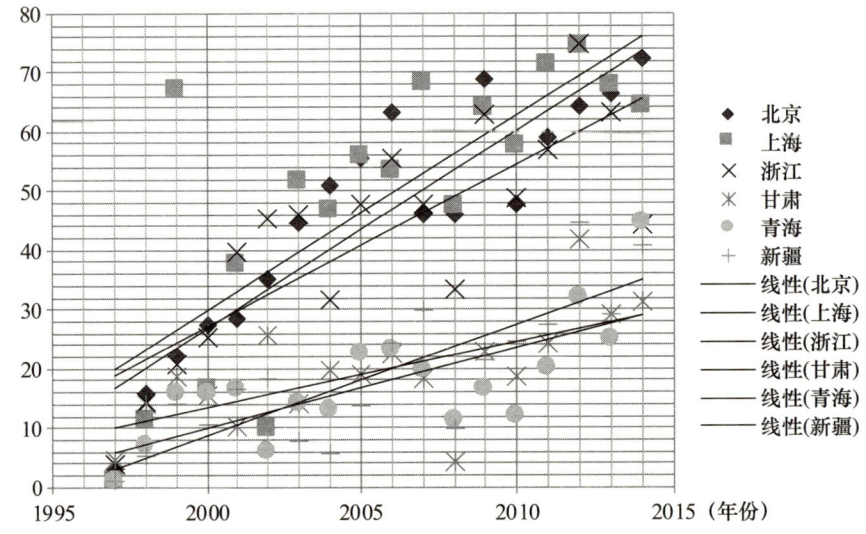

图 3-17　收入最高和最低地区间绝对收入流动指标的比较

注：直线为 6 个地区绝对收入流动指标的线性拟合值。

（三）农村动态收入分配现状分析

1. 农村居民绝对收入流动现状

绝对收入流动指标一般基于同一地区期末和期初的收入规模变动程度来衡量，

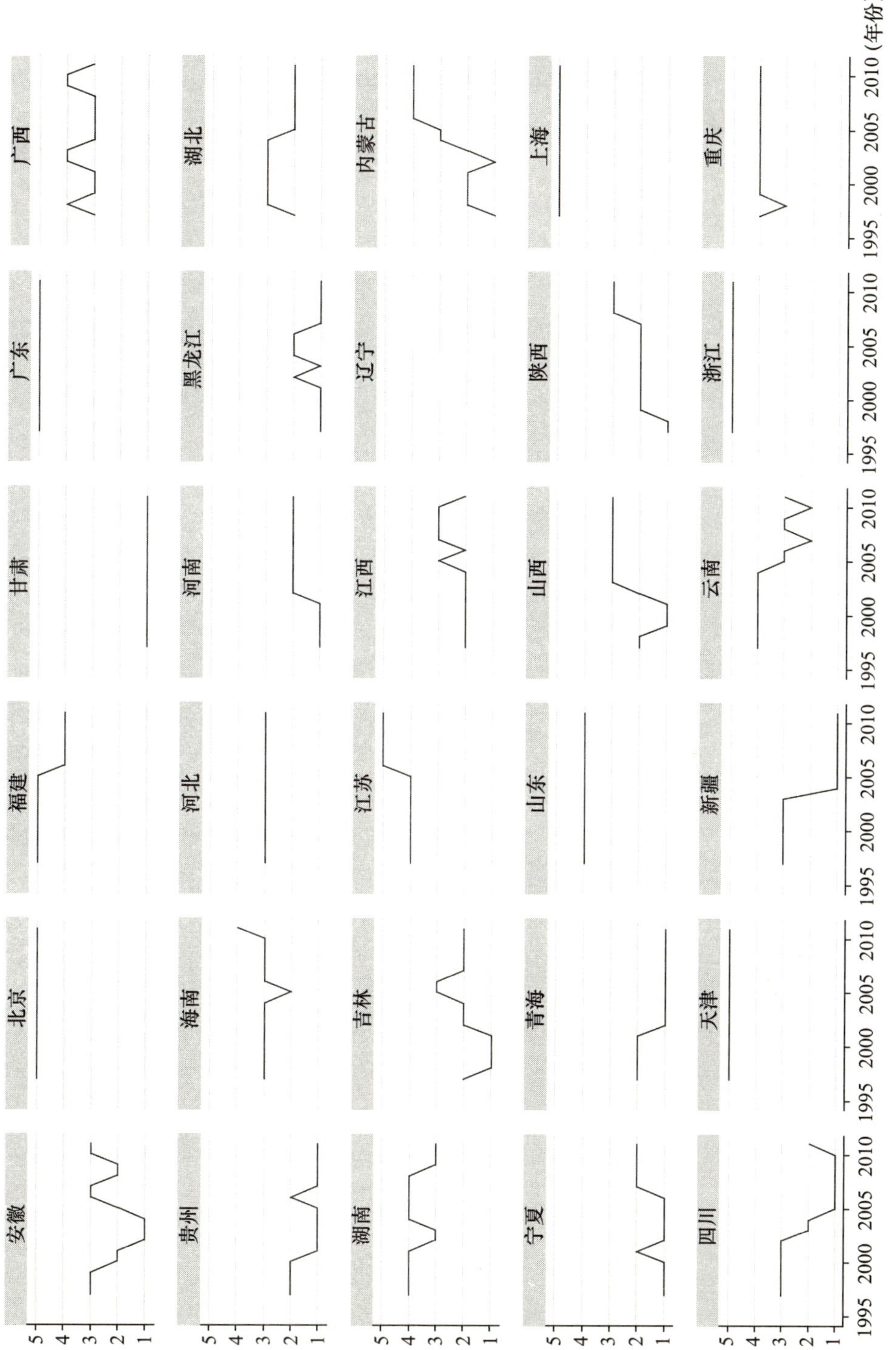

第三章 我国国民收入分配流程及静动态分析框架

图 3-18 各地区收入五分位次时间趋势图

也可以将每个地区人口因素纳入公式。收入位次流动性指标即相对收入流动指标有两种测算方法：一种是将各年所有地区的居民收入由低到高排序后，计算期初和期末位次变动的绝对值，并除以地区数量的平方；另一种是将每个地区每一年的农村居民家庭纯收入由低到高排序后，计算期末排序和期初排序之间的差额，并将此差额记为位次变动程度。各地区农村居民收入流动的时间趋势如图 3-19 所示。

从图 3-19 可以看出，不同地区农村居民人均纯收入的收入位次变动的时间趋势不尽相同，有些地区较为平稳，有些地区变动起伏非常明显。地区之间收入流动性的差异有助于估计影响农村居民人均收入流动性的因素。

绝对收入流动指标一般基于同一地区期末和期初的收入规模变动程度来衡量，也可以将每个地区人口因素纳入公式。①

2. 农村居民相对收入流动现状

收入位次流动性指标即相对收入流动指标有两种测算方法：一种是将各年所有地区的居民收入由低到高排序后，计算期初和期末位次变动的绝对值，并除以地区数量的平方；②另一种是将每个地区每一年的农村居民家庭纯收入由低到高排序后，计算期末排序和期初排序之间的差额，并将此差额记为位次变动程度。如果考虑不同收入组别之间的收入流动程度的话，还可以将各省份按照收入高低分成五分位数（最低、较低、中等、较高、最高收入组别的省份按照每年各省份人均可支配收入中位数的 65%、95%、125%、155% 来确定）③，据此再测算当期和上一期收入位次变动幅度。例如，河北省 2010 年农村居民人均纯收入排在第 3 组，而 2011 年排在第 5 组，那么河北省位次收入流动变量取值为 2；若 2011 年排在第 2 组，则位次收入流动变量取值为 -1；2011 年位次排序与前一年保持一致，则取值为 0。不同时期收入位次变动（第二种位次流动测算方法）的时间趋势如图 3-20 所示。

---

① 较为常见的测算两期农村居民人均纯收入流动性方法为 $AIM = \frac{1}{n}\sum_{j=1}^{n}|y_j^f - y_j^i|$，其中 y_j^f 是省份 j 的期末收入水平，y_j^i 是省份 j 的期初收入水平，n 为参与流动性测算的省份数量。依据此公式，我们可以将总体收入流动性分解为每个省份的收入流动性。为了获得更加稳健的流动性指标，也可以对期初和期末收入水平取对数，其测算方法为 $ALIC = \frac{1}{n}\sum_{j=1}^{n}|\log(y_j^f) - \log(y_j^i)|$。

② 收入位次流动计算方法借鉴了王洪亮等（2010）的研究。第 k 个地区收入位次流动指数可以分解为 $M_k = \frac{|q_{k,t} - q_{k,t-1}|}{(n^2-1)/2}$（当 n 为奇数时）或 $M_k = \frac{|q_{k,t} - q_{k,t-1}|}{n^2/2}$（当 n 为偶数时）。公式中 $q_{i,t}$ 表示某一省份期末收入位次，$q_{i,t-1}$ 则表示期初位次。

③ 参见尹恒等 2007 年收入流动性相关论文。

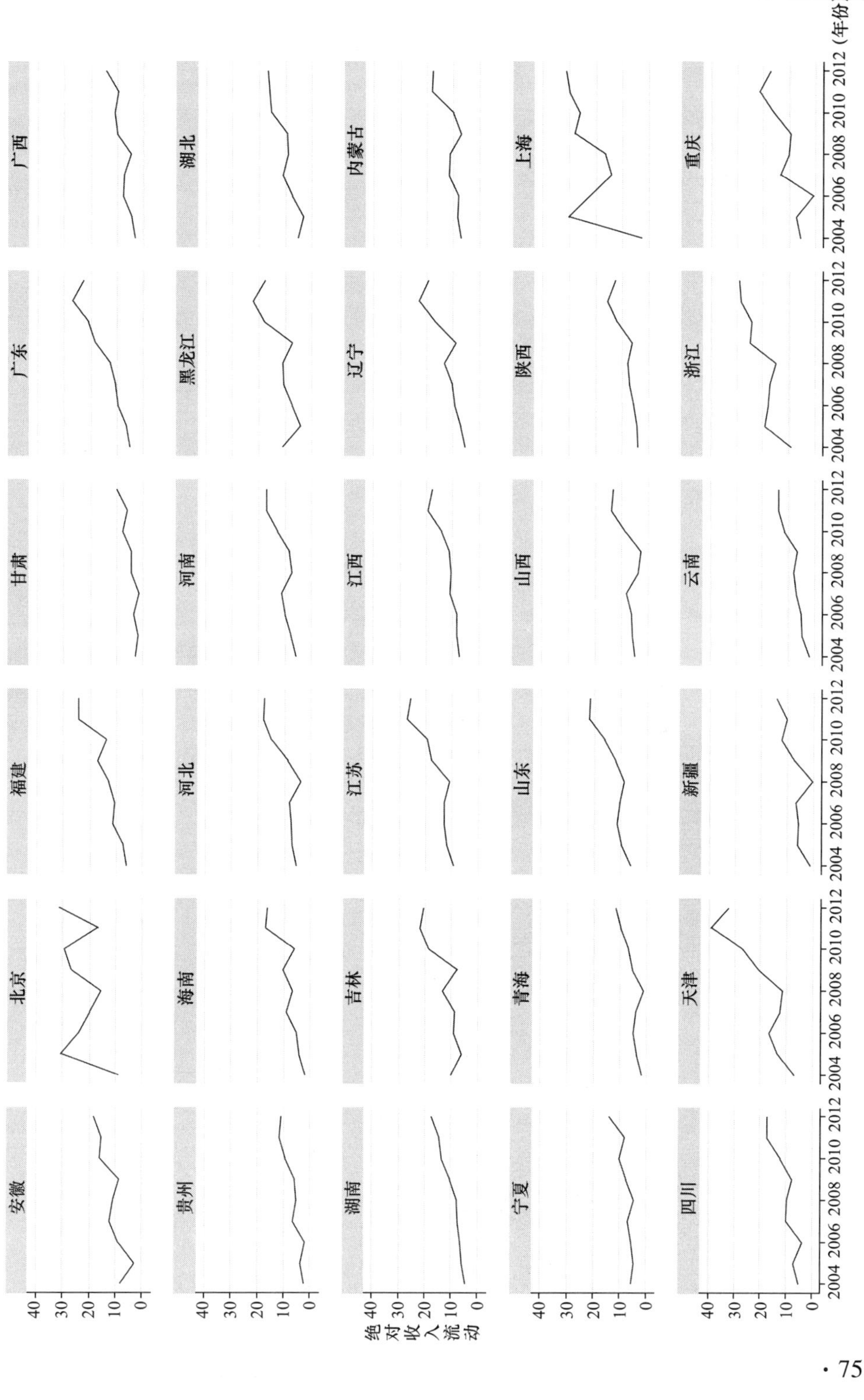

第三章 我国国民收入分配流程及静动态分析框架

图 3-19 各地区农村居民绝对收入流动的时间趋势图

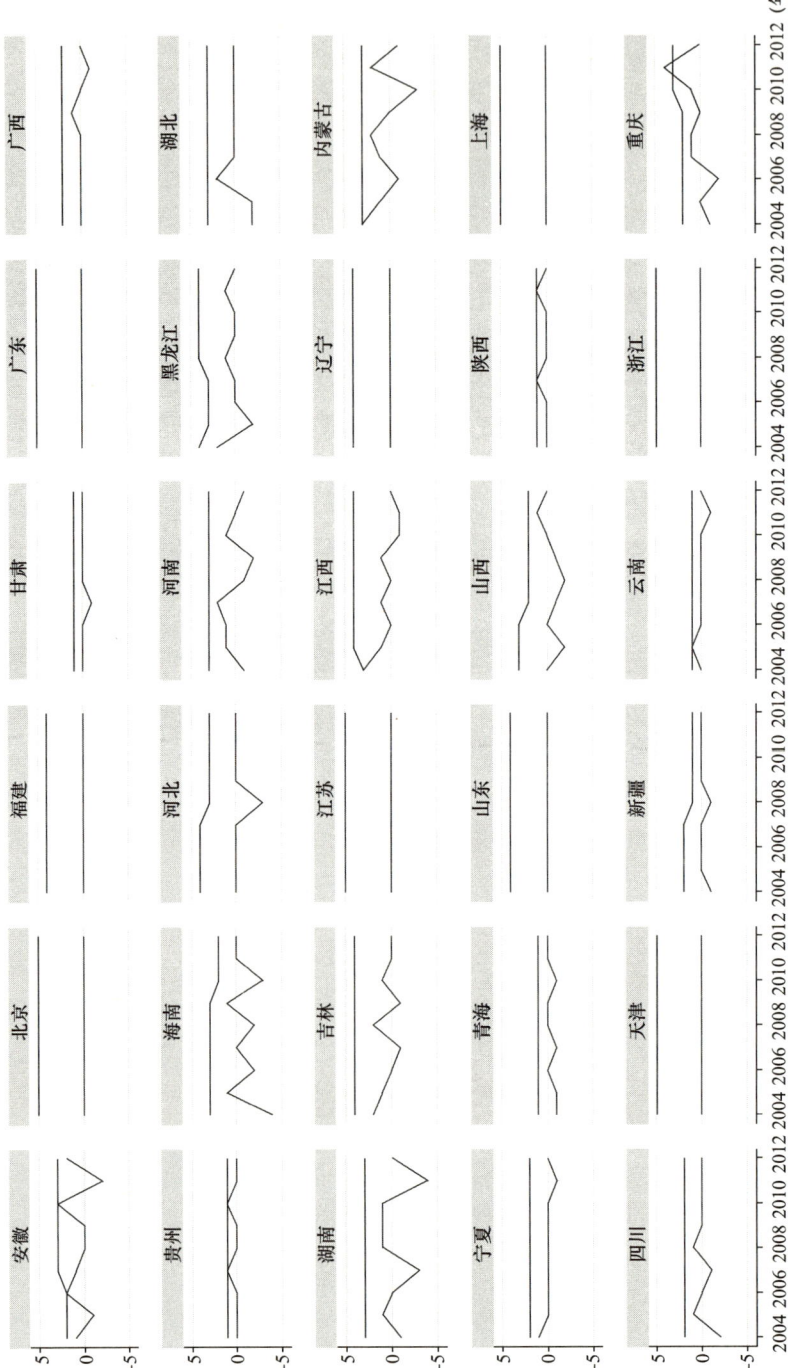

图 3-20 农村居民收入位次变动的时间趋势图

从图 3-20 可以看出，不同地区农村居民人均纯收入的收入位次变动时间趋势不尽相同，有些地区非常平稳（例如北京、天津），有些地区位次变动起伏非常明显（例如内蒙古、海南），而有些地区位次虽然发生变动，但幅度较小（贵州、云南）。地区之间收入流动性的差异有助于估计影响农村居民人均纯收入流动性的因素。

此外，各年之中收入位次从未发生变动的地区（位次变动曲线为直线）皆属于高收入地区，这些地区为北京、天津、辽宁、上海、江苏、浙江、福建、山东、广东。上述 9 个地区中除了辽宁、福建和山东各年收入五分位次属于第 4 收入组以外，其余 6 个地区均属于最高收入组。可见，在我国农村地区，高收入地区尤其是最高收入地区仍然维持其原有高收入位次的现象较为普遍。处在最低收入组的贵州、云南、陕西、甘肃、青海等地区，其收入位次变动幅度和频率较低。这也在一定程度上表明，我国低收入地区收入向上流动的可能性较差。处在第二、第三和第四组别的地区收入流动较为频繁，且位次变动幅度较大。总体而言，我国农村地区处在最高和最低收入组地区的收入固化现象较为严峻，东部和西部地区之间地区差异仍然非常显著。

第二篇　制度机理篇

第四章 我国居民收入分配差距现状分析

本章在探讨我国收入分配差距现状总体概况的前提下,进一步分析不同收入阶层之间的收入分配差距现状、不同行业之间的收入分配差距现状,通过多维视角全面探讨收入分配差距问题。

第一节 居民收入差距概况

本节通过我国人均居民可支配收入数据来分析居民收入分布整体概况。为了得到精确的研究结果,我们构建脉冲响应模型进行量化探讨,并利用城镇和农村居民人均可支配收入数据及反映收入差距的基尼系数进行脉冲响应函数分析。

VAR 模型的脉冲响应实证分析结果显示[①],我国城镇居民人均可支配收入对中低收入阶层收入较为敏感,给低中高三个阶层人均可支配收入一个冲击,均显示对冲击反应为正向,也就是城镇居民人均可支配收入(DLNPCI)的提高能改进我国城镇居民低中高三个阶层人群的人均可支配收入,其冲击响应程度城镇居民低收入阶层(DLNPCIL)>城镇居民中等收入阶层收入(DLNPCIM)>城镇居民高收入阶层(DLNPCIH)。

通过方差分解看出(见图4-1),中等收入阶层人均收入提高幅度(相对贡献率为24%)>低收入阶层人均收入幅度(相对贡献率为20%)>最高收入阶层人均收入幅度(相对贡献率为10%),也就是提高城镇居民人均可支配收入能较好提高中低收入阶层收入。可见,现阶段我国城镇居民人均可支配收入能较好代表中低收入阶层分布情况,以其作为研究分析对象有较强的理论和政策指导意义。

---

① 模型构建见第五章公式推导,所有变量都是一阶差分后平稳,所有特征根都在单位圆内。

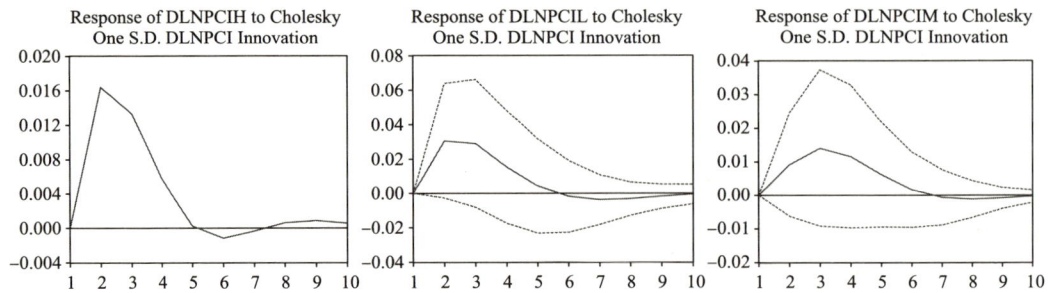

图4-1　城镇居民高中低三个阶层收入的冲击引起城镇居民人均可支配收入的响应函数

进一步地,通过各年《中国统计年鉴》和《中国农村住户调查统计年鉴》计算出我国居民整体基尼系数(DGINT),所选变量一阶单整平稳,且存在协整关系,在此基础上构建VAR模型,然后对我国居民整体基尼系数、城镇居民人均可支配收入(DPCI)和农村居民人均可支配收入(DPRI)构建VAR模型。

如图4-2至图4-4所示,通过脉冲响应和方差分析结果可以看出,提高城镇居民人均可支配收入和农村居民人均可支配收入能降低我国居民收入整体基尼系数,即能够降低我国居民收入差距水平。方差分解显示,农村居民人均可支配收入水平的提高对居民收入差距的缩小程度的贡献率为10%左右,城镇居民人均可支配收入提高对我国居民收入差距水平的缩小程度的贡献率为4%。可见,我国应该大力提高农村居民收入水平,同时应注重协调城镇和农村居民收入与经济之间的同步增长。

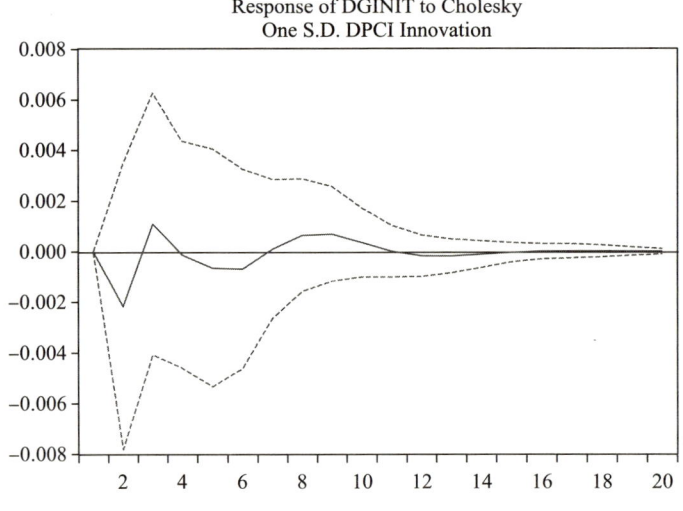

图4-2　城镇居民可支配收入的冲击引起基尼系数的响应函数

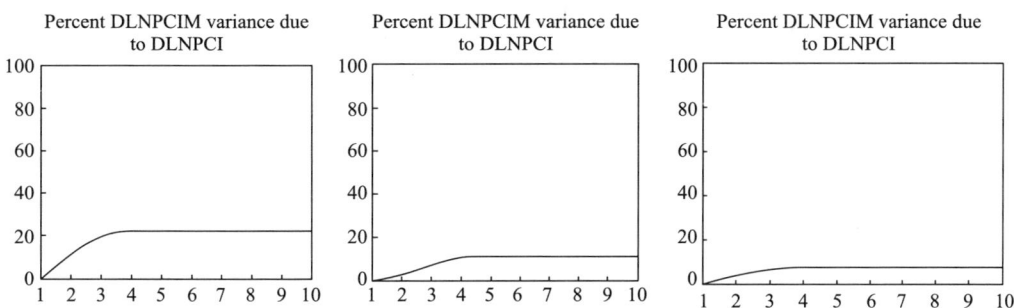

图 4-3 城镇居民人均可支配收入的方差分解

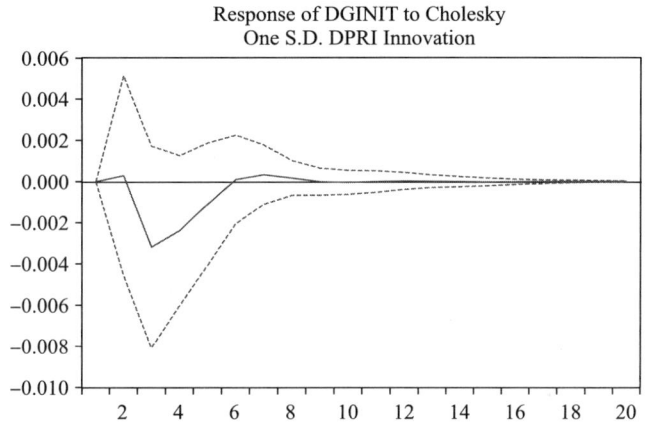

图 4-4 农村居民可支配收入的冲击引起基尼系数的响应函数

以上分析也符合我国现今城乡居民收入情况,所以从整体上看,研究我国城乡居民人均可支配收入的变化规律,能较好为改革我国收入分配体制提供有益建议。

第二节 分阶层居民收入差距现状分析

一、我国城镇居民可支配收入分阶层差距现状

我国经济发展过程中,城镇居民和农村居民按照收入等级划分的不同组别的人均总收入和可支配收入多年的发展趋势各不相同。[①]

---

① 根据各年中国统计年鉴、城市和农村居民收入统计数据整理和计算。其他图表的资料来源与此相同。

从图 4-5、图 4-6、图 4-7 中可以看出城镇居民分阶层的七个等级中（5% 的困难户包含在 10% 的最低收入户中，因此可以将全部城镇居民分为七个等级）2002 年的各类居民收入总量上的差距较小，10% 的最高收入户和 10% 的最低收入户的收入差距绝对量为 16587.3 元，最高收入户是最低收入户收入的 7.89 倍。而在 2005 年和 2008 年两者的收入倍数高达 9.18 倍和 9.17 倍，此后差距有所降低，在 2012 年最高收入户和最低收入户的收入差距绝对量为 55609 元，倍数为 7.77 倍，十多年间收入总量上的差额变化较大。总体而言，城镇居民人均可支配收入差距绝对值在降低，但是通过对比其增长率，可以看出低收入户人均可支配收入得到明显的改善。

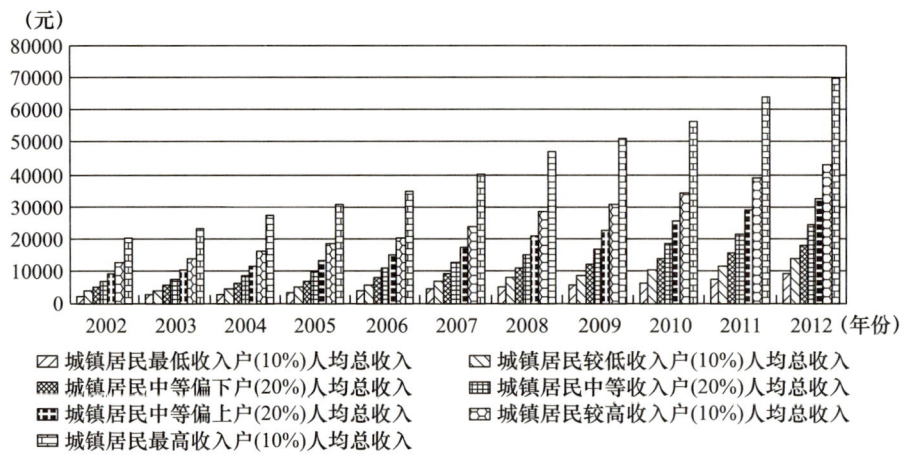

图 4-5 城镇居民七个等级人均总收入趋势

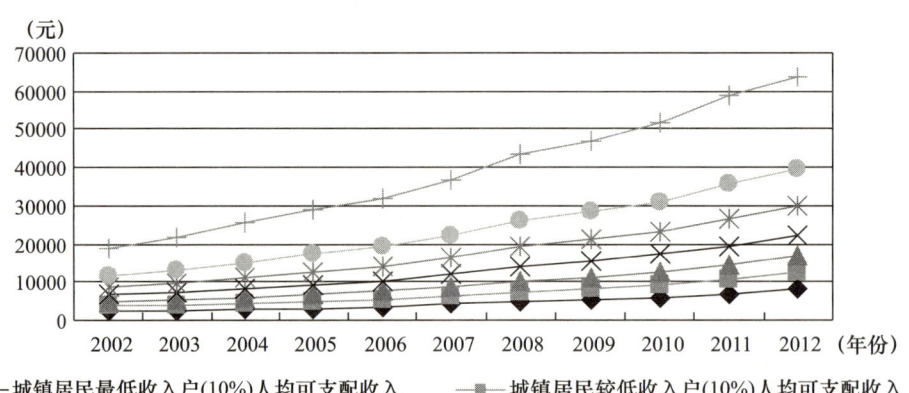

图 4-6 城镇居民七个阶层的人均可支配收入各年情况

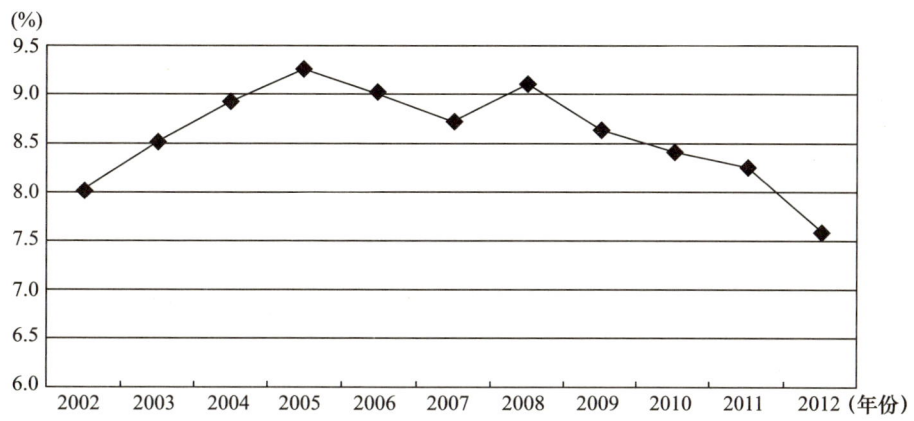

图 4-7　各年城镇最高 10% 和最低 10% 收入户的居民收入比例

二、我国农村居民可支配收入分等级、分阶层分布现状

结合图 4-8、图 4-9 和图 4-10 显示了 2002~2012 年，农村居民人均可支配收入差距情况。可以看出高收入户和低收入户之间的差距在逐年拉大，从绝对值上来看，2002 年低收入户人均可支配收入为 857.1 元，高收入户人均可支配收入为 5895.6 元，2012 年低收入户人均可支配收入为 2316.2 元，高收入户人均可支配收入为 19009 元，2002 年高收入户人均可支配收入是低收入户人均可支配收入的 6.9 倍，2012 年这个收入差距扩大到了 8.2 倍。从图可以直观看出，高收入户和低收入户人均可支配收入之间绝对值和相对值都在不断扩大。

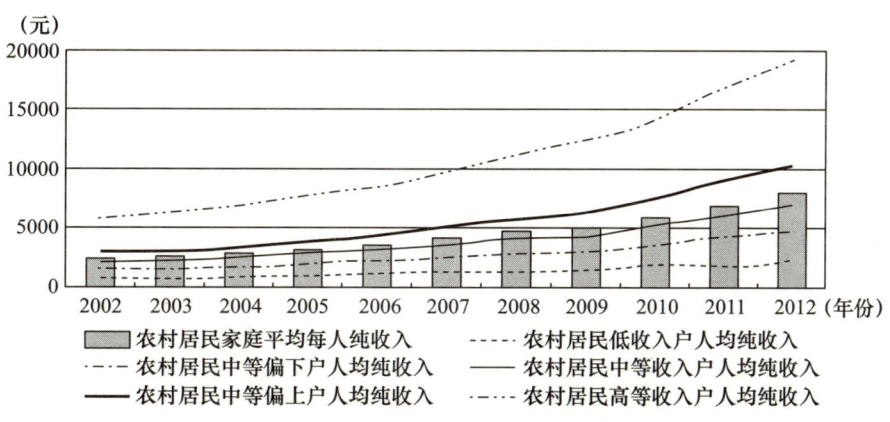

图 4-8　农村居民五等分人均纯收入的各年情况

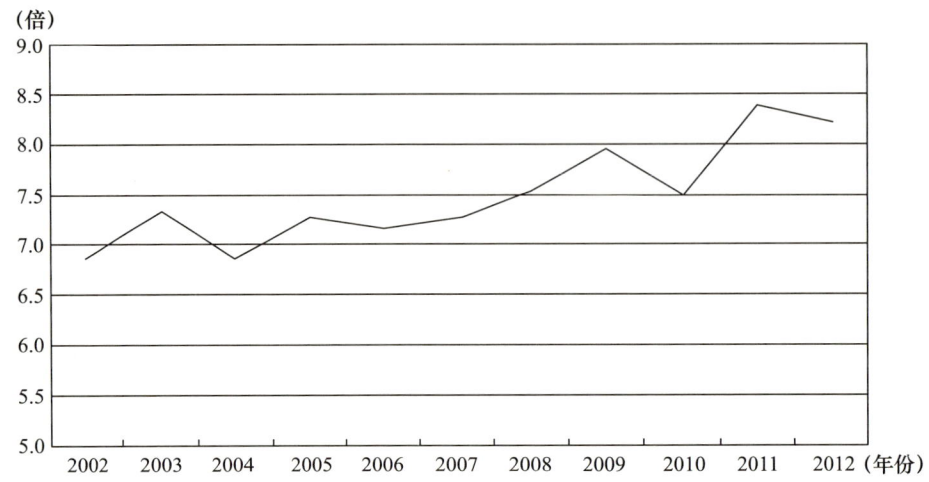

图4-9 农村居民最高收入户对最低收入户人均纯收入比值

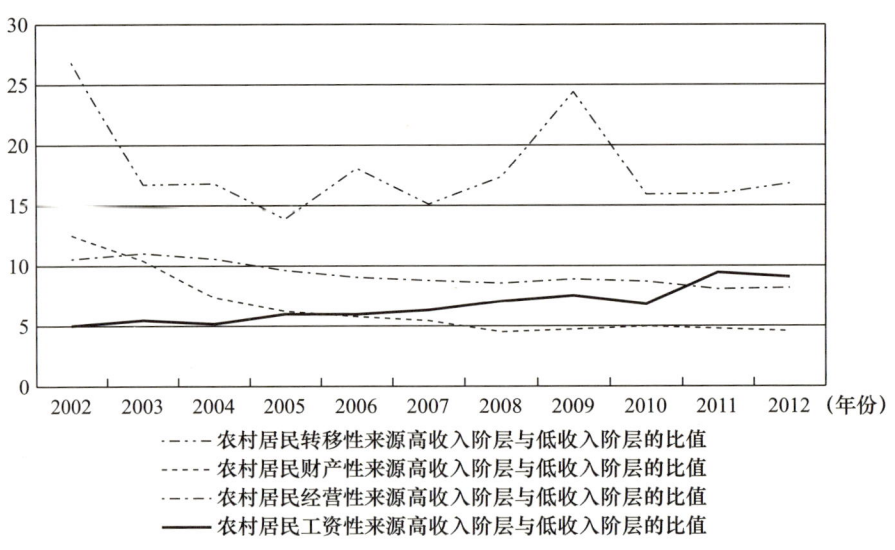

图4-10 农村居民收入各阶层来源结构高收入阶层与低收入阶层比值

还可以看出，低收入户人均可支配收入增长率极其缓慢，远远低于其他阶层人均可支配收入增长速度，和全国农村居民人均可支配收入平均值差距也在逐年扩大。可见农村居民低收入户的收入分配状况在近些年一直在不断恶化。

从农村居民各阶层收入来源结构分析可以看出，高收入阶层与低收入阶层的比值：转移支付比值变化在逐年缩小，说明我国转移支付性收入对农村居民收入差距起到较大缩小作用,但最近有扩大趋势;财产性收入比值先是经历急剧缩小,然后波动变化,但总体趋势在变大,说明对收入差距起到扩大作用,但由于此类收入总比重较小,所以对收入差距贡献较小;经营性收入比值变化逐渐扩大,说明对农村居民收入差距起到扩大作用,尤其是在我国经营性收入占整个农村居民收入较大比重的情况下,这种趋势将对扩大农村居民收入差距起到推波助澜的作用;工资性收入比值变化逐年变小,说明工资性收入对农村居民收入差距起到缩小作用,但也缓慢扩大。另外就是农村居民的工资性收入和经营性收入增长远大于财产性和转移支付性收入速度。

另外,屈小博和都阳(2010)采用分省份的面板数据对农村地区间基尼系数分解结果表明,1995~2008年,中国农村地区间收入差距总体上仍然呈现上升趋势,基尼系数上升了0.0639,但增幅出现明显减弱趋势。基尼系数变化及农村居民工资性收入对基尼系数的贡献变化显示出与经济发展阶段变化一致的含义。结构性效应已不再是农村地区间收入差异的唯一构成来源,收入集中效应对基尼系数具有明显的增加作用,工资性收入的集中效应超过了其他收入来源。这些构成来源的变化蕴含着中国面临调节地区间农村收入差距的政策机遇①。

第三节 分行业居民收入差距现状分析

行业收入差距按照不同的测算方法大致分为相对差距和绝对差距,前者主要包含行业收入变异系数、泰尔熵指数、基尼系数、极值比等指标,后者主要包含行业收入极差、标准差、方差等指标。本书结合数据特征,选取行业收入泰尔熵指数和行业收入极值比代表行业收入差距。如果不考虑某一行业从业人员这一因素的话,行业收入差距泰尔熵指数的计算公式如下:

$$Tl_i = \frac{1}{N} \cdot \sum_{j=1}^{N} \log(\overline{Y}_i / Y_{ij})$$

式中,Tl_i 表示第 i 省份的行业收入差距泰尔熵指数,N 是行业个数,Y_{ij} 是第 i 省份第 j 行业的年平均工资,$\overline{Y}_i$ 是第 i 省份全部行业的年平均工资。泰尔熵指数越大的地区其行业收入越不平均。考虑每个行业从业人员的泰尔熵指数公式则选取以下指标来计算:

$$Tp_i = \sum_{j=1}^{n} \frac{P_{ij}}{P_i} \cdot \frac{Y_{ij}}{\overline{Y}_i} \cdot \ln \frac{Y_{ij}}{\overline{Y}_i}$$

---

① 屈小博,都阳. 中国农村地区间居民收入差距及构成变化:1995~2008年——基于基尼系数的分解[J]. 经济理论与经济管理,2010(7):74-80.

式中，P_{ij} 表示第 i 省份第 j 行业的从业人口数量，P_i 是第 i 个省份所有行业的从业人员总数，其余变量的含义与行业收入差距泰尔熵指数的公式一致。

泰尔熵指数以外，行业收入差距极值比（gap）即某一年某一省份最高和最低收入行业之间人均工资比值也是常见的计算行业收入差距的公式之一。1978～2013 年我国行业收入差距的三种指标测算结果如图 4-11 所示。从图中可知，2003 年以后的 gap 值明显比之前的大，这在一定层面上与我国自 2002 年实施的新的行业分类标准有关，因为新的标准进一步细化了行业分类方法，增设了行业门类，使得原先工资较高的行业被平均化的现象减少。

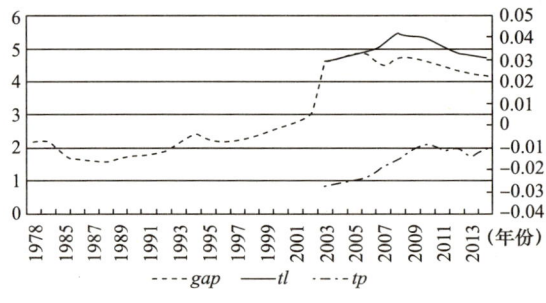

图 4-11　行业间收入差距

第五章　我国税收制度调节收入分配的作用机理分析

改革开放 30 多年来，我国经过三次较大的税制改革，建立了相对较为完善的税收制度体系。改革开放初期的税制改革是为了适应对外开放的需要，以外商投资企业和外籍员工为主来设计涉外税收制度。外籍人员的工资薪金按照我国新制定的与国际惯例接轨的税制来缴纳税收。此后的 1983 年、1984 年又先后分两步实施国营企业"利改税"政策。但 1994 年实施的分税制改革其影响是极其深远的；此次税制改革划分了中央和地方的税收权利和分配关系，并建立了相对完善的税制体系。进入 2003 年以后，税制改革主要是以建设社会主义市场体制以及建设小康社会为目标，先后实施了农村税费改革、所得税改革、财产税改革、流转税改革等多次税收制度改革；借助税收、财政转移支付、社会保障等手段对初次分配结果进行再调节，以调动劳动者的积极性，同时保障所有社会成员最基本的生活需要，建立稳定的缩小收入分配差距的长效机制。①

第一节　税收调节居民收入分配作用机理概述

一、税制结构及与居民收入之间的关系

税收调节个人收入的过程极为广泛，包括个人收入的形成、分配、消费、财富积累及转让等各个环节。要借助税收有效调节居民收入需满足以下条件：第一，健全的市场经济体制，灵活的价格机制，这是居民收入来源及效率的重要保障体系，同时能在健全的信用制度下，有效监控居民各种来源的收入；第二，健

---

① http：//www.chinatax.gov.cn/n2735/n2738/n2755/c219911/content.html.

全的所得税类和财产税类为主导的直接税体系与流转税类体系能够更加有效地调节居民之间的收入差距；第三，应该合理确定所得税类和财产税类的累进级次、最高边际税率、起征点及免征额等政策，以有效发挥税制调节居民收入分配差距的作用；第四，提高税收征收管理效率和税收收入的使用效率，降低征税中的行政成本，加大力度培养纳税人的纳税意识。

从居民收入的形成到居民利用收入进行消费行为的过程中，各个税种对居民收入的传导机制和影响方式差异较大，同时征税对象差异性也较大。按照征税对象的不同性质，税收大致可以分为五大类，即流转税类、所得税类、财产税类、行为税类、资源税类；19 个税种，每一大类包含的税种如下：

流转税类：增值税，消费税，营业税，关税等，这些税种是在生产、流通或服务领域，按纳税人取得的销售收入或营业收入征收的。

所得税类：企业所得税，个人所得税，这些税种是按照纳税人取得的利润或纯收入征收的。

财产税类：房产税，车船税，契税，遗产税（未开征），这些税种是对纳税人拥有或使用的财产征收的。

行为税类：城市维护建设税，印花税，车辆购置税，耕地占用税等，这些税种是对特定行为或为达到特定目的而征收的。

资源税类：资源税，城镇土地使用税，土地增值税，资源的开采和使用环节，针对各种应税自然资源为课税对象、为了调节资源级差收入并体现国有资源有偿使用而征收的一种税。

图 5-1 显示我国现行税制结构和税种的情况，税制结构是调节居民收入差距重要手段，不同的税制结构会导致不同税收结果和效率。刘华等（2012）认为，税制结构与收入不平等的相关关系，研究结果表明，税制结构与收入不平等显著相关，在控制了其他因素之后，流转税占财政收入的比重越高，该国的收入越不平等。① 这也是国际上公认的准则。

二、各税种参与居民收入再分配的过程

按照各个税种的征税对象和征税环节的不同，税收在居民收入形成以及积累的不同阶段发挥着不同的作用。如图 5-2 所示，具体而言，在国民收入初次分配环节中涉及的主要税种为流转税，流转税以纳税人的商品生产、流通环节的流转额或者数量以及非商品交易的营业额为征收对象的一类税收，因此在初次分配环节具有调节收入分配的作用。

---

① 刘华，徐建斌，周琦深. 税制结构与收入不平等：基于世界银行 WDI 数据的分析 [J]. 中国软科学，2012（7）：179-185.

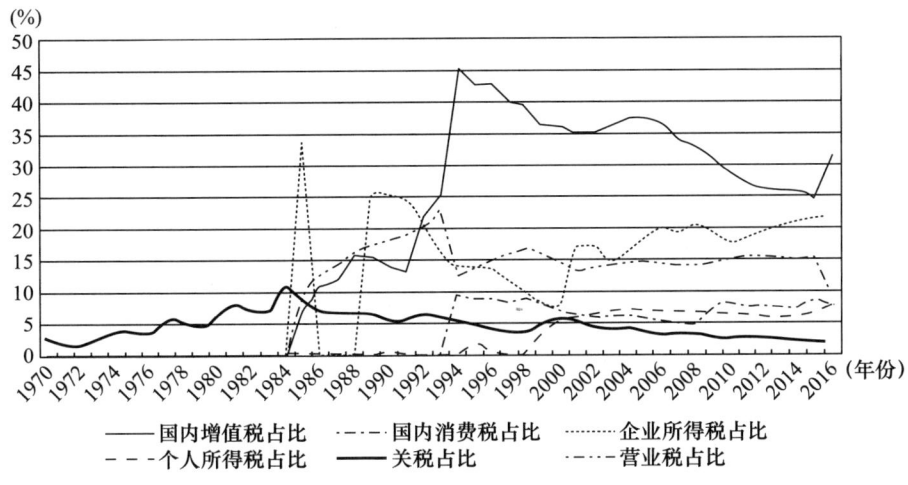

图5-1 我国主要税种的比例及结构

资料来源：依据中国宏观经济信息网数据整理计算。

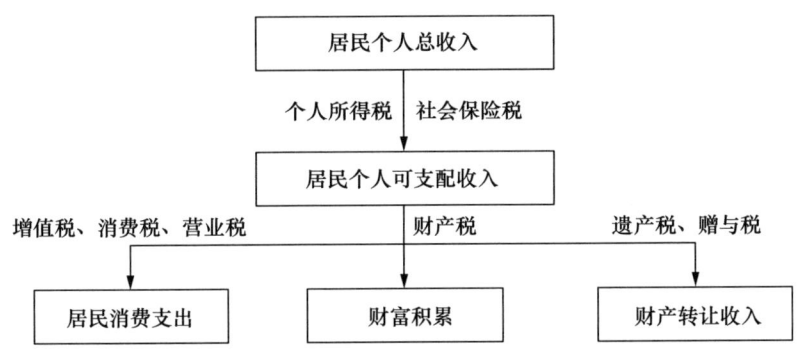

图5-2 税收对居民收入的影响环节

从税收政策运行的效率和公平目标而言，流转税更多地体现效率目标，流转税具有税收负担易于转嫁的特征，可能导致最终由消费者承担税收负担，因此，对于消费支出上多数体现为累退性，即消费支出数额越大税收负担越高，收入分配的调节作用较弱甚至产生逆调节作用。

在国民收入初次分配中，市场为主导的分配机制虽然体现了资源配置的效率，但是收入分配过程中存在诸多不公平性，居民之间因个人能力、机遇以及掌握资源的多寡而存在较大的差异，如果政府不进行协调，市场形成的收入差距将越来越大。为了使初次分配更加趋于公平，政府应通过收入再分配机制进行调整，这就是收入再分配环节。政府在国民收入再分配环节利用所得税、社会保障税、财产税、赠与税等直接税来调节初次分配中形成的收入分配格局。在我国，主要再分配工具包括个人所得税和企业所得税，这些税收由于直接针对收入负税人征税，因此，税负较难转嫁，能够较好地体现税收公平课税和量能纳税的原则。但由于我国个人所得税在税收中的比重还较低，还不能完成有效调节收入分配差距的目标。

此外，国民收入在再分配基础上还可以通过社会捐赠、社会救助、慈善事业等形式实现收入的进一步重新配置，这是第三次分配过程。政府自身或引导富人、企业或一些社会组织具体开展社会公益事业的方式减少贫困，消除贫困阶层以及低收入阶层的收入来源不足问题，实现全面而深层次的收入分配活动。这种方式在发达国家非常流行，对提高调节收入分配差距具有很好的补充作用。

第二节 流转税调节收入分配的作用机理分析

我国现行税制结构是流转税和所得税为主的双主体税种格局，但流转税在我国税收收入中的比重远大于所得税收入的比重。

我国流转税类主要包括增值税、消费税、营业税及关税。流转税各税类各年税收收入占比情况如图5-3所示。增值税是我国政府的重要收入来源。增值税在全部税收收入中的比重由1999年的36%下降到2015年的24.9%，这是自2005年的37.5%以来连续10年呈现逐年下降态势。但是，2016年又增长至31.2%，首次表现为显著增长趋势，出现这一结果的原因可能是由于2015年5月1日开始在全国范围内全面推广"营业税改征增值税"的改革。而营业税则从1999年税制改革前的16%经过U形变化到2012年的16%，期间有微弱波动，基本保持稳定。消费税税收收入由开征初期约占全部税收收入的7%~9%，进入2000年以后则降为7%，并呈现逐年下降的趋势，2008年创下了历史最低，仅为4.74%，之后的2012年又增加到8%。

一、流转税概述

流转税（Commodity Turnover Tax；Goods Turnover Tax）又称流转课税、流通税，指以纳税人商品生产、流通环节的流转额或者数量以及非商品交易的营业额为征税对象的一类税收。流转税是商品生产和商品交换的产物，各种流转税（如增值税、消费税、营业税、关税）是政府财政收入的重要来源。

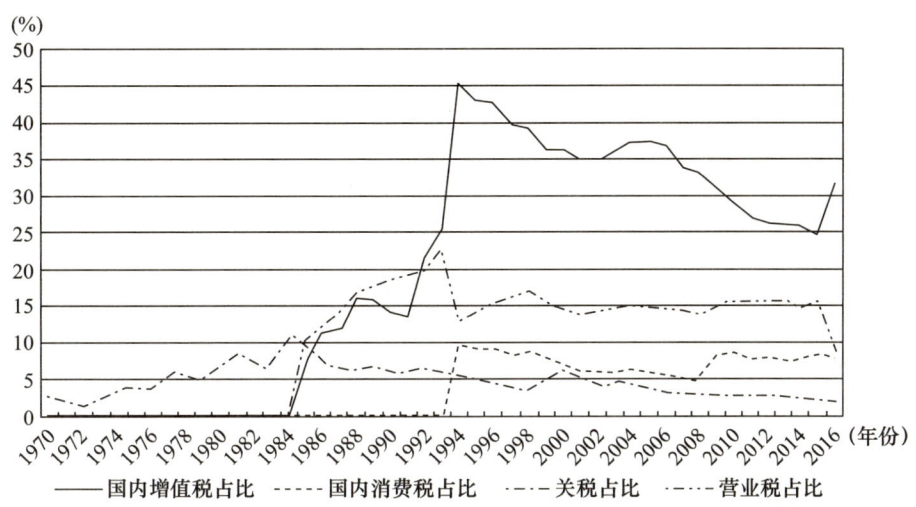

图 5-3 流转税类占税收收入比重

资料来源：根据《中国统计年鉴 2013》计算整理。

增值税是以商品（含应税劳务）在流转过程中产生的增值额作为计税依据而征收的一种流转税。从计税原理上说，增值税是对商品生产、流通、劳务服务中多个环节的新增价值或商品的附加值征收的一种流转税。实行价外税，也就是由消费者负担，有增值才征税没增值不征税。增值税法中规定，增值税是对销售货物或者提供加工、修理修配劳务以及进口货物的单位和个人就其实现的增值额征收的一个税种。中国自 1979 年开始试行增值税，于 1984 年、1993 年和 2012 年进行了三次重要改革。现行的增值税制度是以 1993 年 12 月 13 日国务院颁布的国务院令第 134 号《中华人民共和国增值税暂行条例》为基础的。主要改革历程如下：第一次改革，属于增值税的过渡性阶段。此时的增值税是在产品税的基础上进行的，征税范围较窄，税率档次较多，计算方式复杂，残留产品税的痕迹，属变性增值税。第二次改革，属增值税的规范阶段。参照国际上通常的做法，结合了大陆的实际情况，扩大了征税范围，减并了税率，又规范了计算方法，开始进入国际通行的规范化行列。第三次改革，把部分现代服务业由征收营业税改为增值税，扩大了增值税的征税范围。增值税已经成为中国最主要的税种之一，增值税的收入占中国全部税收的 1/3 以上，是最大的税种。增值税由国家税务局负责征收，税收收入中 75% 为中央财政收入，25% 为地方收入。进口环节的增值税由海关负责征收，税收收入全部为中央财政收入。财政部和国家税务总局发布《关于简并增值税税率有关政策的通知》，2017 年 7 月 1 日起，简并增值税税率结构，取消 13% 的增值税税率，并明确了适用 11% 税率的货物范围和抵扣进项税额规定。

消费税（Consumption Tax/Excise Duty）（特种货物及劳务税）是以消费品的流转额作为征税对象的各种税收的统称，是政府向消费品征收的税项，可从批发商或零售商征收，属于典型的间接税。消费税是1994年税制改革在流转税中新设置的一个税种，实行价内税，只在应税消费品的生产、委托加工和进口环节缴纳，在以后的批发、零售等环节，因为价款中已包含消费税，因此不用再缴纳消费税，税款最终由消费者承担。消费税的纳税人是我国境内生产、委托加工、零售和进口《中华人民共和国消费税暂行条例》规定的应税消费品的单位和个人。在对货物普遍征收增值税的基础上，选择少数消费品再征收一项消费税，目的是调节产品结构，引导消费方向，保证国家财政收入。1994年正式建立消费税制度以来，消费税经历了多次重大调整，例如，2006年改革消费税征税范围。2008年调整乘用车消费税政策，并修改消费税条例。2009年实施成品油税费改革，调整烟产品消费税政策。

营业税是国家对工商营利事业按营业额征收的税，属于流转课税的一类。营业税起源甚早，如中国明代的门摊、课铁，清代的铺间房税等税，皆属营业税性质，唯未名营业税。欧洲中世纪政府对营业商户每年征收一定金额始准营业，称为许可金。后因许可金不论营业商户营业规模之大小均无区别，负担不均，1791年法国始改许可金为营业税，以税其营业额大小征收。其后，各国相继仿效。1931年，中国国民党政府制定营业税法，开征此税。新中国成立后，废止旧的营业税，于1950年公布《工商业税暂行条例》。其中规定，凡在中国境内的工商营利事业，均应按营业额于营业行为所在地缴纳营业税。1958～1984年，营业税不作为独立税种，而在试行的工商统一税及后来试行的工商税中设置若干税目征收。1984年恢复征收营业税。1993年12月13日国务院发布《中华人民共和国营业税暂行条例》，自1994年1月1日起施行。目前，中国的营业税（Business Tax）是对在中国境内提供应税劳务、转让无形资产或销售不动产的单位和个人，就其所取得的营业额征收的一种税。营业税属于流转税制中的一个主要税种。2011年11月17日，财政部、国家税务总局正式公布营业税改征增值税试点方案。2015年5月，营改增的最后三个行业建安房地产、金融保险、生活服务业的营改增方案将推出，不排除分行业实施的可能性。其中，建安房地产的增值税税率暂定为11%，金融保险、生活服务业为6%。这意味着，进入2015年下半年后，中国或将全面告别营业税。2016年中国进一步推开"营改增"改革，将建筑业、房地产业、金融业和生活服务业纳入试点范围。

关税是指一国海关根据该国法律规定，对通过其关境的进出口货物课征的一种税收。关税在各国一般属于国家最高行政单位指定税率的高级税种，对于对外贸易发达的国家而言，关税往往是国家税收乃至国家财政的主要收入。政府对进出口商品都可征收关税，但进口关税最为重要，是主要的贸易措施。

我国现行税收制度框架下，流转税的特点有四个方面：第一，以商品生产、交换和提供商业性劳务为征税前提，征税范围较为广泛，既包括第一产业和第二产业的产品销售收入，也包括第三产业的营业收入；既对国内商品征税，也对进出口的商品征税，税源比较充足。第二，以商品、劳务的销售额和营业收入作为计税依据，一般不受生产、经营成本和费用变化的影响，可以保证国家能够及时、稳定、可靠地取得财政收入。第三，一般具有间接税的性质，特别是在从价征税的情况下，税收与价格的密切相关，便于国家通过征税体现产业政策和消费政策。第四，同有些税类相比，流转税在计算征收上较为简便易行，也容易为纳税人所接受。

流转税各税类规模变化情况如图 5-4 所示。国内增值税占税收总收入比重、国内消费税占税收总收入比重及营业税占税收总收入比重如图 5-5 所示。

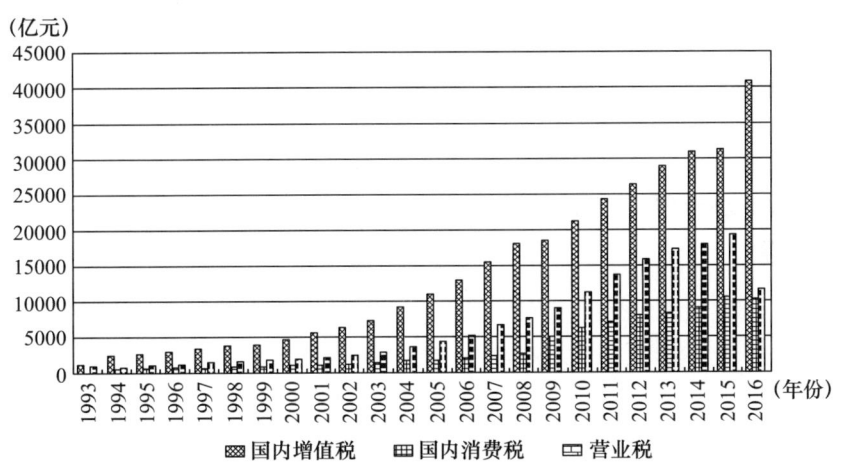

图 5-4 流转税各税类规模变化趋势图

流转税具有广泛筹集财政资金、能够保证国家及时稳定地取得财政收入、配合价格调节生产和消费等重要作用以外，还可以调节居民收入分配方式。

根据中国的现行税法，增值税、消费税和营业税的法定纳税人是出售相关商品和服务的一方，但实际负税人并不一定就是实际纳税人，由其供求双方弹性决定，所以税收的法定归宿与经济归宿并不一定一致。

由于间接税易于转嫁的特点，虽然课税对象不同，由于消费者需求弹性较小，导致很多情况下税负主要由消费者负担。另外就是受产品的替代品和互补品的价格影响，对某种产品征收关税，会相应提高其替代产品的价格，由于其利润提高导致国家财政收入增加。但税收归宿究竟如何，要综合考虑市场的内在结构及供需弹性来确定。

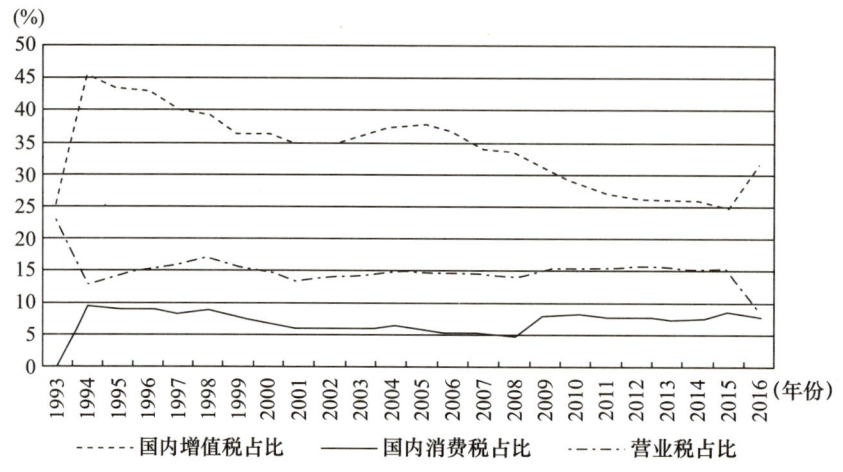

图 5-5　流转税各税类占全国税收收入总额的比重变化趋势图

二、我国流转税的税负转嫁及调节居民收入分配机理分析

税负转嫁是指纳税人通过改变价格的方式将其负担的部分或全部税款转移给他人负担的过程。替代效应是指当某种物品价格上升导致消费者寻找其他较为便宜的物品替代此涨价物品，以获得最大效用。收入效应指消费者注意到物品价格变化导致其相对收入水平变化，进行调整对该物品购买数量。供求曲线受收入效应和替代效应相互作用而变化，因此，税负将由供求双方分担，但具体双方负税多少取决于其双方弹性大小。[①]

从替代效应角度来分析，我国现行流转税由于其采取普遍征收的模式，且现实生活中相互替代性的商品较少，导致我国征收流转税不会产生替代效应，而从收入效应角度来分析，消费者受以往消费习惯影响较大，特别是养成的高消费喜好很难在短期内改变，这是由其惯性决定的，这也正是由奢入俭难的道理。由此可以得出，对商品课征流转税后，短期内消费者消费量会保持不变，这将导致居民消费量维持在征税前的水平，但这也必然导致征税引起的价格上涨的部分全部

---

① 哈尔·R. 范里安. 微观经济学：现代观点 [M]. 上海：上海三联书店，2006.

由消费者承担,也就是消费者负担消费品最终价格中包含的全部流转税。①

三、流转税调节居民收入分配的政策小结

通过上述分析可知,流转税税负越易于转嫁,其调节收入分配作用越小;但实际上受商品供求弹性等因素影响,税负具体如何转嫁较难界定。

第一,现今由于我国低税率消费品弹性较小,导致我国增值税整体对收入分配表现为累退性,起到对收入分配逆向调节作用。② 受我国消费税课征范围等因素制约,且整体税负较小,导致其调节作用不大。从国家统计局提供的各个阶层数据分析可以看出,营业税对居民收入整体调节作用是正向的,累进性较强。

第二,只有税收征税对象实施严格的限定,才能体现收入调节功能。还有税收自身的福利成本,税收不仅表现为纳税人的税额,还会导致私人部门资源发生某种程度的错配。

流转税对经济活动的扭曲,使纳税人承担超过税额本身的额外负担,即税收的福利成本。假设政府对商品 A 征过高的税,使得 A 的产出为零,这时政府就失去了直接的税收收入,导致课税的直接成本不存在。由于市场上搜寻消费者偏好的商品 A,所以必须寻找 A 的替代品,导致消费者要承担各种额外负担。税制是否公平合理和税收征管水平是否有效率是决定能否有效调节居民收入差距的决定因素。同时税收对收入分配的调节效率还取决于税收征管的质量和水平。同时税收成本陡增和偷、逃税现象泛滥,削弱了税收调节公平分配的累进性,导致收入分配变得更不公平。

第三,要合理界定流转税的税收归宿,税负归宿不同会导致对收入分配完全不同的作用。例如在消费阶段,由于消费支出水平及支出项目结构的差异,会形成轻重不一的税负归宿,这无疑对收入再分配的最终格局产生影响。③ Slesnick(1986)采用了一种新的方法分析商品税的累进性,发现价格对间接税的收入分配效应起重要作用。

第三节 所得税调节收入分配的作用机理分析

所得税又称所得课税、收益税,指国家对法人、自然人和其他经济组织在一

---

① 平新乔. 微观经济学十八讲 [M]. 北京:北京大学出版社,2005.
② 万莹. 缩小我国居民收入差距的税收政策研究 [M]. 北京:中国社会科学出版社,2013.
③ 于洪. 消费课税的收入分配机制及其影响分析 [J]. 税务研究,2008 (7),35-37.

定时期内的各种所得征收的一类税收。具体而言，是指对所有以所得额为课税对象的总称。有些国家以公司为课税的称作企业课税，其经常被称为公司税，或公司收入税，或营利事业综合所得税。有些国家以个人收入课税的。个人所得税为法律规定，自然人应向政府上缴的收入的一部分。各地政府在不同时期对个人应纳税收入的定义和征收的百分比不尽相同，有时还分稿费收入、工资收入以及偶然所得（例如彩票中奖）等情况分别纳税。全世界所有的国家中仅只有巴林和卡塔尔这两个中东国家民众不用缴所谓的所得税。

中国的所得税类包括企业所得税和个人所得税两种类型。企业所得税是对我国内资企业和经营单位的生产经营所得和其他所得征收的一种税。作为企业所得税纳税人，应依照《中华人民共和国企业所得税法》缴纳企业所得税，但个人独资企业及合伙企业除外。企业所得税纳税人即所有实行独立经济核算的中华人民共和国境内的内资企业或其他组织，包括6类：①国有企业；②集体企业；③私营企业；④联营企业；⑤股份制企业；⑥有生产经营所得和其他所得的其他组织。企业所得税的征税对象是纳税人取得的所得，包括销售货物所得、提供劳务所得、转让财产所得、股息红利所得、利息所得、租金所得、特许权使用费所得、接受捐赠所得和其他所得。

个人所得税（Personal Income Tax）是调整征税机关与自然人（居民、非居民人）之间在个人所得税的征纳与管理过程中所发生的社会关系的法律规范总称。个人所得税的纳税义务人，既包括居民纳税义务人，也包括非居民纳税义务人。居民纳税义务人负有完全纳税的义务，必须就其来源于中国境内、境外的全部所得缴纳个人所得税；而非居民纳税义务人仅就其来源于中国境内的所得，缴纳个人所得税。个人所得税是国家对本国公民、居住在本国境内的个人的所得和境外个人来源于本国的所得征收的一种所得税。在有些国家，个人所得税是主体税种，在财政收入中占较大比重，对经济亦有较大影响。

中国在中华民国时期，曾开征薪给报酬所得税、证券存款利息所得税。1950年7月，政务院公布的《税政实施要则》中，就曾列举有对个人所得课税的税种，当时定名为"薪给报酬所得税"。但由于我国生产力和人均收入水平低，实行低工资制，虽然设立了税种，却一直没有开征。1980年9月10日，第五届全国人民代表大会第三次会议通过并公布了《中华人民共和国个人所得税法》。我国的个人所得税制度至此方始建立。1986年9月，针对我国国内个人收入发生很大变化的情况，国务院发布了《中华人民共和国个人收入调节税暂行条例》，规定对本国公民的个人收入统一征个人收入调节税。1993年10月31日，第八届全国人民代表大会常务委员会第四次会议通过了《关于修改〈中华人民共和国个人所得税法〉的决定》的修正案，规定不分内外，所有中国居民和有来源于中国所得的非居民，均应依法缴纳个人所得税。同日发布了新修改的《中华人民共和国个人所得税法》（简称税法）。1994年1月28日国务院配套发布了《中华人民共和国个人所得税法实施条例》。1999年8月30日，第九届全国人大常务委员会第十一次会议通过了《关于修改〈中华人民共和国个人所得税法〉的决定》，把个税法第四条第二款"储蓄存款利息"免征个人所得税项目删去，而开征了个人储蓄存款利息所得税。2002年1月1日，个人所得税收入实行中央与地方按比例分享。2003年7月财政部财政科学研究所公布了一份名为《我国居民收入分配状况及财税调节政策》的报告，建议改革现行的个人所得税税制，适度提高个人所得税起征点，同时对中等收入阶层采取低税率政策。2003年10月22日，商务部提出取消征收利息税，提高个人收入所得税免征额等多项建议。2005年初，广东财政再次对个税免征额提高进行调研，以便为中央尽快出台税改政策提供参考依据。2005年7月26日，国务院总理温家宝主持召开国务院常务会议，讨论并原则通过了《中华人民共和国个人所得税法修正案（草案）》。2005年8月23日，第十届全国人大常委会第十七次会议首次审议个人所得税法修正案草案。2005年10月27日，第十届全国人大常委会第十八次会议再次审议《个人所得税法修正案草案》，会议表决通过全国人大常委会关于修改个人所得税法的决定，免征额1600元于2006年1月1日起施行。2007年6月29日，第十届全国人民代表大会常务委员会第二十八次会议通过了《关于修改〈中华人民共和国个人所得税法〉的决定》，对个人所得税法进行了第四次修正。第十二条修改为："对储蓄存款利息所得开征、减征、停征个人所得税及其具体办法，由国务院规定"。2007年12月29日，第十届全国人民代表大会常务委员会第三十一次会议表决通过了关于修改个人所得税法的决定。个人所得税免征额自2008年3月1日起由1600元提高到2000元。2008年暂免征收储蓄存款利息所得个人所得税。2009年取消"双薪制"计税办法。2010年对个人转让上市公司限售股取得的所得征收个人所得税。2011年6月30日，第十一届全国人民代表大会常务委员会第二十一次会议表决通过了全国人大常委会关于修改个人所得税法的决定。个人所得税免征额将从现行的2000元提高到3500元，同时，将现行个人所得税第一级税率由5%修改为3%，9级超额累进税率修改为7级，取消15%和40%两档税率，扩大3%和10%两个低档税率的适用范围。2012年7月22日，中央政府有关部门已经准备在2012年启动全国地方税务系统个人信息联网工作，为"按家庭征收个人所得税"改革做好技术准备。此前业内一直呼吁的综合税制有望在未来实现。

与流转税和其他税类相比，所得税有以下几个方面的特征：第一，税收负担的直接性，因此不易于转嫁。第二，税基的广泛性。作为课税对象的所得，可以是来自家庭、企业、社会团体等各种纳税义务人，在一定时间内可以获得的个人纯收益。第三，征税管理具有复杂性。因为所得税的计税依据是根据复杂计算所得到的应纳税所得额，在此基础上才能计算出应纳税额。在企业里，应纳税所得额≠会计利润，需要进行分配扣除。在家庭中，也需要复杂计算。第四，税收分配的累进性。累进性，指经常性项目通常采用累计税率，税率设计时尽可能体现量能课征的公平性原则，以体现在纵向公平方面发挥积极作用。第五，税收入的弹性。税收入的弹性是指在累进的所得税制下，所得税的边际税赋随应纳税所得税的变化而变化，从而使所得税的收入随着经济繁荣而增加，随经济衰退而降低，不仅使税收收入具有弹性，而且可发挥调控经济的"自动稳定器"的功能。

除了设置针对商品和服务的流转税体系以外，税收制度中安排所得税的意义在于，商品课税比较有效率，但收入再分配能力有限；所得课税能较好促进公平，但在效率方面有欠缺。一般认为付出一定的征收成本，以改善社会公平状况是非常必要的。

个人所得税和企业所得税的各年收入规模变动情况如图5-6所示。

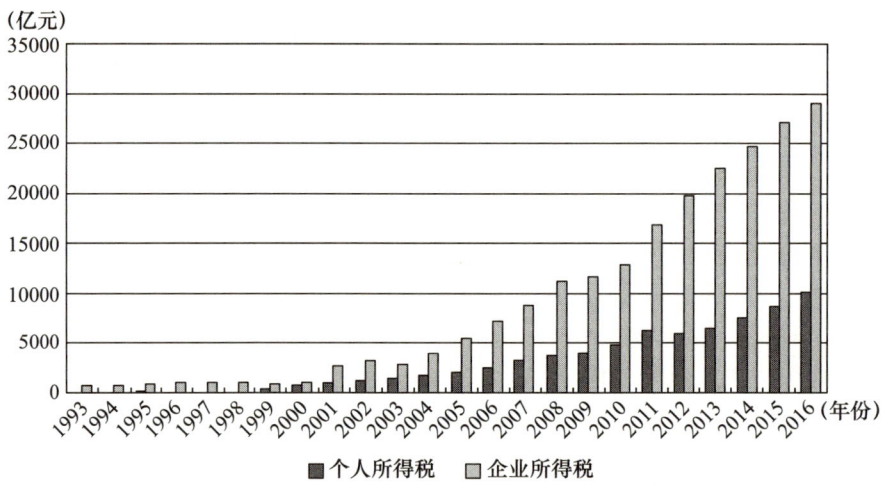

图5-6 个人所得税和企业所得税规模变化趋势图

所得税的主要功能体现在以下三个方面：

首先，所得税有利于促进收入分配公平。所得课税具有税基广泛，税率累进的税制特征，加上对各种宽免（宽指税基宽与容，免指税基范围的免除）与扣除项目的设置，可以有效地促进横向公平与纵向公平。税基广泛，所得税仅次于商品劳务税的征收。

其次，所得课税有利于效率的提升。通过所得课税实现经济的有效性及提高资源配置效率并降低效率损失。所得税对于效率的影响包括经济效率与行政效率。经济效率是指所得税是否能最有效地配置经济资源，给社会带来的负担最小或利益最大。行政效率是指税收的征纳成本是否减到最低程度，给国家带来的实际收入最大，给纳税人带来的额外负担最小。

最后，所得税对经济的影响。经济决定税收，税收影响经济。第一，所得税与经济稳定。经济稳定——所得税对经济波动大的国家，都是靠所得税"烫"平：①政府自决改变财政支出规模、方向的政策。②税收的自动稳定器。由于所得税性质决定，所以具有"自动稳定器"的特点。③相机决策的税收政策。第二，所得税与经济增长。在经济增长过程中，消费、投资等要素对经济增长最直接。个人所得税直接影响消费需求，既而间接影响投资需求。企业所得税的税后可支配的收入高低，直接影响企业税后可支配的收入高低，影响企业的投资回报率，进而影响投资。总之，企业所得税对经济增长有直接影响，其促进经济增长的功能通过两个功能实现：所得税率降低；企业不同具体政策的应用，如折旧、存货、投资抵免等政策对微观经济的影响。

我国的个人所得税和企业所得税的征收历程与改革开放密切相关，最初的开征是为了给外商投资企业以及外籍工作人员提供一个与国际管理接轨的税收征管环境。从图5-7和图5-8可以看出（1970~2016年的统计图表和1993~2016年的统计图表），我国个人所得税和企业所得税都在快速增长，但从1993~2016年个税占税收收入比重经历了"倒U型"的变化规律，这也可能是导致个税调节居民收入分配效应弱化的一个主要原因。企业所得税在上述期间是波动上升的，且从占税收收入比重看远大于个税占税收收入比重。

个人所得税作为调节居民收入分配的最直接和重要的政策工具，对居民收入分配起到重要影响，调控收入分配的作用非常显著且独特，能有效缩小居民收入差距，实现收入分配公平目标。

一、个人所得税调控居民收入分配的机理分析

（一）税率结构与收入调节机制

个人所得税税率结构以比例税率和累进税率的形式对居民收入再分配进行调节。比例税率是税率的一种形式，即对同一课税对象，不论其数额大小，统一按一个比例征税，同一课税对象的不同纳税人税负相同。在具体运用上，又分为行业比例税率、产品比例税率和地区差别比例税率等几类。比例税率具有鼓励生

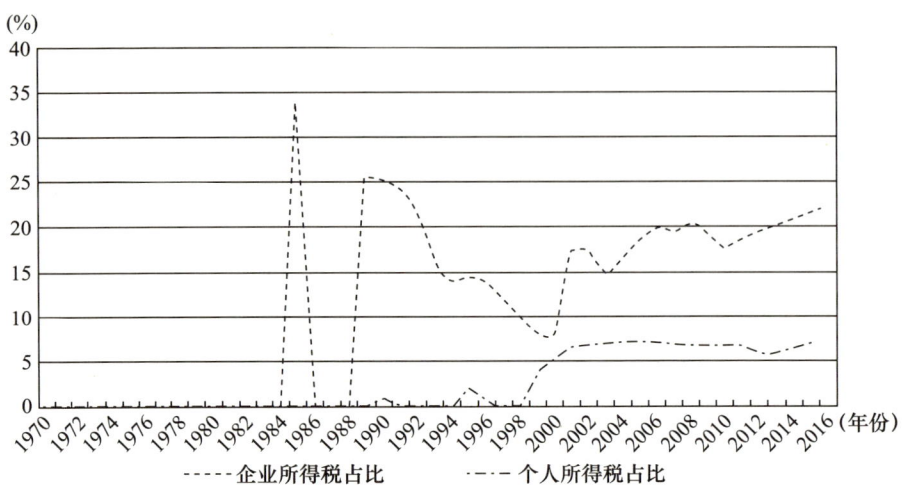

图 5-7 个人所得税和企业所得税占税收收入总额趋势图

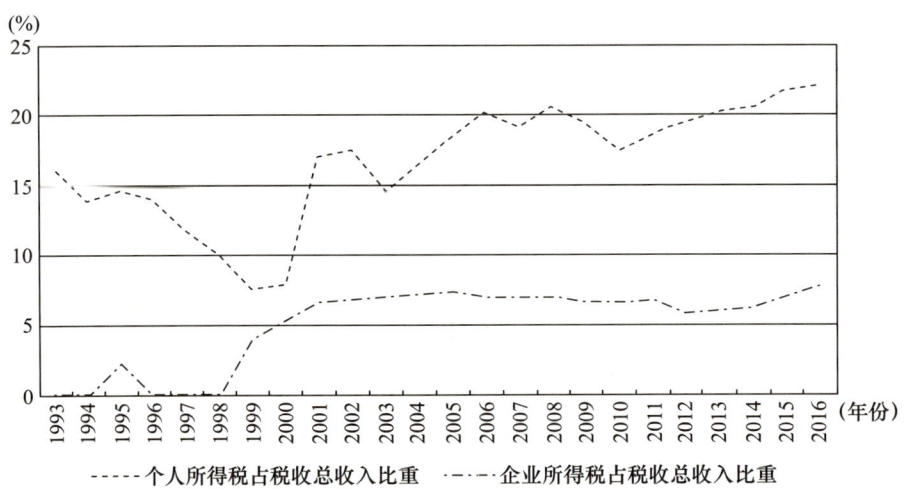

图 5-8 个人所得税和企业所得税占税收收入总额的比重变化趋势图

产,计算简便,便于征管的优点,一般应用于商品课税,但也会在所得课税中采用此种税率形式,其缺点是有悖于量能纳税原则,且具有累退性质。

累进税率是随税基的增加而按其级距提高的税率。征税对象数额越大的等级,税率越高。采用累进税率时,实施税额增长速度大于征税对象数量的增长速度,以达到调节纳税人的收入和财富目的。所得税和财产税多采取累进税率形式。

第五章 我国税收制度调节收入分配的作用机理分析

累进税率的特点是税基越大，税率越高，税负越呈累进趋势；在财政收入方面，使税收收入的增长快于经济的增长，具有更大的弹性；在经济调节方面，有利于自动地调节社会总需求的规模和保持经济的相对稳定；在贯彻目标政策方面，它能使负担能力大者多负税，负担能力小者少负税，符合公平原则。但当税基不代表纳税能力时，不适宜采取累进税率。对比全额累进税率与超额累进税率发现，前者累进程度较大，计算简便，但在累进级距的交界处，存在增加的税额超过税基的不合理现象，后者累进程度较缓和，不会发生累进级距交界处的税负不合理等问题，因此各国大多采用后者。由于累进税率对于调节纳税人收入效应较高，所以在现代税收制度中，各国实施所得税一般都采用累进税率。

累进级次和税率也要求有一定的界限，如果税率过高，会产生超额负担，降低居民福利水平，最终影响居民收入及经济增长水平。由此，目前各国采取降低最高边际税率或减少税率级次，例如，美国的税收具有较高的累进性。具有累进性的税收主要由联邦政府征收，部分通过州政府来征收个人所得税和财产税。在联邦政府层面，市场收益的平均有效税率通过再分配持续增加。税率从最低收入10%阶层的1%到最高1%收入阶层的29%。有效税率的提高反映联邦所得税是法定累进税，对大多数所得征收的边际税率从10%到35%不等。高收入阶层居民负担了主要税负。以2009年为例，较高收入的20%阶层居民负担了大约70%的联邦税收，特别是最高收入的1%阶层居民负担了联邦税收的22%。在联邦一级，整体有效税率在过去的30年一直下降。随着税收优惠的力度进一步加大，处于收入较低层级的居民的联邦有效税率得到较大幅度下降，法定个人所得税率从28%提高到39.6%，2001年和2003年的法案使高收入层级居民的税负降低，例如最高边际税率降低至35%，同时长期资本收益和股利的税率降低为15%。[1]

（二）税前扣除制度与居民收入

税前扣除是税收制度的重要组成部分，许多税种对扣除项目、扣除范围和扣除标准作出了明确规定，这些税法准予扣除的项目、范围和标准，有些是对所有纳税人普遍适用的，是对征税对象的一种必要扣除，有些则是针对某些特定纳税人和征税对象规定的一种特殊扣除。[2]

但是，在税收实践中，无论是普遍适用的必要扣除项目，还是特殊适用的个别扣除项目，其最终结果都缩小了税种的税基，减少了纳税人的计税依据，从而减轻了纳税人的税收负担。

---

[1] OECD. Household Income Distribution and Poverty database [R]. 2012.
[2] 陈共. 财政学 [M]. 北京：中国人民大学出版社，2012.

税前扣除会产生一定的累进性，而这种累进性与税率设置的累进性相比较而言是间接产生的，因此，可以称之为"间接累进性"。就个人所得税而言，发达国家通常将取得收入相关的费用（工商经营活动、劳动活动花费的成本）、赡养家属的生活费、医疗费、子女教育费等列入扣除范围，有时在扣除金额方面有最高限额。通常税前扣除的设置应有利于低收入居民及其家庭，当高收入居民得到的税前扣除较多时，这一制度将会产生"累退性"效果。

（三）平均税率与累进税率的平衡

平均税率和累进税率的大小是影响我国个人所得税调节作用大小的主要因素。综观世界各国对其应用都从本国实际出发进行权衡取舍。但其共识是认为平均税率对调节总体收入分配有更大的作用，因为其税后基尼系数下降幅度较大。鉴于目前我国居民收入总体差距过大，从长远看，实施平均税率优先更加符合我国国情，即使损失一些累进税率的累进性，但实现平均税率和累进税率的良性互动有利于我国社会和经济持续稳定发展。

二、企业所得税调控居民收入分配小结

对于企业所得税，从理论上说，虽然它与个人所得税具有相类似的特质，但很难界定其课税归宿，主要取决于市场结构和行为。企业所得税调节居民收入的效应大小主要取决于其税收归宿，但由于企业所得税的复杂性，导致现今对其研究争议较多，目前国内外还没有较为一致的结论，但其仍然作为各国普遍开征的税种，并且占有重要比例。国内对企业所得税负担的研究主要集中在资本要素和劳动要素之间税负比较。郭庆旺和吕冰洋对税收对要素收入分配的影响计量分析后，得出我国企业所得税每提高一个百分点，导致资本分配比重下降 0.512～0.579 个百分点，认为其有利于要素收入分配调节。①

另外，考虑到我国国情，结合国际国内数据证明资本要素收入大多数被高收入者占有，可能高收入所有者占有更多的资本要素，所以企业所得税对居民收入调节效应应该是累进的。从图 5-9 中比较我国城镇居民不同收入户的资本性收入可以看出，最高收入阶层与最低收入阶层资本性收入差距巨大，同时考虑到我国中小微企业的投资者一般为资本规模较小的低收入者所有，企业所得税的累进调节效用应该更加明显。随着经济发展和社会进步，企业并购和资本集聚现象越来越多，从中可以看出资本收益在各个阶层家庭和个人之间集中率更大，更加有利于企业所得税发挥其调节收入差距的效用。

---

① 郭庆旺，吕冰洋．论税收对要素收入分配的影响 [J]．经济研究，2011（6）：16-30．

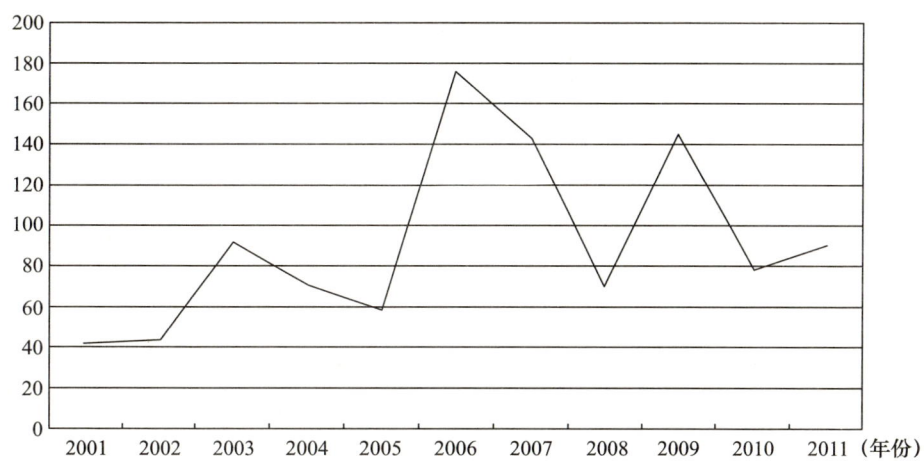

图 5-9　城镇居民资本性收入最高阶层与最低阶层比值

资料来源：根据各年《中国统计年鉴》整理计算。

第三篇　实证检验篇

第六章 不同税类对居民收入分配静态效应实证检验

本章利用向量自回归模型（VAR）和结构向量自回归模型（SVAR）分别探讨所得税类和流转税类对城镇居民和农村居民收入分配的制度效应。

第一节 所得税类对居民收入分配的静态效应实证分析

本节将分别从城镇居民收入和农村居民收入的角度探讨所得税类的收入分配静态效应。

一、所得税类对城镇居民收入分配的静态效应实证分析

（一）理论模型推导和实证分析模型构建

在这一章，将讨论理论模型对建立和解释计量模型的意义。并从模型设定、参量选择、估计方法以及样本选择等方面对居民收入计量模型进行分析。

本书主要利用结构向量自回归模型进行计量回归分析。因为，在 VAR 简化式中，变量之间的当期关系没有直接给出，而是隐藏在误差项相关关系之中。SVAR 模型通过对参数空间施加相关条件约束，减少估计参数个数，使计量结果更能反映经济事实。

$$C_0 X_t = \Gamma_0 + \Gamma_1 X_{t-1} + \Gamma_2 X_{t-2} + \xi_t$$

$$X_t = \begin{bmatrix} CI_t \\ IT_t \\ CIT_t \end{bmatrix}, \quad C_0 = \begin{bmatrix} 1 & b_{12} & b_{13} \\ b_{21} & 1 & b_{23} \\ b_{31} & b_{32} & 1 \end{bmatrix}, \quad \Gamma_0 = \begin{bmatrix} b_{10} \\ b_{20} \\ b_{30} \end{bmatrix}, \quad \Gamma_1 = \begin{bmatrix} a_{11} & a_{12} & a_3 \\ a_{21} & a_{22} & a_{23} \\ a_{31} & a_{32} & a_{33} \end{bmatrix},$$

$$\Gamma_2 = \begin{bmatrix} \beta_{11} & \beta_{12} & \beta_{13} \\ \beta_{21} & \beta_{22} & \beta_{23} \\ \beta_{31} & \beta_{32} & \beta_{33} \end{bmatrix}, \xi_t = \begin{bmatrix} \xi_{1t} \\ \xi_{2t} \\ \xi_{3t} \end{bmatrix}$$

有效识别阶条件和秩条件是模型可否识别的重要条件，所以我们要对参数进行合理设定；例如对于 k 元 p 阶的 SVAR 模型，需要施加的限制条件个数为 $k(k-1)/2$，同时这些参数可以是同期的，也可以是长期的。①

CI_t、IT_t 和 CIT_t 分别代表城镇居民人均可支配收入、个人所得税和企业所得税时间序列。n 的变量个数为3。ξ_{1t}、ξ_{2t} 和 ξ_{3t} 分别表示作用于城镇居民人均可支配收入、个人所得税和企业所得税的结构式冲击。

本书选择三变量 AB 型 SVAR 模型，分析个人所得税和企业所得税冲击引起城镇居民人均可支配收入响应的动态效应函数，设定模型为：②

$$A\xi_t = B\mu_t, \quad t = 1, 2, \cdots, T$$

$$\xi_t = \begin{bmatrix} \xi_{1t} \\ \xi_{2t} \\ \xi_{3t} \end{bmatrix}, A_t = \begin{bmatrix} 1 & b_{12} & b_{13} \\ b_{21} & 1 & b_{23} \\ b_{31} & b_{32} & 1 \end{bmatrix}, \mu_t = \begin{bmatrix} \mu_{1t} \\ \mu_{2t} \\ \mu_{3t} \end{bmatrix}$$

ξ_t 是 VAR 模型的扰动项，μ_{1t}、μ_{2t}、μ_{3t} 表示作用于 CI_t、IT_t、CIT_t 上的结构式冲击，$\mu_t \sim VWN(0_k, I_k)$。就一般情况而言，简化式扰动项 ξ_t 代表复合式冲击，是结构式扰动项 μ_t 的线性组合。

对于上式表示 AB 型的 SVAR 模型，有三个内生变量，因此至少需要施加 $2k^2 - k(k+1)/2 = 12$ 个约束条件才能使 SVAR 模型满足识别条件。③ 本书中约束 B 矩阵选择单位矩阵，A 矩阵对角线选择元素统一为1，相当于施加了 $k^2 + k$ 个约束条件。根据上面条件推知，在 B 矩阵为单位矩阵的情况下，对 A 矩阵施加约束相当于对 C_0 施加约束条件，也就是对变量之间同期相关关系的进行约束。根据经济理论和我国现阶段经济运行情况，本书再施加另外三个约束条件：①由经济理论和税收原理得知，城镇居民人均可支配收入对当期个人所得税的变化没有作用，即 $b_{12}=0$；②城镇居民人均可支配收入对当期企业所得税的变化没有作用，即 $b_{13}=0$；③个人所得税对当期企业所得税的变化没有作用，及 $b_{23}=0$。

在模型满足恰好可识别的条件下，利用完全信息极大似然方法估计得到 SVAR 模型的未知参数，进而可以得知矩阵 A、ξ_t 和 μ_t 的线性组合估计结果为

---

①② 高铁梅. 计量经济分析方法与建模 [M]. 北京：人民大学出版社，2010.
③ 刘金全. 现代宏观经济冲击理论 [M]. 长春：吉林大学出版社，2000.

(设 VAR 模型的估计残差为 $\hat{\xi}_t = \xi_t$)。①

$$\hat{A}e_t = \begin{bmatrix} 1.000000 & 0.000000 & 0.000000 \\ 0.183701 & 1.000000 & 0.000000 \\ 0.681183 & -1.524310 & 1.000000 \end{bmatrix} e_t$$

$$= \hat{B}\mu_t \begin{bmatrix} 0.584802 & 0.000000 & 0.000000 \\ 0.000000 & 0.431612 & 0.000000 \\ 0.000000 & 0.000000 & 2.066329 \end{bmatrix} \mu_t$$

(二) 数据和变量说明

本书数据全部来源于《中国统计年鉴 2013》、《中国城市（镇）生活与价格年鉴 2012》和 Wind 资讯金融数据库中的城镇居民人均可支配收入、个人所得税和企业所得税的数据，经过计算整理得出。模型中变量分别为 CI_t，IT_t 和 CIT_t 的季度数据，首先要计算 CPI 平减指数，以去除通货膨胀因素，得到实际值，具体 CPI 指数利用年度 CPI 定基指数、月度指数和基于上一年指数综合计算得出季度 CPI 平减指数。时间区间均为 2000 年第一季度到 2012 年第四季度。

对比每个变量的时间趋势图，可以分析出数据包含有季节性因素，所以需要首先实施 X12 季节调整。然后再对数据进行去除通货膨胀因素。

(三) 模型的单位根检验及稳定性检验

书中各指标经过 CPI 处理去除通货膨胀因素影响，然后经过季节性调整，从而得出城镇居民人均可支配收入、个人所得税和企业所得税的季度数据，时间区间均为 2000 年第一季度到 2012 年第四季度。本书分别应用 ADF (Augmented Dickey - Fuller) 对各变量原始序列及其一阶差分后序列进行检验，发现各变量一阶差分后的序列都同阶单整，同时原始变量序列都不平稳，因此可以考虑对各变量原始序列进行协整检验，看是否存在协整关系，如果存在协整关系，说明各变量之间存在长期协整关系。②

采用最常用的 ADF 单位根检验确定最大滞后长度，其检验结果如表 6 - 1 所示。

表 6 - 1　变量的平稳性检验

变量	检验类型 (c, t, k)	ADF 值	是否平稳
PCI_SA	(c, t, 0)	2.356059	非平稳

---

① 高铁梅. 计量经济分析方法与建模 [M]. 北京：人民大学出版社，2010.
② 缪慧星，柳锐. 增值税、消费税和个人所得税对社会消费冲击的动态效应 [J]. 税务研究，2012 (8)：55 - 58.

续表

变量	检验类型（c, t, k）	ADF 值	是否平稳
PIT_SA	(c, t, 0)	-0.315855	非平稳
PCIT_SA	(c, t, 4)	2.001674	非平稳
DPCI_SA	(c, t, 0)	-5.539907***	平稳
DPIT_SA	(c, t, 0)	-8.751785***	平稳
DPCIT_SA	(c, t, 1)	-8.004579***	平稳

注：①检验类型中 c, t, k 分别代表检验模型中含有常数项、趋势变量、滞后阶数；②临界值来自于软件 Eviews 6.0；③滞后期 k 的选择标准是以 AIC 值最小为准则；④D 表示对序列进行一阶差分；⑤*** 表示在 1% 显著水平上拒绝存在单位根的原假设。

从表 6-1 可以看出，各个变量一阶差分后所有变量序列在 1% 的显著水平上均一阶单整；所以其满足协整检验的条件，由于协整检验对检验方程中差分项的滞后阶数非常敏感，所以在对各变量一阶差分后序列数据进行无约束 VAR 模型估计，通过相应的信息准则来确定最佳滞后阶数。目前最为流行的是 LR、FPE、AIC、SC、HQ 信息准则，检验后发现超过一半的信息准则在第 2 阶上，从而确定模型的最佳滞后阶数为 2 阶，模型的稳定性检验发现所有特征根都在单位圆内，证明此模型是平稳的。① 所以最大滞后阶数的选择为 2 阶。如表 6-2 所示。

表 6-2　最大滞后阶数选择

Lag	LogL	LR	FPE	AIC	SC	HQ
0	-187.4622	NA	0.561194	7.935925	8.052875*	7.980121*
1	-178.7527	15.96745	0.568678	7.948028	8.415829	8.124811
2	-163.3400	26.33004*	0.437571*	7.680832*	8.499483	7.990201
3	-155.1970	12.89301	0.459086	7.716542	8.886043	8.158498

注：* 表示在 10% 的显著水平下拒绝假设。

（四）变量的长期关系分析

利用回归系数的 Johansen 协整验证变量间存在的长期均衡关系。基于 AIC 信息准则和 FPE、HQ 检验法，建立 VAR（2）模型，其协整检验结果如表 6-3 所示。

---

① 缪慧星，柳锐. 增值税、消费税和个人所得税对社会消费冲击的动态效应 [J]. 税务研究，2012 (8)：56-58.

第六章 不同税类对居民收入分配静态效应实证检验

表6-3 变量的Johansen检验结果

原假设	特征根	迹统计量	5%临界值	最大特征根统计量	5%临界值
r=0*	0.362514	36.26810	29.79707	22.06090	21.13162
r≤1	0.205483	14.20720	29.79707	11.27102	21.13162
r≤2	0.058162	2.936179	29.79707	2.936179	3.841466

注：*表示在10%的显著水平下拒绝假设。

从表6-3可以看出，最大特征根统计量检验与迹统计量检验结果一致，可以得出我国城镇居民人均可支配收入、个人所得税和企业所得税之间存在协整关系，且协整关系的个数为2，也就是存在两个协整方程。

（五）模型稳定性检验

通过建立VAR模型，确定最优滞后阶数为2，然后构建符合本文理论要求的SVAR模型，经利用滞后结构检验发现，模型的所有特征方程的根均在单位圆之内（见图6-1），这说明SVAR模型是稳定的，可以进行脉冲响应函数分析。

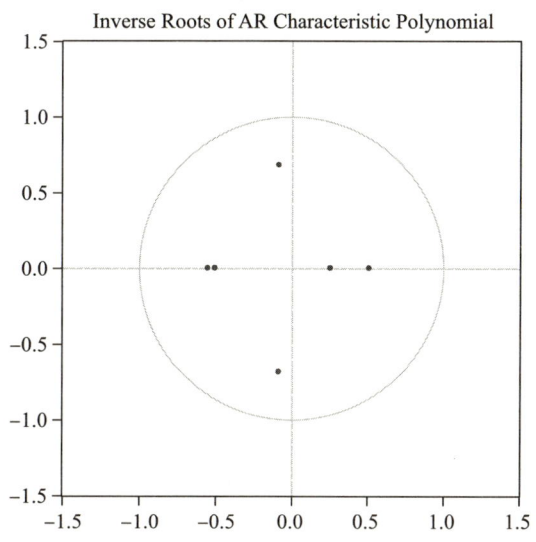

图6-1 结构向量自回归模型全部特征根位置

（六）个人所得税和企业所得税冲击对城镇居民人均可支配收入的脉冲响应分析

在SVAR模型中，脉冲响应函数（Impulse Response Function）跟踪在一个扰动项上加上一次性冲击对所有内生变量当期和未来的值产生的影响，因为受到冲击,总会通过 VAR 模型滞后结构传递到其他变量中,能够比较直观地刻画出变量之间的动态作用机理和路径。模型选择的滞后长度为 20 期,为了分析个人所得税和企业所得税的冲击引起城镇居民人均可支配收入在长短期的差异,书中采用蒙特卡罗随机模拟 500 次来研究城镇居民人均可支配收入对税收政策冲击的动态响应函数。① 用图 6-2 表示个人所得税和企业所得税对城镇居民个人平均可支配收入的脉冲响应,横轴表示时间间隔,以季度为单位,纵轴表示冲击引起的响应程度。

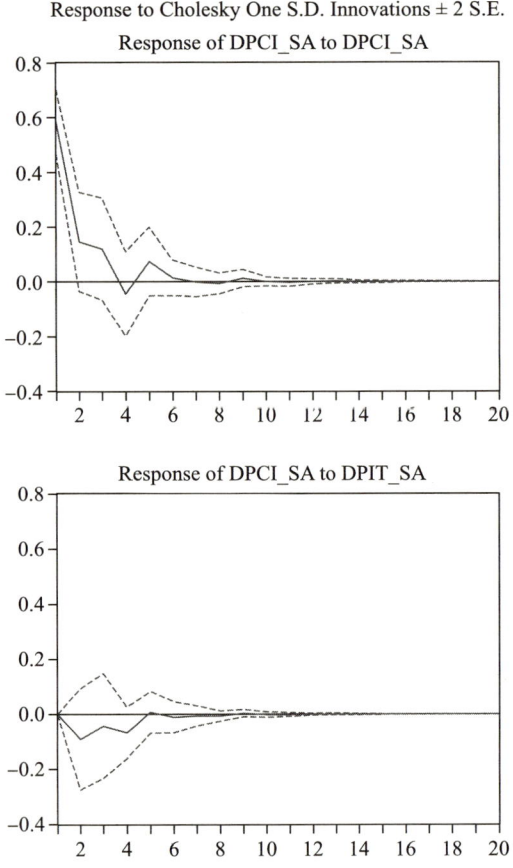

图 6-2 个人所得税和企业所得税冲击引起城镇居民人均可支配收入的响应函数

---

① 陈灯塔. 应用经济计量学 [M]. 北京:北京大学出版社,2012.

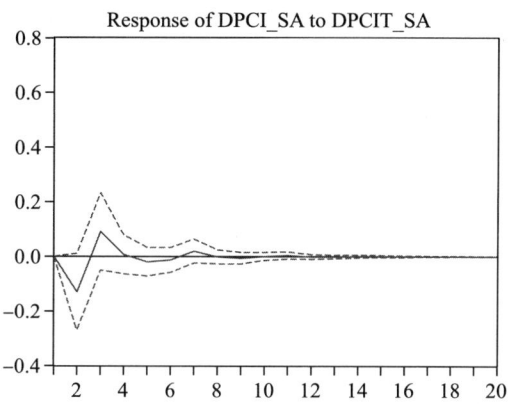

图 6-2　个人所得税和企业所得税冲击引起城镇居民人均可支配收入的响应函数（续图）

在如图 6-3 所示的 SVAR 模型中，城镇居民人均可支配收入对个人所得税的冲击响应为负向的，在第二季度达到 -9 个百分点最大值，第 2~5 个季度波动下降，大约在第 7 次冲击反应后便趋于零。这说明，个人所得税政策冲击引起城镇居民个人平均可支配收入的响应是负的短期效应，可能在长期不影响城镇居民个人平均可支配收入。这反映出当前个人所得税对调节收入分配作用较小，原因众多，其中个人所得税基本都由工薪阶层负担，没有起到原有的限高提低的初衷。另外还与我国税收征管手段落后，没有做到应缴必交，加之我国城镇居民收入来源广泛，还有刻意隐瞒等因素，都造成征收困难和无效率，所以中国的个人所得税制应该逐步向综合所得税制改进，以利于公平的调节收入分配，提高居民收入水平。

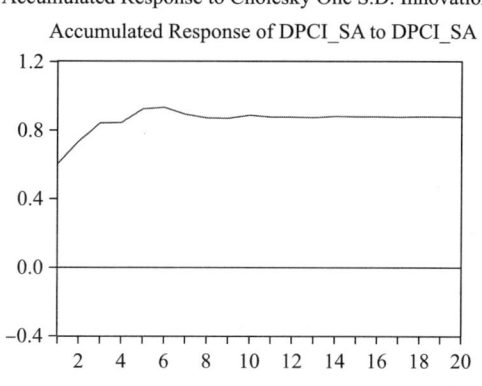

图 6-3　个人所得税和企业所得税冲击引起城镇居民人均可支配收入的累积响应函数

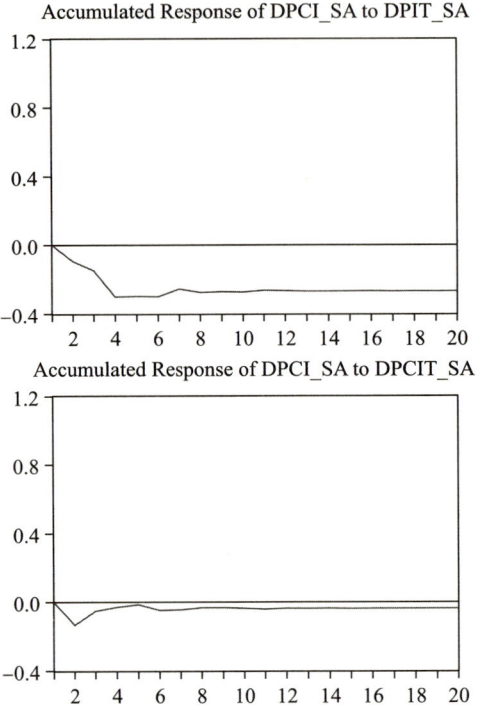

图6-3 个人所得税和企业所得税冲击引起城镇居民人均可支配收入的累积响应函数（续图）

在图6-3中，企业所得税在第二季度中对城镇居民人均可支配收入达到负的最大冲击反应——负向13个百分点后迅速减小。在2.5个季度之后则是正向的作用，在第三季度达到正向最大冲击反应开始减小。总的来看，所得税政策对城镇居民人均可支配收入的冲击影响是逐渐减弱的，最后在第八季度以后达到零点。对比企业所得税的累积效应图，可以看出企业所得税总体上对居民收入提高有负向作用，减轻企业所得税能提高居民收入和福利水平，减小税收对经济的扭曲作用，利于效率改进。

综上可以看出，导致我国所得税类调节城镇居民收入作用较小的原因很多，重要的是由于我国还是以流转税为主体的国家，且现阶段还是以注重效率为主，但各层级和行业和区域之间的居民差距已是影响经济可持续发展的重要障碍，要逐渐提高所得税类比重，更应在公平方面提高效率，因为中国现今收入差距过大，已经影响社会和谐和经济增长效率改进。

（七）个人所得税和企业所得税的税收效应相对贡献率的比较研究

方差分解（Variance Decomposition）方法讨论的是正交化残差对预测均方差

影响的比率。方差分解有利于了解各个组成部分对模型内生变量的相对重要性，即将系统预测的均方差分解成各变量冲击所做的贡献率。方差分解模型为：

$$RVC_{\alpha-j}(S) = \frac{\sum_{q=0}^{s=1}(Z_{q,\alpha-j})^2 \sigma_j}{VAR(\alpha_t)} = \frac{\sum_{q=0}^{s=1}(Z_{q,\alpha-1})^2 \sigma_j}{\sum_{j=1}^{k}\left[\sum_{q=0}^{s=1}(Z_{q,\alpha-1})^2 \sigma_j\right]}$$

式中，$j=1$，2，3，分别表示 PCI_SA、PIT_SA、PCIT_SA，即分别为城镇居民人均可支配收入、个人所得税和企业所得税。$Z_{q,\alpha-j}$是城镇居民人均可支配收入对第j个变量冲击的脉冲响应函数，σ_j是第j个变量的标准差，$VAR(\alpha_t)$是城镇居民人均可支配收入 PCI_SA 的方差，$RVC_{\alpha-j}(S)$表示第j个变量对城镇居民个人可支配收入 PCI_SA 的方差贡献率，S表示滞后区间。其经济意义为，如果$RVC_{\alpha-j}(S)$较大时，意味着第j个变量冲击对城镇居民人均可支配收入 PCI_SA 的影响大；相反地，$RVC_{\alpha-j}(S)$较小时，可以认为第j个变量冲击对城镇居民人均可支配收入 PCI_SA 的影响小。①

由表 6-4 所示的方差分解结果看，在第 2 期，企业所得税的冲击对城镇居民个人平均可支配收入的作用大于个人所得税的冲击作用。从第 10 期开始，城镇居民个人可支配收入预测方差 3.5% 由个人所得税变动来解释，6.1% 由企业所得税变动来解释。总体上说明，我国个人所得税政策还没有取得较好的调节收入分配、提高中等收入以下阶层收入的目的。虽然现行所得税制对提高城镇居民个人可支配收入有一定贡献，但还有很大的提升空间，所以我们要进一步降低所得税税负，进行结构性减税调整，且面对全球资源的竞争，我国只有尽快建立合理高效的所得税制度，实施帕累托改进，提高全民福利水平，才有利于从根本上提高社会福利和居民收入水平，降低居民收入分配差距。

表 6-4　城镇居民人均可支配收入的方差分解

Period	S. E.	DPCI_SA	DPIT_SA	DPCIT_SA
1	0.604221	100	0	0
2	0.639674	93.43235	2.182279	4.385368
3	0.65578	91.55145	2.733594	5.714951
4	0.673873	86.70247	7.767041	5.53049
5	0.678692	86.84265	7.660452	5.496893
6	0.679565	86.63952	7.642288	5.718194

---

① 缪慧星，柳锐. 增值税、消费税和个人所得税对社会消费冲击的动态效应 [J]. 税务研究，2012 (8)：55-58.

续表

Period	S. E.	DPCI_SA	DPIT_SA	DPCIT_SA
7	0.682199	86.30834	8.014742	5.676916
8	0.682922	86.22202	8.083489	5.694491
9	0.682936	86.2194	8.08633	5.694273
10	0.683171	86.22533	8.081631	5.693038
11	0.683332	86.20617	8.098471	5.695356
12	0.68336	86.19897	8.099429	5.701602
13	0.683376	86.19755	8.100807	5.701646
14	0.683413	86.1989	8.099926	5.701175
15	0.683422	86.19794	8.099839	5.702225
16	0.683425	86.1972	8.100029	5.702771
17	0.683428	86.19677	8.100488	5.70274
18	0.68343	86.19675	8.100513	5.702738
19	0.68343	86.19667	8.100527	5.702807
20	0.683431	86.19657	8.10062	5.702811

Cholesky Ordering: DPCI_SA DPIT_SA DPCIT_SA

城镇居民收入对自身也有较大冲击效应，其响应在相对较长时间才会最后消失，说明城镇居民收入自身受一定惯性影响。

个人所得税、企业所得税受到城镇居民人均可支配收入的正向冲击引起城镇居民收入的响应始终表现为负数，增值税开始为负，然后正向，结合 Grange 因果检验结论，说明长期以来，我国税收政策调节收入分配效率较低，需要进行优化调整，提高个人所得税和企业所得税调节居民收入差距的作用，从而提高整个社会效率和福利水平。

同时，研究人员发现企业所得税对收入分配的作用大小取决于对企业所得税的税负归宿假设，如果企业所得税由资本所有者承担时，其累进程度显然高于假设其由消费者承担时的累进程度。由于企业所得税只对资本所得（相对于勤劳所得）课税，同时一般高收入阶层拥有更多的资本，不论假设企业所得税由公司资本所有者承担还是由全体资本所有者承担，公司税的累进程度上都显著高于个人所得税。另外，还有人通过实证研究发现，如果企业所得税一半由资本所得承担，一半由消费者承担，那么企业所得税的分布呈现累退性，尤其对中低收入阶段具有明显的累退性。

二、所得税类对农村居民收入分配的静态效应实证分析

(一) 计量模型推导和构建

RI_t、IT_t 和 CIT_t 分别代表农村居民人均可支配收入、个人所得税和企业所得税时间序列。n 的变量个数为3。ξ_{1t}、ξ_{2t} 和 ξ_{3t} 分别表示作用于农村居民人均可支配收入、个人所得税和企业所得税的结构式冲击。

本书选择三变量 AB 型 SVAR 模型,分析个人所得税和企业所得税冲击引起农村居民人均可支配收入冲击响应的动态效应,设定模型为:①

$$A\xi_t = B\mu_t,\ t=1,2,\cdots,T$$

$$\xi_t = \begin{bmatrix} \xi_{1t} \\ \xi_{2t} \\ \xi_{3t} \end{bmatrix},\ A_t = \begin{bmatrix} 1 & b_{12} & b_{13} \\ b_{21} & 1 & b_{23} \\ b_{31} & b_{32} & 1 \end{bmatrix},\ \mu_t = \begin{bmatrix} \mu_{1t} \\ \mu_{2t} \\ \mu_{3t} \end{bmatrix}$$

ξ_t 是 VAR 模型的扰动项,μ_{1t}、μ_{2t}、μ_{3t} 表示作用于 RI_t、IT_t、CIT_t 上的结构式冲击,$\mu_t \sim VWN(0_k, I_k)$ 代表一种复合式冲击的扰动项 ξ_t 是结构式扰动项 μ_t 的线性组合。

对于上式三个变量的 AB 型 SVAR 模型,至少需要施加 $2k^2 - k(k+1)/2 = 12$ 个约束才能使 SVAR 模型满足识别条件。② 本书中约束 B 矩阵选择单位矩阵,A 矩阵对角线选择元素统一为1,相当于施加了 $k^2 + k$ 个约束条件。根据上面条件推知,在 B 矩阵为单位矩阵的情况下,对 A 矩阵施加约束相当于对 C_0 施加约束条件,也就是对变量之间同期相关关系的进行约束。根据经济理论和我国现阶段经济运行情况,本书在施加另外三个约束条件:①由经济理论和税收原理得知,农村居民人均可支配收入对当期个人所得税的变化没有作用,即 $b_{12} = 0$;②农村居民人均可支配收入对当期企业所得税的变化没有作用,即 $b_{13} = 0$;③个人所得税对当期企业所得税的变化没有作用,及 $b_{23} = 0$。

也即是在模型满足恰好可识别的条件下,估计得到 SVAR 模型的所有未知参数值,进而可以得知矩阵 A、ξ_t 和 μ_t 的线性组合估计结果为(设 SVAR 模型的估计残差为 $\hat{\xi_t} = \xi_t$)。

$$\hat{A}e_t = \begin{bmatrix} 1.000000 & 0.000000 & 0.000000 \\ 0.176423 & 1.000000 & 0.000000 \\ -0.274788 & -1.706105 & 1.000000 \end{bmatrix} e_t$$

---

① 高铁梅. 计量经济分析方法与建模 [M]. 北京:人民大学出版社,2010.
② 刘金全. 现代宏观经济冲击理论 [M]. 长春:吉林大学出版社,2000.

$$=\hat{B}\mu_t=\begin{bmatrix} 0.408851 & 0.000000 & 0.000000 \\ 0.000000 & 0.440493 & 0.000000 \\ 0.000000 & 0.000000 & 2.389714 \end{bmatrix}\mu_t$$

（二）数据和变量说明

本书数据全部来源于《中国统计年鉴2013》、《中国城市（镇）生活与价格年鉴2012》和Wind资讯金融数据库中的农村居民人均可支配收入、个人所得税和企业所得税的数据，经过计算整理得出。模型中变量分别为RI_t，IT_t和CIT_t的季度数据，首先要计算CPI平减指数，以去除通货膨胀因素，得到实际值，具体CPI指数利用年度CPI定基指数、月度指数和基于上一年指数综合计算得出季度CPI平减指数。时间区间均为2000年第一季度到2012年第四季度。

对比每个变量的时间趋势图，可以看出数据包含有季节性因素，所以需要首先实施X12季节调整。然后再对数据进行去除通货膨胀因素调整。

（三）模型的单位根检验及稳定性检验

书中各指标经过CPI处理去除通货膨胀因素影响，然后再经过季节性调整，从而得出农村居民人均可支配收入、个人所得税和企业所得税的季度数据，时间区间均为2000年第一季度到2012年第四季度。本书分别应用ADF（Augmented Dickey-Fuller）对各变量原始序列及其一阶差分后序列进行检验，发现各变量一阶差分后的序列都同阶单整，同时原始变量序列都不平稳，因此可以考虑对各变量原始序列进行协整检验，看是否存在协整关系，如果存在协整关系，说明各变量之间存在长期协整关系。①

利用ADF单位根验证最大滞后长度，检验结果如表6-5所示。

表6-5　变量的平稳性检验

变量	检验类型（c, t, k）	ADF值	是否平稳
PRI_SAI	(c, t, 0)	1.480537	非平稳
PIT_SA	(c, t, 0)	-0.315855	非平稳
PCIT_SA	(c, t, 4)	2.001674	非平稳
DPRI_SA	(c, t, 0)	-8.543007***	平稳
DPIT_SA	(c, t, 0)	-8.751785***	平稳
DPCIT_SA	(c, t, 1)	-8.004579***	平稳

注：①检验类型中c, t, k分别代表检验模型中含有常数项、趋势变量、滞后阶数；②临界值来自于软件Eviews 6.0；③滞后期k的选择标准是以AIC值最小为准则；④D表示对序列进行一阶差分；⑤***表示在1%显著水平上拒绝存在单位根的原假设。

---

① 缪慧星，柳锐. 增值税、消费税和个人所得税对社会消费冲击的动态效应［J］. 税务研究，2012（8）：55-58.

从表6-5可以看出，各个变量一阶差分后的序列在1%的显著水平上均一阶单整；其满足协整检验的条件，由于协整检验对检验方程中差分项的滞后阶数非常敏感；所以在对各变量一阶差分后序列数据进行无约束VAR模型估计，通过相应的信息准则来确定最佳滞后阶数。目前最为流行的是 LR FPE AIC SC HQ 信息准则，检验后发现超过一半的信息准则在第5阶上，从而确定模型的最佳滞后阶数为5阶，模型的稳定性检验发现所有特征根都在单位圆内，证明此模型是平稳的。① 此SVAR模型是平稳的，所以最大滞后阶数的选择为5阶。如表6-6所示。

表6-6 最大滞后阶数选择

Lag	LogL	LR	FPE	AIC	SC	HQ
1	-165.5334	NA	0.469541	7.757038	8.118370*	7.891739*
2	-154.1642	19.70652	0.424392	7.651743	8.374408	7.921145
3	-142.8532	18.09760*	0.387436	7.549032	8.633029	7.953135
4	-132.3412	15.41756	0.370772	7.481833	8.927163	8.020637
5	-120.7707	15.42732	0.344176*	7.367589*	9.174851	8.041094
6	-112.0301	10.48879	0.370604	7.379115	9.547110	8.187322

注：* 表示在10%的显著水平下拒绝假设。

（四）变量的长期关系分析

基于AIC信息准则和FPE、HQ检验法，建立VAR模型，其Johansen协整检验结果如表6-7所示。

表6-7 变量的Johansen检验结果

原假设	特征根	迹统计量	5%临界值	最大特征根统计量	5%临界值
r=0*	0.362514	36.26810	29.79707	22.06090	21.13162
r≤1	0.205483	14.20720	29.79707	11.27102	21.13162
r≤2	0.058162	2.936179	29.79707	2.936179	3.841466

注：* 表示在10%的显著水平下拒绝假设。

---

① 缪慧星，柳锐. 增值税、消费税和个人所得税对社会消费冲击的动态效应[J]. 税务研究，2012(8)：55-58.

从表 6-7 可以看出，最大特征根统计量检验与迹统计量检验结果一致，可以得出我国城镇居民人均可支配收入、个人所得税和企业所得税之间存在协整关系，且协整关系的个数为 2，也就是存在两个协整方程。

（五）模型稳定性检验

结合前面的推理和验证，确定滞后阶数为 5，建立符合所假设经济关系推理的 SVAR 模型，经滞后结构检验发现，模型的所有特征方程的根均落在单位圆之内（见图 6-4），这说明 SVAR 模型是稳定的，可以进行脉冲响应函数分析。

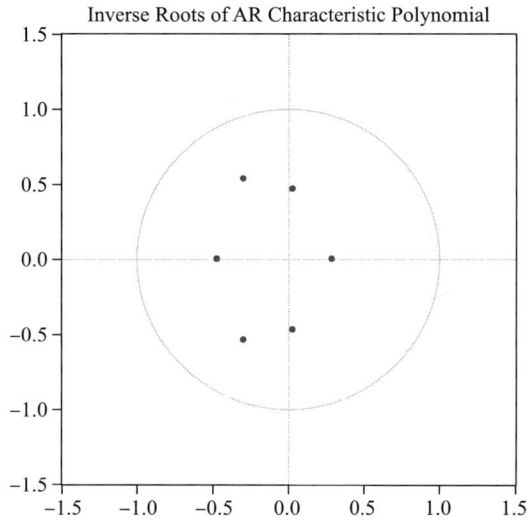

图 6-4　结构向量自回归模型全部特征根位置

（六）个人所得税和企业所得税冲击对农村居民人均可支配收入的脉冲响应分析

在 VAR 模型中，脉冲响应函数（Impulse Response Function）跟踪在一个扰动项上加上一次性冲击对所有内生变量当期和未来的值产生的影响，因为受到冲击，总会通过 VAR 模型滞后结构传递到其他变量中，能够比较直观地刻画出变量之间的动态作用机理和路径。模型选择的滞后长度为 20 期，为了分析个人所得税和企业所得税的冲击引起城镇居民人均可支配收入在长短期的差异，书中采用蒙特卡罗随机模拟 500 次来研究城镇居民人均可支配收入对税收政策冲击的动态响应函数。①

分别用图6-5和图6-6表示个人所得税和企业所得税对农村居民人均可支配收入的脉冲响应，横轴表示时间间隔，以季度为单位，纵轴表示冲击的响应程度。

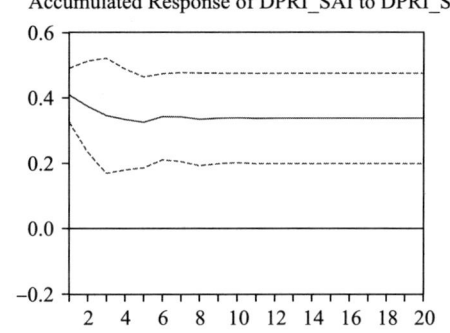

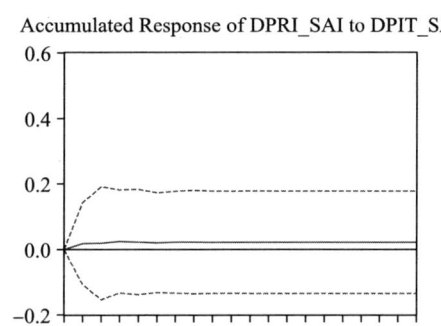

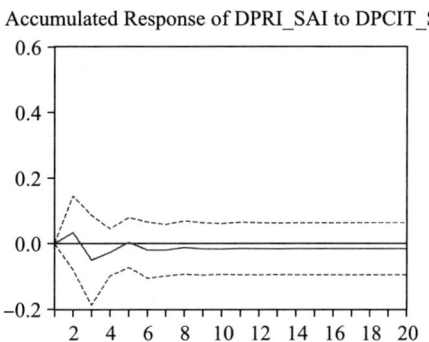

图6-5 个人所得税和企业所得税冲击引起农村居民人均可支配收入的累积响应函数

---

① 陈灯塔. 应用经济计量学 [M]. 北京：北京大学出版社，2012.

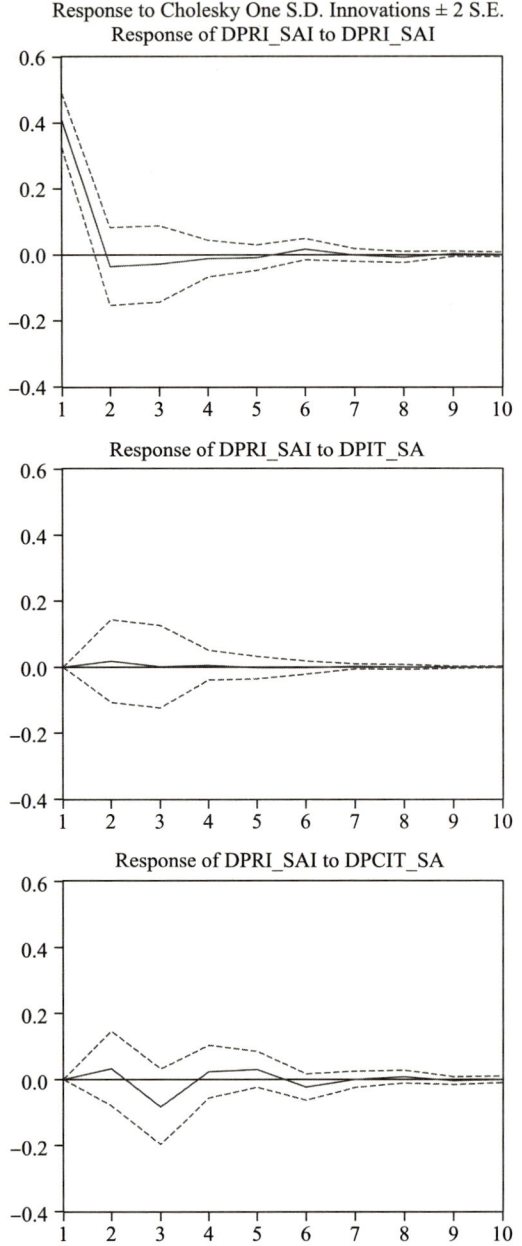

图 6-6　个人所得税和企业所得税冲击引起农村居民人均可支配收入的响应函数

从表 6-8 中 SVAR 模型冲击响应数据表格中可以看出，农村居民人均可支配收入对个人所得税的冲击响应是正向的，在第二个季度达到正的最大值 1.8 个百分点之后持续小幅度波动下降，从第二季度到第三季度波动下降，整体趋势上看是下降的，在第5次冲击后变为非常微弱负向作用，但整体上个人所得税对农村居民人均可支配收入的影响较小，这也符合我国现实情况。大约在第8次冲击反应后便趋于零。这说明，个人所得税政策的结构式冲击引起农村居民人均可支配收入的响应是先正后负的短期效应，但其在长短期内对农村居民人均可支配收入影响较小。这反映出当前个人所得税对调节农村收入分配作用非常有限，原因很多，其中主要原因是个人所得税基本由城镇居民工薪阶层负担，农村居民收入的个人所得税收负担非常小。还有就是，农村居民收入很少被纳入征税范围等，加之农村居民收入主要来自经营性收入等，这些都造成征收困难和效率损失。

表6-8　个人所得税和企业所得税冲击引起农村居民人均可支配收入的响应函数

Period	DPRI_SAI	DPIT_SA	DPCIT_SA
1	0.408851	0	0
2	-0.035438	0.017597	0.032839
3	-0.027852	0.001092	-0.083305
4	-0.011641	0.005522	0.023448
5	-0.008807	-0.001953	0.030085
6	0.016958	-0.002094	-0.023106
7	-0.000578	0.001716	-0.000192
8	-0.007283	0.000185	0.007809
9	0.003095	-0.000676	-0.004041
10	0.001084	0.000269	-0.000289

如图6-6所示，企业所得税在第二季度中对农村居民人均可支配收入达到有正向的最大冲击响应，之后迅速减小，在第三季度负向最大冲击反应，之后开始减小。总体来说，企业所得税政策对农村居民个人平均可支配收入的冲击响应影响逐渐减弱的，最后在第八季度以后达到零点。对比企业所得税的累积效应图，可以看出企业所得税总体上对农村居民收入提高有负向作用，但作用相对较小，主要可能是由于农村居民相较于城镇居民较少在企业工作和自己经营企业，导致较少直接负担企业所得税，但从分析看，减轻企业所得税也能提高农村居民收入和福利水平，效率改进程度较低。

综上可以看出，导致我国所得税类调节农村居民收入作用较小的原因很多，重要的是由于我国为提高效率，以流转税为主体，而且从农村的收入来源来看，主要来自经营性收入，课税较少，导致税收负担较小。但着眼中长远发展看，逐渐提高所得课税类比重，要在公平方面提高效率。而且党的十七大进一步提出，"初次分配和再分配都要处理好效率和公平的关系，再分配更加注重公平"，所以要加大税收等经济杠杆对收入分配的调节力度，促进社会公平。

（七）个人所得税和企业所得税的税收效应相对贡献率的比较研究

方差分解（Variance Decomposition）方法讨论的是正交化残差对预测均方差影响的比率。方差分解有利于了解各个组成部分对模型内生变量的相对重要性，即将系统预测的均方差分解成各变量冲击所做的贡献率。方差分解模型为：

$$RVC_{\alpha-j}(S) = \frac{\sum_{q=0}^{s=1}(Z_{q,\alpha-j})^2 \sigma_j}{VAR(\alpha_t)} = \frac{\sum_{q=0}^{s=1}(Z_{q,\alpha-1})^2 \sigma_j}{\sum_{j=1}^{k}\left[\sum_{q=0}^{s=1}(Z_{q,\alpha-1})^2 \sigma_j\right]}$$

式中，$j = 1, 2, 3$ 分别表示 PRI_SAI、PIT_SA、PCIT_SA，即分别为农村居民人均可支配收入、个人所得税和企业所得税。$Z_{q,\alpha-j}$ 是农村居民人均可支配收入对第 j 个变量冲击的脉冲响应函数，σ_j 是第 j 个变量的标准差，VAR（α_t）是农村居民人均可支配收入 PRI_SAI 的方差，$RVC_{\alpha-j}(S)$ 表示第 j 个变量对农村居民人均可支配收入 PRI_SAI 的方差贡献率，S 表示滞后区间，其经济意义为，如果 $RVC_{\alpha-j}(S)$ 较大时，意味着第 j 个变量冲击对农村居民人均可支配收入 PRI_SAI 的影响大；相反地，$RVC_{\alpha-j}(S)$ 较小时，可以认为第 j 个变量冲击对农村居民人均可支配收入 PRI_SAI 的影响小。①

由 6-9 表所示的方差分解结果看，在第 2 期，企业所得税的冲击对农村居民人均可支配收入的作用大于个人所得税的冲击作用。从第 10 期开始，农村居民人均可支配收入预测方差 0.2% 由个人所得税变动来解释，5.6% 由企业所得税变动来解释。总体上看，我国个人所得税政策还没有取得较好的调节农村收入分配、提高中等收入以下阶层收入的目的。而降低企业所得税虽然在一定程度上对提高农村居民人均可支配收入有一定贡献，但还有很大的提升空间，所以我国只有尽快建立合理高效的所得税制度，着眼提高全民福利水平，才有利于从根本上提高社会福利和农村居民收入水平，降低收入分配差距。例如可以考虑对农村居民创业等实施所得税优惠，鼓励创收发展。

---

① 缪慧星，柳锐. 增值税、消费税和个人所得税对社会消费冲击的动态效应［J］. 税务研究，2012（8）：55 – 58.

第六章 不同税类对居民收入分配静态效应实证检验

表6-9 对农村居民人均可支配收入的方差分解

Period	S. E.	DPRI_ SAI	DPIT_ SA	DPCIT_ SA
1	0.408851	100	0	0
2	0.412072	99.18255	0.182371	0.635077
3	0.421331	95.30818	0.175115	4.516709
4	0.42218	95.00143	0.191519	4.80705
5	0.423346	94.52179	0.192593	5.28562
6	0.42432	94.24796	0.194144	5.557898
7	0.424324	94.24641	0.195776	5.557816
8	0.424459	94.21619	0.195671	5.588142
9	0.42449	94.20772	0.195896	5.596388
10	0.424491	94.20767	0.195934	5.596393

Cholesky Ordering：DPRI_ SAI DPIT_ SA DPCIT_ SA

从冲击反应图和数据可以看出，农村居民人均可支配收入对自身有较大冲击效应，反映出农村居民收入对自身的一个标准差信息有较大正向响应，之后逐渐衰退，但需要相对较长时间才会最后消失，说明农村居民收入自身也具有很强的"惯性"作用，因此在提高农村居民收入的过程中，对差距较大的重点区域、行业和群体要有所侧重。

个人所得税、企业所得税的一个初始正向冲击对农村居民人均收入的冲击效应，个人所得税表现为正向，企业所得税表现为负向，但冲击影响都相对较小。结合Grange因果检验，一方面说明长期以来，个人所得税和企业所得税对农村居民人均可支配收入有一定影响，但是由于作用较小，导致在一定程度上损失了经济效率；另一方面说明改革开放以来，全国居民收入分配差距对经济增长的制约作用不是很显著，但如果任由其扩大，将危及经济增长的根本，所以必须进行有效调节。

整体看，个人所得税和企业所得税对城镇居民人均可支配收入的调节作用要远大于对农村居民的调节作用。但是还有很大的改进空间，尤其是中国幅员辽阔、情况复杂的现状，应动态化考虑政策的适用性。在能保障城镇和农村居民收入可持续增长的前提下，积极拓展所得税调节居民收入的作用，实现发展成果由人民共享，达到所得税对居民收入的调节作用在公平和效率之间的有效率均衡。

三、小结

由于我国个人所得税收入占全部税收收入的比重不到7%，同时我国居民收入来源复杂和受税收征管能力限制，导致个人所得税调节居民收入差距范围和力度较小。由我们对所得税对居民人均可支配收入的动态分析可以看出，个人所得税对收入分配调节作用较小。

结合上面实证研究，本书认为应该在个税改革的取向上坚持公平原则，保证劳动要素所得税负总体上不能高于资本要素所得的税负，为提高吸引外资能力，我国资本所得税负要低于欧美等发达国家水平。

最后就是在全球化条件下，中国个人所得税制度的改革，要照顾穷人，同时兼顾富人，鼓励富人加大投资，扩大就业机会；所以这需要政策制定者本着经济增长可持续，居民收入持续提高的原则，实施动态化税收对居民收入差距的调节。

第二节　流转税类对居民收入分配的静态效应实证分析

本节的内容将从城镇居民和农村居民的角度来探讨流转税类的收入分配静态效应。

一、流转税类对城镇居民收入的静态效应分析

（一）实证分析模型构建

CI_t，CT_t，VT_t和BT_t分别代表城镇居民人均可支配收入、消费税、增值税和营业税时间序列。n的变量个数为4。ξ_{1t}，ξ_{2t}，ξ_{3t}和ξ_{4t}分别作用于城镇居民人均可支配收入、消费税、增值税和营业税的结构式冲击。

本书主要利用向量自回归模型进行计量回归分析。因为，在VAR简化式中，变量之间的当期关系没有直接给出，隐藏在误差项的相关关系之中。

$$y_t = \Gamma_0 x_t + \Gamma_1 y_{t-1} + \cdots + \Gamma_p y_{t-p} + \xi_t, \quad t=1, 2, \cdots, T$$

$$y_t = \begin{bmatrix} y_{1t} \\ y_{2t} \\ y_{3t} \\ y_{4t} \end{bmatrix} = \Gamma_1 \begin{bmatrix} y_{1t-1} \\ y_{2t-1} \\ y_{3t-1} \\ y_{4t-1} \end{bmatrix} + \cdots + \Gamma_p \begin{bmatrix} y_{1t-p} \\ y_{2t-p} \\ y_{3t-p} \\ y_{4t-p} \end{bmatrix} + \Gamma_0 \begin{bmatrix} x_{1t} \\ x_{2t} \\ x_{3t} \\ x_{4t} \end{bmatrix} + \begin{bmatrix} \varepsilon_{1t} \\ \varepsilon_{2t} \\ \varepsilon_{3t} \\ \varepsilon_{4t} \end{bmatrix}, \quad t=1, 2, \cdots, T$$

上式可以简写为：

$\tilde{\Gamma}(L)\tilde{y}_t = \tilde{\varepsilon}_t$

即有 k 个时间序列变量的 VAR（p）模型由 k 个方程组成。冲击向量 ε_t 为白噪声向量，没有结构性的含义。称为非限制性向量自回归模型。ε_t 表示独立同分布白噪声过程。

（二）数据说明和变量选取

本书数据全部来自《中国统计年鉴2013》、《中国城市（镇）生活与价格年鉴2012》和 Wind 资讯金融数据库中的城镇居民人均可支配收入、消费税、增值税和营业税的数据，经过计算整理得出。模型中变量分别为 CI_t、CT_t、VT_t 和 BT_t 的季度数据，首先要计算 CPI 平减指数，以去除通货膨胀因素，得到实际值，具体 CPI 指数利用年度 CPI 定基指数、月度指数和基于上一年指数综合计算得出季度 CPI 平减指数。时间区间均为 2000 年第一季度到 2012 年第四季度。

结合每个变量的时间趋势图，可以分析出数据包含季节性因素，所以需要首先实施 X12 季节调整。然后再对数据进行去除通货膨胀因素调整。

（三）模型的数据、单位根检验及模型的稳定性检验

书中各指标经过 CPI 处理去除通货膨胀因素影响，然后再经过季节性调整，从而得出城镇居民人均可支配收入、消费税、增值税和营业税的季度数据，时间区间均为 2000 年第一季度到 2012 年第四季度。本书分别应用 ADF（Augmented Dickey – Fuller）对各变量的原始序列及其一阶差分后序列进行检验，证明各变量一阶差分后的序列都同阶单整，同时原始变量序列都不平稳，因此可以考虑对各变量原始序列进行协整检验，看是否存在协整关系，如果存在协整关系，说明各变量之间存在长期协整关系。①

利用最常用的 ADF 单位根检验确定最大滞后长度，检验结果如表 6 – 10 所示。

表 6 – 10　各变量的平稳性检验

变量	检验类型（c, t, k）	ADF 值	是否平稳
PCI_ SA	（c, t, 0）	2.3560591	非平稳
PCT_ SA	（c, t, 0）	0.936869	非平稳
PVT_ SA	（c, t, 0）	1.159525	非平稳
PBT_ SA	（c, t, 0）	3.619959	非平稳

---

① 缪慧星，柳锐. 增值税、消费税和个人所得税对社会消费冲击的动态效应 [J]. 税务研究，2012 (8)：55 – 58.

续表

变量	检验类型（c, t, k）	ADF 值	是否平稳
DPCI_SA	(c, t, 0)	-5.539907***	平稳
DPCT_SA	(c, t, 0)	-6.338665***	平稳
DPVT_SA	(c, t, 0)	-6.210700***	平稳
CPBT_SA	(c, t, 0)	-4.462998***	平稳

注：①检验类型中 c, t, k 分别代表检验模型中含有常数项、趋势变量、滞后阶数；②临界值来自于软件 Eviews 6.0；③滞后期 k 的选择标准是以 AIC 值最小为准则；④D 表示对序列进行一阶差分；⑤*** 表示在 1% 显著水平上拒绝存在单位根的原假设。

从表 6-10 可以看出，各个变量一阶差分后序列在 1% 的显著水平上均一阶单整；所以其满足协整检验的条件，同时协整检验对检验方程中差分项的滞后阶数非常敏感；所以在对各变量一阶差分后序列数据进行无约束 VAR 模型估计，通过相应的信息准则来确定最佳滞后阶数。目前最为流行的是 LR、FPE、AIC、SC、HQ 信息准则，检验后发现超过一半的信息准则在第 2 阶上，从而确定模型的最佳滞后阶数为 2 阶，模型的稳定性检验发现所有特征根都在单位圆内，证明此模型是平稳的。① 所以最大滞后阶数的选择为 2 阶，结果如表 6-11 所示。

表 6-11 最大滞后阶数选择

Lag	LogL	LR	FPE	AIC	SC	HQ
0	-218.2105	NA	0.150210	9.455764	9.613224*	9.515017
1	-188.4735	53.14689	0.083990	8.871213	9.658510	9.167478*
2	-171.9083	26.78625*	0.083309*	8.847163*	10.26430	9.380440
3	-156.4839	22.31615	0.088861	8.871657	10.91863	9.641946
4	-141.6946	18.87994	0.101144	8.923176	11.59999	9.930478

注：* 表示在 10% 的显著水平下拒绝假设。

（四）变量的长期关系分析

基于回归系数的 Johansen 协整检验分析各个变量间关系，判断变量之间是否存在长期均衡关系。基于 AIC 信息准则和 FPE、HQ 检验法，建立 VAR 模型，其 Johansen 协整检验结果如表 6-12 所示。

---

① 缪慧星，柳锐. 增值税、消费税和个人所得税对社会消费冲击的动态效应 [J]. 税务研究，2012 (8)：55-58.

第六章 不同税类对居民收入分配静态效应实证检验

表6-12 变量的Johansen检验结果

原假设	特征根	迹统计量	5%临界值	最大特征根统计量	5%临界值
$r=0^*$	0.624493	82.73836	47.85613	47.01501	27.58434
$r \leqslant 1^*$	0.407191	35.72334	29.79707	25.09836	21.13162
$r \leqslant 2$	0.172977	10.62498	15.49471	9.116277	14.26460
$r \leqslant 3$	0.030943	1.508705	3.841466	1.508705	3.841466

注：*表示在10%的显著水平下拒绝假设。

从表6-12可以看出，最大特征根统计量检验与迹统计量检验结果一致，可以得出我国城镇居民人均可支配收入、消费税、增值税和营业税之间存在协整关系，且协整关系的个数为3，也就是存在三个协整方程。

（五）模型稳定性检验

结合建立的无约束的VAR模型，确定最适滞后阶数后，建立新的VAR模型，并对新建的VAR模型采用滞后结构检验，证实模型的所有特征方程的根均在单位圆之内（见图6-7），说明VAR模型是稳定的，可以进行脉冲响应函数分析。

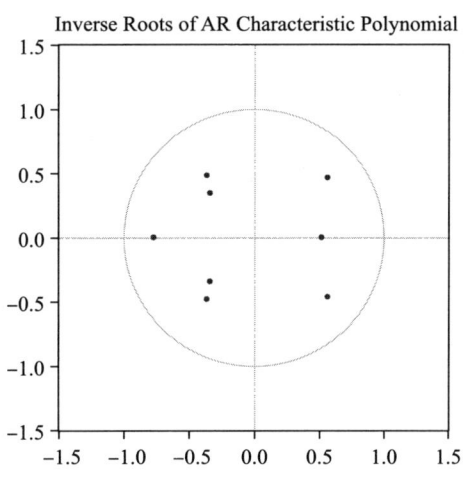

图6-7 向量自回归模型的全部特征根

VAR（2）的方程如下：

$$\begin{bmatrix} DPCI\_SA \\ DPCT\_SA \\ DPVT\_SA \\ DPBT\_SA \end{bmatrix} = \begin{bmatrix} 0.599218 \\ -0.020546 \\ 0.950644 \\ -0.013367 \end{bmatrix} + \begin{bmatrix} 0.008414 & -0.087324 & -0.090971 & 0.004847 \\ -0.011580 & -0.139123 & -0.078161 & -0.103762 \\ -0.017861 & -0.067838 & -0.053019 & 0.021818 \\ -0.042209 & -0.023530 & -0.076671 & -0.092636 \end{bmatrix}$$

$$\begin{bmatrix} DPCI\_SA(-1) \\ DPCT\_SA(-1) \\ DPVT\_SA(-1) \\ DPBT\_SA(-1) \end{bmatrix} + \begin{bmatrix} -0.037204 & -0.066625 & -0.005194 & -0.078463 \\ 0.017026 & 0.034056 & -0.045177 & -0.091257 \\ 0.014107 & -0.066250 & -0.120203 & -0.204259 \\ -0.021867 & 0.058659 & 0.072113 & -0.187980 \end{bmatrix}$$

$$\begin{bmatrix} DPCI\_SA(-2) \\ DPCT\_SA(-2) \\ DPVT\_SA(-2) \\ DPBT\_SA(-2) \end{bmatrix} + \begin{bmatrix} \varepsilon_{1t} \\ \varepsilon_{2t} \\ \varepsilon_{3t} \\ \varepsilon_{4t} \end{bmatrix}$$

(六)流转税冲击对城镇居民人均可支配收入的脉冲响应分析

在 VAR 模型中,脉冲响应函数(Impulse Response Function)跟踪在一个扰动项上加上一次性冲击对所有内生变量当期和未来的值产生的影响,因为受到冲击,总会通过 VAR 模型滞后结构传递到其他变量中,能够比较直观地刻画出变量之间的动态作用机理和路径。模型选择的滞后长度为 20 期,为了分析消费税、增值税和营业税的冲击引起城镇居民人均可支配收入在长短期的响应差异,书中采用蒙特卡罗随机模拟 500 次来研究城镇居民人均可支配收入对税收政策冲击的动态响应函数。① 分别用图 6-8 表示消费税、增值税和营业税对城镇居民个人平均可支配收入的脉冲响应,横轴表示时间间隔,以季度为单位,纵轴表示冲击引起的响应程度。

表 6-13 消费税、增值税和营业税冲击引起城镇居民人均可支配收入的响应数据

Period	DPCI_SA	DPCT_SA	DPVT_SA	DPBT_SA
1	0.578154	0	0	0
2	0.142972	-0.11859	-0.16971	-0.0125
3	0.102693	0.04575	0.031168	-0.18933
4	-0.04101	0.017405	-0.06954	-0.03901
5	-0.08083	-0.05767	0.022556	-0.01407
6	-0.08553	0.052197	0.018183	-0.00551
7	-0.03033	-0.00728	0.024027	0.045293
8	-0.01336	0.015922	0.001466	0.017115

---

① 陈灯塔. 应用经济计量学 [M]. 北京:北京大学出版社,2012.

第六章 不同税类对居民收入分配静态效应实证检验

续表

Period	DPCI_SA	DPCT_SA	DPVT_SA	DPBT_SA
9	0.022197	-0.00066	0.012876	0.012844
10	0.016637	0.002868	-0.01194	0.00169
11	0.018052	-0.00866	0.000468	-0.00575
12	0.003331	0.00222	-0.00709	-0.00766
13	0.000384	-0.00535	0.000634	-0.00339
14	-0.0063	0.002385	-0.00167	-0.00258
15	-0.00345	-0.0011	0.002752	0.001238
16	-0.00352	0.002053	-0.00023	0.001298
17	0.000157	-0.00048	0.001746	0.001666
18	0.000312	0.001072	-0.00059	0.000615
19	0.001614	-0.00075	0.000396	0.00028
20	0.000619	0.000341	-0.00072	-0.00044

Cholesky Ordering: DPCI_SA DPCT_SA DPVT_SA DPBT_SA

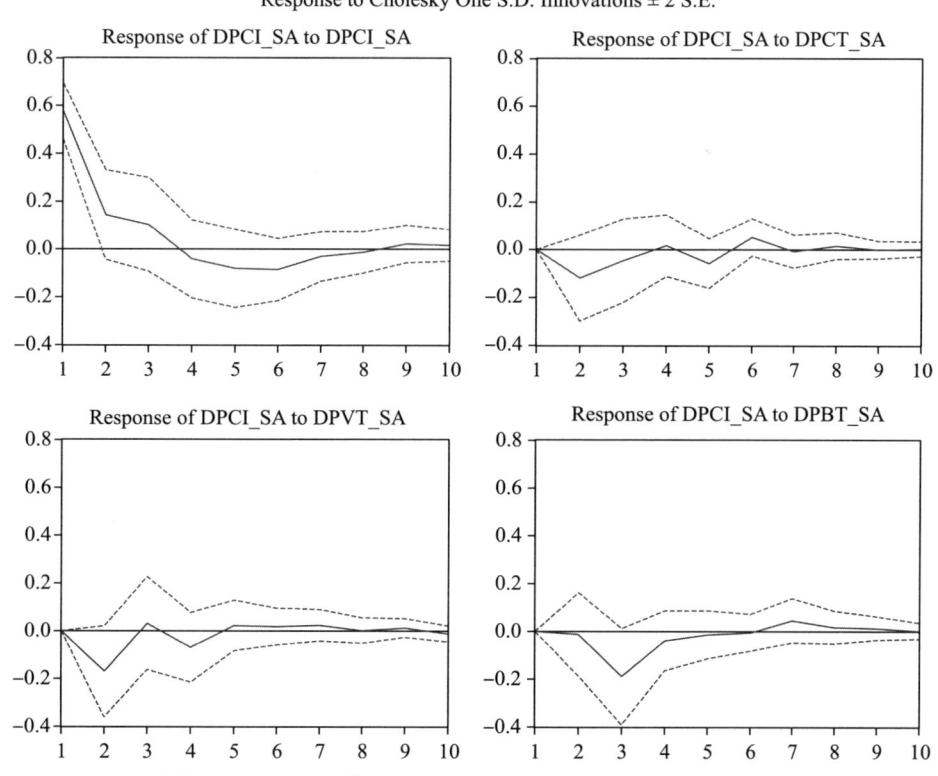

图6-8 消费税、增值税和营业税冲击引起城镇居民人均可支配收入的响应函数

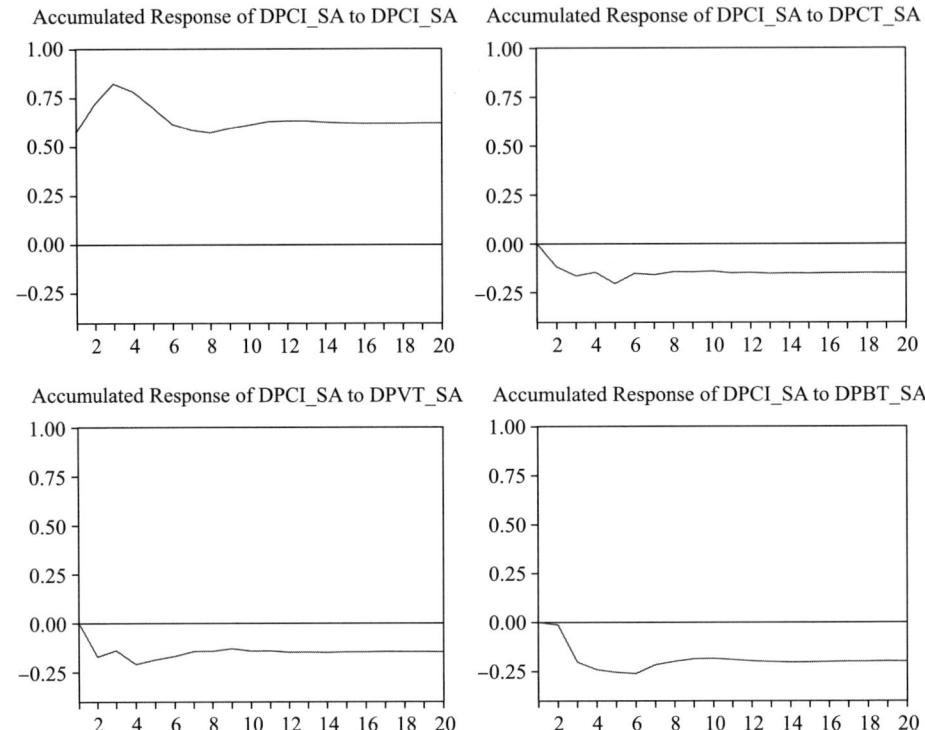

图 6-9 消费税、增值税和营业税冲击引起城镇居民人均可支配收入的响应函数

表 6-14 消费税、增值税和营业税冲击引起城镇居民人均可支配收入的累积响应数据

Period	DPCI_SA	DPCT_SA	DPVT_SA	DPBT_SA
1	0.578154	0	0	0
2	0.721126	-0.11859	-0.16971	-0.0125
3	0.82382	-0.16433	-0.13854	-0.20183
4	0.782808	-0.14693	-0.20807	-0.24083
5	0.70198	-0.2046	-0.18552	-0.2549
6	0.616451	-0.1524	-0.16733	-0.26041
7	0.58612	-0.15968	-0.14331	-0.21512
8	0.572758	-0.14376	-0.14184	-0.198
9	0.594955	-0.14442	-0.12897	-0.18516

续表

Period	DPCI_SA	DPCT_SA	DPVT_SA	DPBT_SA
10	0.611592	-0.14156	-0.1409	-0.18347
11	0.629644	-0.15022	-0.14043	-0.18921
12	0.632975	-0.148	-0.14753	-0.19688
13	0.633359	-0.15335	-0.14689	-0.20027
14	0.627058	-0.15096	-0.14856	-0.20284
15	0.62361	-0.15206	-0.14581	-0.2016
16	0.620089	-0.15001	-0.14604	-0.20031
17	0.620245	-0.15049	-0.14429	-0.19864
18	0.620557	-0.14942	-0.14489	-0.19803
19	0.622171	-0.15017	-0.14449	-0.19774
20	0.62279	-0.14982	-0.14521	-0.19818

结合图6-8、图6-9和表6-13、表6-14所示，在VAR模型脉冲响应分析中，城镇居民人均可支配收入对消费税的冲击反应是负向的。在第二季度达到负的最大值-12个百分点之后持续波动下降，大约在第9次冲击反应便趋于零。这说明，消费税政策冲击对城镇居民人均可支配收入的影响是负的短期效应，在长期不影响城镇居民人均可支配收入。

可以看出增值税在第二个季度中对城镇居民人均可支配收入达到负向17%的最大冲击响应，之后迅速减小。在第五季度之后则基本消失冲击反应。总的来看，增值税政策对城镇居民人均可支配收入的冲击影响是逐渐减弱的，最后在第七季度以后达到零点。对比增值税的累积效应图，可以看出增值税总体上对城镇居民收入提高有负向作用，减轻增值税税率能提高城镇居民收入和福利水平，减小税收对经济的扭曲程度，利于帕累托效率改进。对增值税的改革要集中在涉及民生的行业给予政策倾斜，以使城镇居民收入与经济增长同步，同时利于和谐社会的构建。

可以看出营业税在第三季度中对城镇居民人均可支配收入达到有负的最大19%冲击响应，之后迅速减小。总的来看，营业税政策对城镇居民人均可支配收入的冲击影响逐渐减弱的，最后在第九季度以后达到零点。对比营业税的累积效应图，可以看出营业税总体上对城镇居民人均可支配收入提高有负向作用，减轻营业税负担能提高城镇居民人均可支配收入和福利水平，减小营业税税率对经济的扭曲程度，实现帕累托效率改进。

综上可以看出,从理论上讲,供求弹性直接决定间接税的税收归宿,相当于政府借助税收方式在供求双方之间进行再分配。鉴于流转税在大多数情况下显示其累退的属性,所以能否有效界定流转税的税收归宿对有效调节居民收入差距意义重大。

因此,我国现阶段国情决定我国间接税比重较大的情况还将持续下去,我们应该统筹优化现行税制结构,使其达到调节居民收入分配效率最优的状态。

(七) 消费税、增值税和营业税的税收效应相对贡献率的比较研究

方差分解(Variance Decomposition)方法讨论的是正交化残差对预测均方差影响的比率。方差分解有利于了解各个组成部分对模型内生变量的相对重要性,即将系统预测的均方差分解成各变量冲击所做的贡献率。方差分解模型为:

$$RVC_{\alpha-j}(S) = \frac{\sum_{q=0}^{s=1}(Z_{q,\alpha-j})^2 \sigma_j}{VAR(\alpha_t)} = \frac{\sum_{q=0}^{s=1}(Z_{q,\alpha-1})^2 \sigma_j}{\sum_{j=1}^{k}\left[\sum_{q=0}^{s=1}(Z_{q,\alpha-1})^2 \sigma_j\right]}$$

式中,$j=1,2,3$ 分别表示 PCI_SA、PCT_SA、PVT_SA, PIT_SA, 即分别为城镇居民人均可支配收入、消费税、增值税和营业税。$Z_{q,\alpha-j}$ 是城镇居民人均可支配收入对第 j 个变量冲击的脉冲响应函数,σ_j 是第 j 个变量的标准差,VAR(α_t)是城镇居民人均可支配收入 PCI_SA 的方差,$RVC_{\alpha-j}(S)$ 表示第 j 个变量对城镇居民人均可支配收入 PCI_SA 的方差贡献率,S 表示滞后区间,其经济意义为,如果 $RVC_{\alpha-j}(S)$ 较大时,意味着第 j 个变量冲击对城镇居民人均可支配收入 PCI_SA 的影响大;相反地,$RVC_{\alpha-j}(S)$ 较小时,可以认为第 j 个变量冲击对城镇居民人均可支配收入 PCI_SA 的影响小。①

由表 6-15 所示的方差分解结果和分解图 6-10 来看,在第二期,营业税的冲击对城镇居民人均可支配收入的作用大于增值税的冲击作用,增值税对城镇居民人均可支配收入的冲击作用大于对消费税的作用。从第十期开始,城镇居民人均可支配收入预测方差 8.4% 由营业税变动来解释,7.5% 由营业税变动来解释,4.8% 由消费税来解释。总体上看,我国营业税和消费税对城镇居民可支配收入有一定的负向调节作用,降低我国营业税和增值税税率对于提高城镇居民收入和福利水平,实现帕累托改进有一定作用。但结合我国税制现实情况,进一步优化提升空间较大。

---

① 缪慧星,柳锐. 增值税、消费税和个人所得税对社会消费冲击的动态效应 [J]. 税务研究,2012 (8): 55-58.

表 6-15 城镇居民人均可支配收入的方差分解数据

Period	S. E.	DPCI_SA	DPCT_SA	DPVT_SA	DPBT_SA
1	0.578154	100	0	0	0
2	0.630652	89.18378	3.535714	7.241233	0.039273
3	0.668714	81.67872	3.612712	6.65762	8.050945
4	0.674922	80.55226	3.613062	7.597168	8.237513
5	0.682704	80.12798	4.244686	7.534108	8.093226
6	0.690279	79.9142	4.72382	7.439043	7.922941
7	0.692883	79.50629	4.699428	7.503482	8.290803
8	0.693408	79.42318	4.745045	7.492581	8.33919
9	0.694002	79.38962	4.73702	7.514187	8.359174
10	0.694312	79.37617	4.734497	7.537027	8.352305
11	0.694624	79.37228	4.745795	7.53029	8.351633
12	0.694714	79.35401	4.745586	7.538763	8.361637
13	0.694744	79.34736	4.751111	7.538212	8.363313
14	0.694783	79.34658	4.75175	7.537935	8.363737
15	0.694799	79.34539	4.751783	7.539156	8.36367
16	0.694812	79.34494	4.752475	7.538881	8.363701
17	0.694817	79.34395	4.752463	7.539417	8.36417
18	0.694818	79.34364	4.752682	7.539459	8.364214
19	0.69482	79.34363	4.752763	7.539439	8.364172
20	0.694821	79.34351	4.752776	7.539527	8.36419

Cholesky Ordering：DPCI_SA DPCT_SA DPVT_SA DPBT_SA

城镇居民人均收入对自身有较大冲击效应，反映出城镇居民人均收入对自身的一个标准差信息有较大正向响应，之后逐渐衰退，但需要相对较长时间才会最后消失，说明城镇居民人均收入自身具有很强的"惯性"作用，亦即全国地区之间和行业之间会对全国平均水平的差距产生较大的负面作用，因此在提高城镇居民人均收入的过程中，对差距较大的重点区域、行业和群体要有所侧重。

消费税、增值税和营业税的一个初始正向冲击对城镇居民人均收入的冲击效应都始终为负，最后消失。结合 Grange 因果检验，说明长期以来，全国居民收入分配差距对经济增长的制约作用不是很显著，但随着经济增速的放缓，增量改革不可持续下去，将导致收入差距扩大会阻碍经济增长，且这种阻碍效应在未来

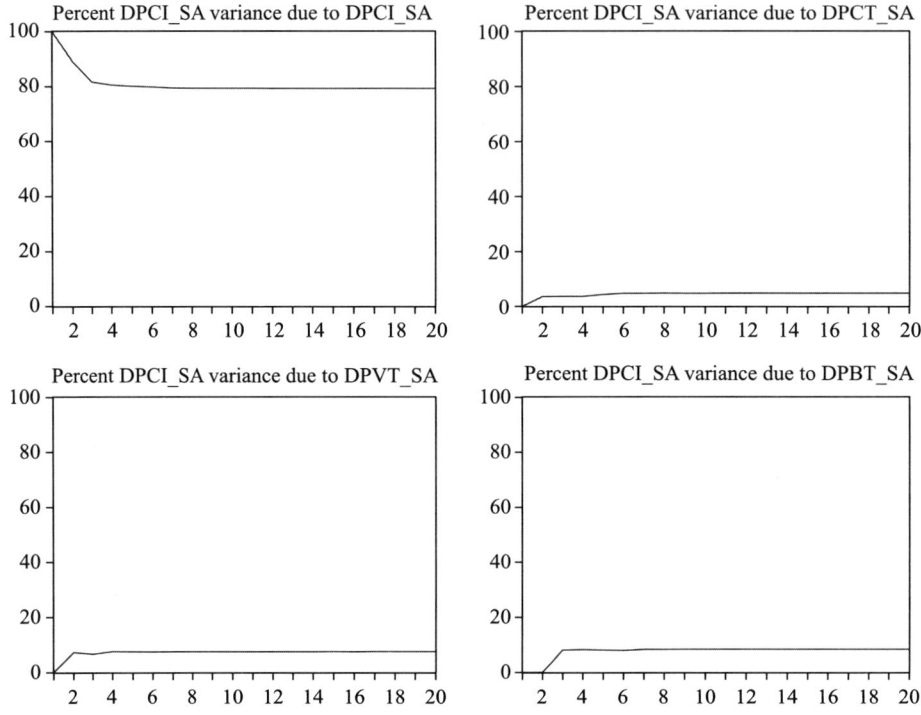

图 6-10 城镇居民人均可支配收入的方差分解

一段时间内不会自动消失。从经济发展和人民生活水平提高可持续角度着眼,尤其现今收入差距已经开始影响社会整体和谐,有必要动态化分析形势,实施结构化减税,以提高居民收入水平,使发展成果由人民共享。

二、流转税类对农村居民收入的静态效应实证分析

(一) 实证模型构建

RI_t、CT_t、VT_t 和 BT_t 分别代表农村居民人均可支配收入、消费税、增值税和营业税时间序列。n 的变量个数为 4。ξ_{1t}、ξ_{2t}、ξ_{3t} 和 ξ_{4t} 分别表示作用于农村居民人均可支配收入、消费税、增值税和营业税的结构式冲击。

本书主要利用向量自回归模型进行计量回归分析。因为,在 VAR 简化式中,变量之间的当期关系没有直接给出,隐藏在误差项的相关关系之中。

$$y_t = \Gamma_0 x_t + \Gamma_1 y_{t-1} + \cdots + \Gamma_p y_{t-p} + \xi_t, \ t = 1, 2, \cdots, T$$

$$y_t = \begin{bmatrix} y_{1t} \\ y_{2t} \\ y_{3t} \\ y_{4t} \end{bmatrix} = \Gamma_1 \begin{bmatrix} y_{1t-1} \\ y_{2t-1} \\ y_{3t-1} \\ y_{4t-1} \end{bmatrix} + \cdots + \Gamma_p \begin{bmatrix} y_{1t-p} \\ y_{2t-p} \\ y_{3t-p} \\ y_{4t-p} \end{bmatrix} + \Gamma_0 \begin{bmatrix} x_{1t} \\ x_{2t} \\ x_{3t} \\ x_{4t} \end{bmatrix} + \begin{bmatrix} \varepsilon_{1t} \\ \varepsilon_{2t} \\ \varepsilon_{3t} \\ \varepsilon_{4t} \end{bmatrix}, \ t=1,\ 2,\ \cdots,\ T$$

上式可以简写为：

$\widetilde{\Gamma}(L)\widetilde{y}_t = \widetilde{\varepsilon}_t$

即有 k 个时间序列变量的 VAR（p）模型由 k 个方程组成。冲击向量 ε_t 为白噪声向量，没有结构性的含义。称为非限制性向量自回归模型。ε_t 表示独立同分布白噪声过程。

（二）数据说明和变量选取

本书全部数据来源于《中国统计年鉴2013》、《中国城市（镇）生活与价格年鉴2012》和Wind资讯金融数据库中的农村居民人均可支配收入、消费税、增值税和营业税的数据，经过计算整理得出。模型中变量分别为 RI_t、CT_t、VT_t 和 BT_t 的季度数据，首先要计算 CPI 平减指数，以去除通货膨胀因素，得到实际值，具体 CPI 指数利用年度 CPI 定基指数、月度指数和基于上一年指数综合计算得出季度 CPI 平减指数。时间区间均为 2000 年第一季度到 2012 年第四季度。

对比每个变量的时间趋势图，可以看出数据含有季节性因素，所以需要首先实施 X12 季节调整。然后再对数据进行去除通货膨胀因素调整。

（三）模型的数据、单位根检验及模型的稳定性检验

书中各指标经过 CPI 调整去除通货膨胀因素影响，然后再经过季节性调整，从而得出农村居民人均可支配收入、消费税、增值税和营业税季度数据，时间区间均为 2000 年第一季度到 2012 年第四季度。本书分别应用 ADF（Augmented Dickey – Fuller）对各变量的原始序列及其一阶差分后序列进行检验，验证各变量一阶差分后的序列都同阶单整，同时原始变量序列都不平稳，因此可以考虑对各变量原始序列进行协整检验，看是否存在协整关系，如果存在协整关系，说明各变量之间存在长期协整关系。①

采用最常用的 ADF 单位根检验来确定最大滞后长度，检验结果如表 6 – 16 所示。

---

① 缪慧星，柳锐. 增值税、消费税和个人所得税对社会消费冲击的动态效应 [J]. 税务研究，2012 (8)：55 – 58.

表 6-16 各变量平稳性检验

变量	检验类型 (c, t, k)	ADF 值	是否平稳
PRI_SA	(c, t, 0)	1.480537	非平稳
PCT_SA	(c, t, 0)	0.936869	非平稳
PVT_SA	(c, t, 4)	1.159525	非平稳
PBT_SA	(c, t, 0)	3.619959	非平稳
DPRI_SA	(c, t, 0)	-8.543007***	平稳
DPCT_SA	(c, t, 0)	-6.338665***	平稳
DPVT_SA	(c, t, 3)	-6.210700***	平稳
CPBT_SA	(c, t, 0)	-4.462998***	平稳

注：①检验类型中 c, t, k 分别代表检验模型中含有常数项、趋势变量、滞后阶数；②临界值来自于软件 Eviews 6.0；③滞后期 k 的选择标准是以 AIC 值最小为准则；④D 表示对序列进行一阶差分；⑤*** 表示在 1% 显著水平上拒绝有单位根的原假设。

从表 6-16 可以看出，各个变量在一阶差分后序列在 1% 的显著水平上均一阶单整；所以其满足协整检验的条件，考虑到协整检验对检验方程中差分项的滞后阶数非常敏感；所以在对各变量一阶差分后序列数据进行无约束 VAR 模型估计，通过相应的信息准则来确定最佳滞后阶数。目前最为流行的是 LR、FPE、AIC、SC、HQ 信息准则，检验后发现超过一半的信息准则在第 4 阶上，从而确定模型的最佳滞后阶数为 4 阶，模型的稳定性检验发现所有特征根都在单位圆内，证明此模型是平稳的。① 最大滞后阶数的选择为 4 阶。分析结果如表 6-17 所示。

表 6-17 最大滞后阶数选择

Lag	LogL	LR	FPE	AIC	SC	HQ
0	-195.4441	NA	0.068563	8.671482	8.830494*	8.731049*
1	-175.5304	35.49824	0.058033	8.501323	9.296385	8.799158
2	-163.5751	19.23255	0.070377	8.677177	10.10829	9.213279
3	-145.9497	25.28855	0.068443	8.606509	10.67367	9.380880
4	-119.7676	33.01218*	0.047794*	8.163810*	10.86702	9.176449
5	-105.2834	15.74376	0.058971	8.229712	11.56897	9.480618

注：* 表示在 10% 的水平下拒绝假设。

---

① 缪慧星，柳锐. 增值税、消费税和个人所得税对社会消费冲击的动态效应[J]. 税务研究，2012(8): 55-58.

(四)变量的长期关系分析

利用回归系数的 Johansen 协整检验分析各个变量间关系。基于 AIC 信息准则和 FPE、HQ 检验法,建立 VAR 模型,其 Johansen 协整检验结果如表 6-18 所示。

表 6-18 变量的 Johansen 检验结果

原假设	特征根	迹统计量	5%临界值	最大特征根统计量	5%临界值
r=0*	0.635474	86.70416	47.85613	48.43960	27.58434
r≤1*	0.411385	38.26456	29.79707	25.43920	21.13162
r≤2	0.179948	12.82536	15.49471	9.522591	14.26460
r≤3	0.066494	3.302772	3.841466	3.302772	3.841466

注:*表示在 10%的显著水平下拒绝假设。

从表 6-18 可以看出,最大特征根统计量检验结果与迹统计量检验结果一致,可以得出我国农村居民人均可支配收入、消费税、增值税和营业税之间存在协整关系,且协整关系的个数为 3,也就是存在三个协整方程。

(五)模型稳定性检验

通过建立无约束 VAR 模型,确定最优滞后阶数为 4,然后结合变量的经济相互关系,构建新的 VAR 模型,检验其滞后结构检验,经验证模型的所有特征方程的根均落在单位圆之内(见图 6-11),说明此 VAR 模型是稳定的,可进行脉冲响应函数分析。

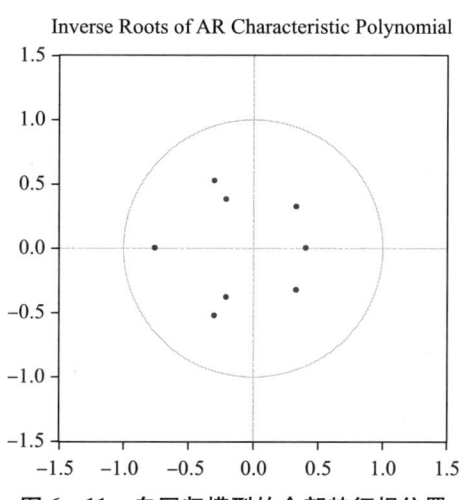

图 6-11 自回归模型的全部特征根位置

VAR (4) 的方程如下：

$$\begin{bmatrix} DPRI\_SAI \\ DPCT\_SA \\ DPVT\_SA \\ DPBT\_SA \end{bmatrix} = \begin{bmatrix} 0.406898 \\ 0.339977 \\ 1.080174 \\ 0.400626 \end{bmatrix} +$$

$$\begin{bmatrix} -0.037404 & -0.058363 & -0.053859 & -0.052507 \\ -0.056203 & -0.176120 & -0.054691 & -0.172059 \\ -0.075653 & -0.077515 & -0.036659 & -0.020771 \\ -0.019233 & -0.054561 & -0.009968 & -0.076737 \end{bmatrix} \begin{bmatrix} DPRI\_SAI(-1) \\ DPCT\_SA(-1) \\ DPVT\_SA(-1) \\ DPBT\_SA(-1) \end{bmatrix} +$$

$$\begin{bmatrix} 0.106205 & -0.042447 & -0.016587 & 0.073314 \\ 0.127666 & 0.087217 & -0.004141 & -0.052581 \\ 0.005852 & -0.043463 & -0.123907 & -0.199702 \\ 0.071013 & 0.106376 & 0.081999 & -0.072795 \end{bmatrix} \begin{bmatrix} DPRI\_SAI(-2) \\ DPCT\_SA(-2) \\ DPVT\_SA(-2) \\ DPBT\_SA(-2) \end{bmatrix} +$$

$$\begin{bmatrix} 0.127544 & 0.009289 & -0.111299 & 0.234517 \\ -0.206938 & -0.113353 & -0.197946 & -0.070048 \\ 0.027805 & -0.184046 & -0.214723 & -0.044969 \\ -0.060765 & -0.389382 & -0.222770 & 0.010598 \end{bmatrix} \begin{bmatrix} DPRI\_SAI(-3) \\ DPCT\_SA(-3) \\ DPVT\_SA(-3) \\ DPBT\_SA(-3) \end{bmatrix} +$$

$$\begin{bmatrix} 0.062294 & 0.092181 & 0.127382 & 0.195541 \\ 0.036768 & -0.019787 & -0.067788 & -0.166903 \\ 0.256391 & 0.204862 & 0.048866 & 0.078887 \\ 0.190875 & 0.122186 & 0.122991 & 0.071808 \end{bmatrix} \begin{bmatrix} DPRI\_SAI(-4) \\ DPCT\_SA(-4) \\ DPVT\_SA(-4) \\ DPBT\_SA(-4) \end{bmatrix} +$$

$$\begin{bmatrix} \varepsilon_{1t} \\ \varepsilon_{2t} \\ \varepsilon_{3t} \\ \varepsilon_{4t} \end{bmatrix}$$

（六）消费税、增值税和营业税冲击对农村居民人均可支配收入的脉冲响应分析

在 VAR 模型中，脉冲响应函数（Impulse Response Function）跟踪在一个扰动项上加上一次性冲击对所有内生变量当期和未来的值产生的影响，因为受到冲击，总会通过 VAR 模型滞后结构传递到其他变量中，能够比较直观地刻画出变量之间的动态作用机理和路径。模型选择的滞后长度为 20 期，为了分析消费税、增值税和营业税的冲击引起农村居民人均可支配收入在长短期的差异，书中采用蒙特卡罗随机模拟 500 次来研究农村居民人均可支配收入对税收政策冲击的动态响应函数。[1] 用图 6-12 表示消费税、增值税和营业税对农村居民个人平均可支

---

[1] 陈灯塔. 应用经济计量学 [M]. 北京：北京大学出版社，2012.

配收入的脉冲响应函数,横轴表示时间间隔,以季度为单位,纵轴表示冲击引起的响应程度。

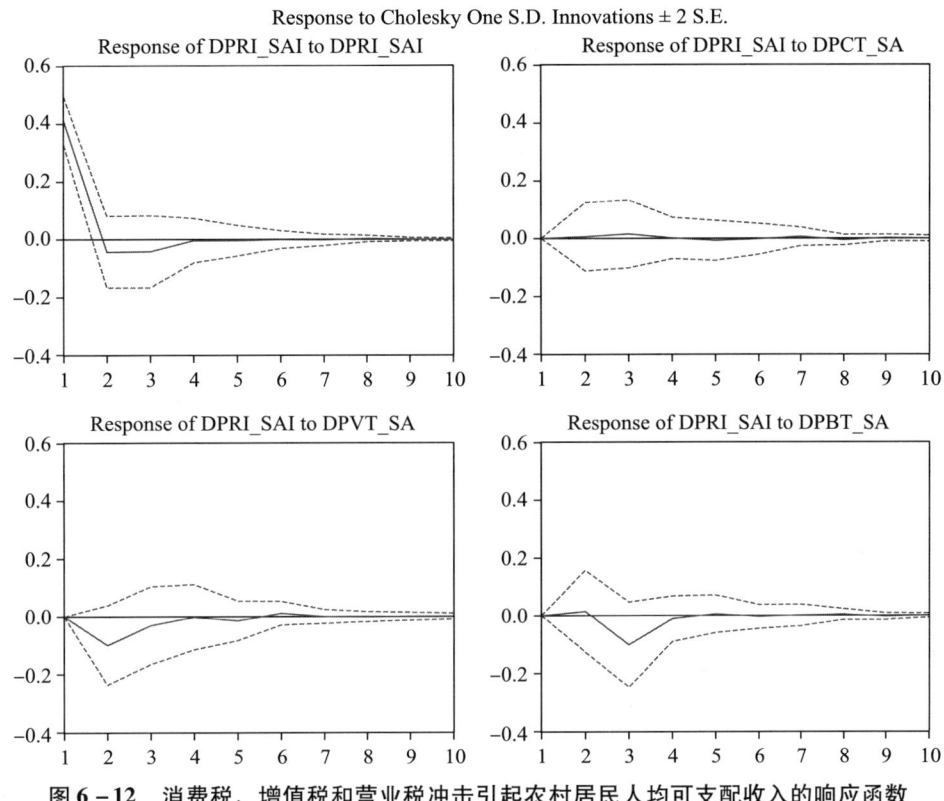

图 6-12 消费税、增值税和营业税冲击引起农村居民人均可支配收入的响应函数

表 6-19 消费税、增值税和营业税冲击引起农村居民人均可支配收入的响应数据

Period	DPRI_SAI	DPCT_SA	DPVT_SA	DPBT_SA
1	0.411428	0	0	0
2	-0.04352	0.006065	-0.099038	0.015099
3	-0.042051	0.015614	-0.030716	-0.10054
4	-0.003907	0.00134	-0.001717	-0.01094
5	-0.004209	-0.0073	-0.01455	0.005826
6	-0.001184	-0.00195	0.011612	-0.00353
7	-0.002173	0.006369	0.00013	0.001322
8	0.002604	-0.00507	-0.001029	0.004347
9	0.000318	0.002007	0.000523	-0.0026

续表

Period	DPRI_SAI	DPCT_SA	DPVT_SA	DPBT_SA
10	-0.00066	-0.00013	0.000801	0.00094
11	0.000253	0.000122	-0.001408	-0.00027
12	0.000181	-0.00058	0.00084	6.27E-05
13	-0.000321	0.00073	-0.000345	-0.0003
14	0.000153	-0.00055	0.00013	0.000362
15	-1.70E-05	0.000303	-0.000124	-0.00027
16	-1.53E-05	-0.00017	0.000168	0.000165
17	-5.62E-06	0.000129	-0.000156	-9.40E-05
18	2.73E-05	-0.00012	0.00011	7.09E-05
19	-2.69E-05	0.000107	-6.85E-05	-6.43E-05
20	1.59E-05	-8.02E-05	4.55E-05	5.47E-05

Cholesky Ordering: DPRI_SAI DPCT_SA DPVT_SA DPBT_SA

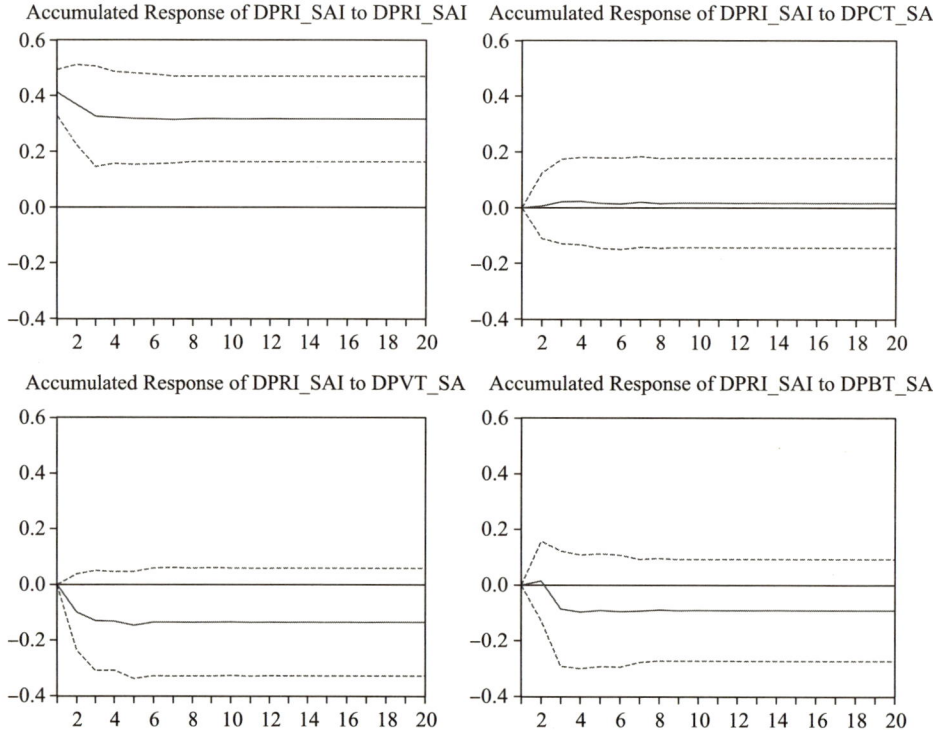

图6-13 消费税、增值税和营业税冲击引起农村居民人均可支配收入的累积响应函数

第六章 不同税类对居民收入分配静态效应实证检验

表6-20 消费税、增值税和营业税冲击引起农村居民人均可支配收入的累进响应数据

Period	DPRI_SAI	DPCT_SA	DPVT_SA	DPBT_SA
1	0.411428	0	0	0
2	0.367909	0.006065	-0.09904	0.015099
3	0.325858	0.021679	-0.12975	-0.08544
4	0.321951	0.023019	-0.13147	-0.09639
5	0.317742	0.015716	-0.14602	-0.09056
6	0.316558	0.013762	-0.13441	-0.09409
7	0.314385	0.020131	-0.13428	-0.09277
8	0.316989	0.01506	-0.13531	-0.08842
9	0.317307	0.017068	-0.13478	-0.09102
10	0.316648	0.016936	-0.13398	-0.09008
11	0.316901	0.017058	-0.13539	-0.09036
12	0.317082	0.016474	-0.13455	-0.09029
13	0.316761	0.017205	-0.1349	-0.09059
14	0.316913	0.016655	-0.13477	-0.09023
15	0.316896	0.016958	-0.13489	-0.0905
16	0.316881	0.016792	-0.13472	-0.09034
17	0.316876	0.016922	-0.13488	-0.09043
18	0.316903	0.016799	-0.13477	-0.09036
19	0.316876	0.016906	-0.13484	-0.09043
20	0.316892	0.016825	-0.13479	-0.09037

Cholesky Ordering: DPRI_SAI DPCT_SA DPVT_SA DPBT_SA

在图6-12、图6-13和表6-19、表6-20中的VAR模型中,农村居民人均可支配收入对消费税的冲击响应是正向的。在第三季度达到正的最大值1.5个百分点之后持续小波动下降,第三季度到第五季度整体趋势是下降的,在第六次冲击反应后趋于零。这说明,消费税政策冲击对农村居民人均可支配收入的影响有短期正向效应,在长期不影响农村居民人均可支配收入。这反映出当前消费税对农村居民人均可支配收入调节作用较小。

可以发现增值税在第二季度中对农村居民人均可支配收入达到有负的最大-10%的冲击反应,之后迅速减小。在第二季度到第六季度之间则是负向的影

响。总的来看，增值税税制引起农村居民人均可支配收入的冲击影响是逐渐减弱的，最后在第七季度达到零点。对比增值税的累积效应图6-13，可以看出增值税总体上对农村居民人均可支配收入提高有负向作用，减轻增值税能提高农村居民人均可支配收入和福利水平，减小税收对经济的扭曲作用，利于效率改进。

可以发现营业税在第三季度中对农村居民人均可支配收入达到有负的最大-10%的冲击反应，然后迅速减小。在第三季度到第四季度之后则是负向的影响。总的来看，营业税政策对农村居民人均可支配收入的冲击影响逐渐减弱，最后在第五季度以后达到零点。对比营业税的累积效应图，可以看出营业税总体上对农村居民人均可支配收入提高有负向作用，减轻营业税能提高农村居民人均可支配收入和福利水平，减小税收对经济的扭曲程度。

（七）消费税、增值税和营业税的税收效应相对贡献率的比较研究

方差分解（Variance Decomposition）方法讨论的是正交化残差对预测均方差影响的比率。方差分解有利于了解各个组成部分对模型内生变量的相对重要性，即将系统预测的均方差分解成各变量冲击所做的贡献率。方差分解模型为：

$$RVC_{\alpha-j}(S) = \frac{\sum_{q=0}^{s=1}(Z_{q,\alpha-j})^2 \sigma_j}{VAR(\alpha_t)} = \frac{\sum_{q=0}^{s=1}(Z_{q,\alpha-1})^2 \sigma_j}{\sum_{j=1}^{k}\left[\sum_{q=0}^{s=1}(Z_{q,\alpha-1})^2 \sigma_j\right]}$$

式中，$j=1,2,3$分别表示PRI_SAI、PIT_SA、PCIT_SA，即分别为农村居民人均可支配收入、消费税、增值税和营业税。$Z_{q,\alpha-j}$是农村居民人均可支配收入对第j个变量冲击的脉冲响应函数，σ_j是第j个变量的标准差，VAR(α_t)是农村居民人均可支配收入PRI_SAI的方差，$RVC_{\alpha-j}(S)$表示第j个变量对农村居民人均可支配收入PCI_SA的方差贡献率，S表示滞后区间，其经济意义为，如果$RVC_{\alpha-j}(S)$较大时，意味着第j个变量冲击对农村居民人均可支配收入PRI_SAI的影响大；相反地，$RVC_{\alpha-j}(S)$较小时，可以认为第j个变量冲击对农村居民人均可支配收入PRI_SAI的影响小。①

由表6-21所示的方差分解结果和分解图6-14看，从第二期看，增值税的结构式冲击对农村居民人均平均可支配收入的作用大于其对营业税的冲击作用，营业税的冲击作用大于对消费税的冲击作用。从第十期开始，农村居民人均可支配收入预测方差5.7%由增值税变动来解释，5.4%由营业税变动来解释，0.2%由消费税变动来解释。总体上说明，我国增值税、营业税和消费税政策还没有取得较好的调节农村居民人均可支配收入分配的作用。虽然降低增值税、营业税，

---

① 缪慧星，柳锐. 增值税、消费税和个人所得税对社会消费冲击的动态效应［J］. 税务研究，2012（8）：55-58.

提高消费税税率对提高农村居民人均可支配收入已经有了一定贡献，但是还有非常大的提升空间，因为农村居民收入来源复杂，收入水平还较低，涉及农村生产、生活等各方面的间接税对于调节农村居民人均可支配收入的作用不容小觑，特别是对于我国流转税占主要来源的国情。我国只有尽快建立合理高效的流转制度，实施帕累托改进，提高全民福利水平，才有利于从根本上提高社会福利和农村居民收入水平。

表6-21 城镇居民个人可支配收入的方差分解

Period	S. E.	DPRI_SAI	DPCT_SA	DPVT_SA	DPBT_SA
1	0.411428	100	0	0	0
2	0.425724	94.44207	0.020299	5.411853	0.125782
3	0.4408	89.00216	0.144401	5.533537	5.319904
4	0.440959	88.94602	0.145221	5.531075	5.377681
5	0.441318	88.81049	0.172373	5.630774	5.386362
6	0.441491	88.74173	0.174196	5.695551	5.388524
7	0.441544	88.72274	0.194958	5.694185	5.38812
8	0.441603	88.70235	0.208091	5.693197	5.396359
9	0.441616	88.69732	0.210146	5.693011	5.399527
10	0.441618	88.69664	0.210152	5.693282	5.399926
11	0.441621	88.6957	0.210158	5.694236	5.399904
12	0.441622	88.69523	0.210331	5.694566	5.399876
13	0.441623	88.69489	0.210604	5.694602	5.3999
14	0.441623	88.69469	0.210758	5.694597	5.399954
15	0.441623	88.69461	0.210805	5.6946	5.399986
16	0.441624	88.69457	0.210819	5.694612	5.399998
17	0.441624	88.69455	0.210827	5.694623	5.400001
18	0.441624	88.69453	0.210835	5.694628	5.400003
19	0.441624	88.69452	0.210841	5.69463	5.400004
20	0.441624	88.69452	0.210844	5.694631	5.400006

Cholesky Ordering：DPRI_SAI DPCT_SA DPVT_SA DPBT_SA

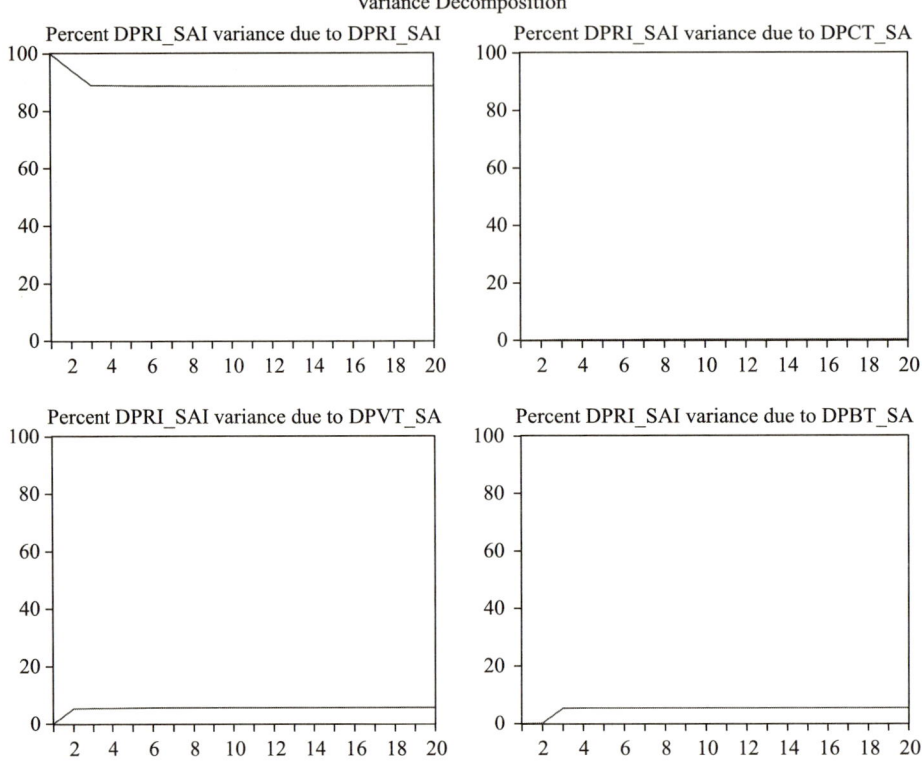

图 6-14　农村居民人均可支配收入的方差分解

农村居民人均可支配收入对自身有较大冲击效应，反映出农村居民人均可支配收入对自身的一个标准差信息有较大正向响应，之后逐渐衰退，但需要相对较长时间才会最后消失，说明农村居民人均可支配收入自身具有很强的"惯性"作用，亦即全国城乡之间、地区之间和行业之间会对全国平均水平的差距产生较大的负面作用，因此在提高农村居民人均收入的过程中，要有所侧重，有所为有所不为。

增值税和营业税的一个初始正向冲击对居民收入的冲击效应都始终为负，直至最后消失。结合 Grange 因果检验，说明长期以来，我国农村居民收入水平在全国一直提高较慢，税收对其调节作用也较小。应该鼓励农村居民开展多种经营，鼓励生存性创业，给予税收政策上的优惠和减免，总之要千方百计提高农村居民收入，需要多管齐下，税收在其中的作用很大。

第三节 不同税类对收入分配静态效应的小结

利用《中国统计年鉴 2013》、《中国城市（镇）生活与价格年鉴 2012》和 Wind 资讯金融数据库等，结合经济理论和中国现实情况，建立 SVAR 模型和 VAR 模型，即通过所得税和流转税的结构冲击引起的分别对城镇人均可支配收入和农村居民人均可支配收入动态冲击响应函数，实证分析其动态冲击效应，进而分析我国当前税制对居民人均可支配收入的作用机理和路径，并探究冲击的反应程度。另外就是通过冲击反应的方差分解可以探析所得税类和流转税类结构式冲击对居民收入变化的相对贡献程度，从而为我国改革现行税收政策提供可资借鉴建议。

从计量的结果可以看出，各个税种对居民收入的调节作用差异较大，尤其个人所得课税对居民收入调节作用相对较小，从冲击响应程度来看，对城镇居民人均可支配收入响应程度相对较大，达到负向 9%；对农村居民响应程度较小，为正向 1.8%，基本没有调节作用。企业所得税结构式冲击引起城镇居民人均可支配收入的响应程度较大，为负向 13%，其引起农村居民人均可支配收入动态冲击响应负向 8.2%，可以看出企业所得税对居民收入冲击响应程度较大，但是对城镇居民冲击效应大于农村居民冲击效应，反映出当今我国城镇居民受企业所得税影响较大，但是合理降低企业所得税税率能改进居民收入，增进其福利。从方差分解可以看出，个税对城镇居民人均可支配收入贡献率为 8.1%，企业所得税贡献率为 5.7%。个税对农村居民人均可支配收入相对贡献率为 0.2%，企业所得税对其相对贡献率为 5.6%，可以看出个税对农村居民收入相对贡献率非常低，对城镇居民收入相对贡献率较高，企业所得税对城镇和农村居民收入相对贡献率接近。主要原因，首先是农村居民主要来自经营性收入，城镇居民收入来自工资收入较多，导致个税对城镇居民调节作用较大，对农村居民调节作用较小。其次计量显示对农村居民收入有微小逆向调节，说明农村居民大部分收入没有纳入个税征税范畴（大部分收入没有达到个税起征点），导致个税基本仅对城镇居民收入有调节作用，在我国现今城乡居民收入差距较大的情况下，显示出增加个税有利于农村居民收入提高和福利改进，但随着农村居民收入的逐步提高，个税也会逐渐显示其调节作用。还有，对于城镇居民收入而言，降低所得税率能提高其收入和福利水平，但由于我国现今居民收入还不能全部纳入征税范围，导致课税有失公平和效率损失。最后可以看出随着企业发展，降低企业所得税税率都能促进城镇和农村居民的福利水平。

　　流转税类的结构式冲击引起居民收入的动态响应分析可知，消费税对城镇居民人均可支配收入冲击响应程度为负向12%，增值税为负向17%，营业税为负向19%。方差分解相对贡献率消费税为4.8%，增值税为7.5%，营业税为8.4%。对农村居民人均可支配收入冲击响应程度为负向1.5%，增值税为负向10%，营业税为负向10%。方差分解相对贡献率消费税为0.21%，增值税为5.7%，营业税为5.4%。

　　从计量的实际可以看出，流转税整体上对城镇居民人均可支配收入影响大于对农村居民人均可支配收入的影响。从作用方向上分析，增值税和营业税都对城镇和农村居民收入有负向作用，即降低增值税和营业税税率能降低居民税收负担，提高居民收入水平，其提高幅度也较大，说明现行我国流转税占主体税收收入的情况下，要根据实际综合设计我国流转税范围和税率，利于居民收入水平的提高。而消费税对城镇居民人均可支配收入有较大逆向调节作用，可能原因是这反映出现行消费税对收入分配的调节作用不符合设计消费税的初衷，即对城镇居民的收入再分配效应基本表现为微弱的逆向调节作用。原因众多，消费税的税负转嫁受到奢侈品需求弹性较大的约束，其税负的转移程度很难确定。比如，因为奢侈品具有高的替代性，所以高收入者可能为了少负担或不负担消费税负，减少或不购买征收消费税的奢侈品。例如像烟草这类具有"刚性"需求的消费品，对其征收消费税，税负有可能会呈现累退性。还有就是现今消费税体系调节政策没有与时俱进，例如对汽车等商品征收的，因为随着生活水平的提高，城镇居民的购买也会进入以前消费税征收的类别，而且对汽车等商品征收并没有有效体现高档汽车应付远高于普通汽车税收负担的原则。上述这些情况的存在，都会使消费税调节居民收入分配的作用发挥受到弱化或者抵消，所以要动态化调整消费税的征收范围，即有些已经是普通民众消费的产品，在符合可持续发展的前提下，不要征收消费税。另外，需要扩大征收范围，从奢侈品延伸到奢侈的消费行为，从而通过消费结构来提高消费税的累进性，同时提高奢侈品的消费税税率，以通过消费结构提高间接税的累进性。还有就是缺乏有效监管，偷逃税现象严重。以上这些都导致消费税的调节作用弱化，甚至导致对富人的逆向补贴。

　　消费税对农村居民人均可支配收入调节作用和相对贡献率微小，原因可能是我国消费税基本都由城镇居民负担，另外可能没有做到应缴必交。加之农村居民收入来源复杂，还有刻意隐瞒等，都造成征收困难和效率低下。考虑到现今农村居民人均可支配收入一直在提高，而且提高幅度大于城镇居民人均可支配收入增长速度，而且农村居民广泛开展多种经营创业致富，已经有大批先富农村居民，所以可以考虑消费税的功能定位，提高消费税的调节功能作用，以利于公平地调节收入分配，提高农村居民人均可支配收入水平。

从上述实证分析结果可以看出，我国现行所得税类对调节城镇居民收入作用要远大于对农村居民收入的调节作用，但是综合来看，所得课税类对我国居民收入调节作用还较小，还有更大的可以提高空间；流转类税收的结构式冲击引起城镇居民人均可支配收入的动态冲击响应程度大于其对农村居民人均可支配收入的响应，其中增值税和营业税对城镇和农村人均可支配收入的冲击响应表现为负向，所以要酌情降低其税率。而考虑到消费税对城镇居民和农村居民收入调节作用差异，应科学合理动态化确定消费税课税类别和范围，确定其税率，达到消费税能真正起到应有的调节作用。以上这些都需要我们着眼于我国税制现状，结合我们调节目标，重新考虑设计符合我国国情的税收政策。

从所得税类和流转税类对居民人均可支配收入的动态冲击效应和方差分解分析可以看出，我国个人所得税对调节居民收入再分配效用较小，这是因为我国长期以来以注重效率为主，导致间接税类在税收收入中占有非常大的份额，并且还会持续较长时间，但当今中国收入差距问题已经较为严重，这要求我们在公平和效率上做权衡。要逐步提高所得课税的调节力度，并不仅从提高个人所得税的累进程度考虑，还要结合个人所得税平均税率，尽量做到横向公平和纵向公平的均衡，并且要逐步实施综合所得税制，能尽力做到应收尽收，这需要全社会的共同努力。另外是如何综合提高企业所得课税效率，促进企业发展提高就业，促进社会经济发展。

要重视发挥我国流转税的调节作用，例如对一些涉及居民生活必需品等弹性较小的商品降低其税率，大力鼓励居民创业，尤其中产阶级比重提升对提高整体居民收入提高贡献很大（李先玲等通过基于 VAR 模型的脉冲响应分析和方差分解分析对高、中、低三个收入阶层收入增长的互动关系进行研究。发现中等收入阶层对其他收入阶层收入增长的贡献最大，但是其他收入阶层对中等收入阶层收入增长的贡献却很小[①]）。结合第三章实证分析可知，提高居民人均可支配收入对提高所有阶层居民收入都有作用，但对提高中等收入阶层的收入效用最大，也更能有效降低基尼系数，因此，提高居民收入人均可支配收入，对缩小中国城镇居民收入差距有重要影响。在税收上予以大力支持，使其能吸纳居民就业和提高其收入水平；结构上调整税制结构和税率，综合运用所得税类和流转税类对居民收入调节作用，使社会和经济协调有序向前发展。

---

① 李先玲，王彦. 中国城镇各阶层收入增长的互动关系研究［J］. 特区经济，2009（11）：252 - 254.

第七章 税制结构对居民收入分配静态效应实证检验

本章利用向量自回归模型分别探讨城镇和农村的税制结构及宏观税收负担对居民收入分配的制度效应。

第一节 税制结构对城镇居民收入分配的静态效应实证分析

一、模型理论推导和构建

在这一章,将讨论理论模型对建立和解释计量模型的意义,并从模型设定、参量选择、估计方法以及样本选择等方面对居民收入计量模型进行分析。

本书主要利用向量自回归模型进行计量回归分析。因为,在 VAR 简化式中,变量之间的当期关系没有直接给出,隐藏在误差项的相关关系之中。

$$y_t = \Gamma_0 x_t + \Gamma_1 y_{t-1} + \cdots + \Gamma_p y_{t-p} + \xi_t, \quad t = 1, 2, \cdots, T$$

$$y_t = \begin{bmatrix} y_{1t} \\ y_{2t} \\ y_{3t} \end{bmatrix} = \Gamma_1 \begin{bmatrix} y_{1t-1} \\ y_{2t-1} \\ y_{3t-1} \end{bmatrix} + \cdots + \Gamma_p \begin{bmatrix} y_{1t-p} \\ y_{2t-p} \\ y_{3t-p} \end{bmatrix} + \Gamma_0 \begin{bmatrix} x_{1t} \\ x_{2t} \\ x_{3t} \end{bmatrix} + \begin{bmatrix} \varepsilon_{1t} \\ \varepsilon_{2t} \\ \varepsilon_{3t} \end{bmatrix}, \quad t = 1, 2, \cdots, T$$

上式可以简写为:

$$\tilde{\Gamma}(L)\tilde{y}_t = \tilde{\varepsilon}_t$$

即有 k 个时间序列变量的 VAR(p) 模型由 k 个方程组成。冲击向量 ε_t 为白噪声向量,没有结构性的含义,称为非限制性向量自回归模型。

二、数据和变量说明

为了研究税制结构和税收负担变动对城镇居民人均可支配收入的影响,需要对变量进行界定，根据我国 2000 年第一季度到 2013 年第四季度的季度数据，利用 VAR 模型对实际城镇居民人均可支配收入记为 CI_t、用个人所得税与企业所得税加总对增值税、消费税和营业税加总的比值代表税制结构记为 TC（财产税比重较小，未加总），用税收总收入对 GDP 比值代表税收负担记为 TB。n 的变量个数为 3。ξ_{1t}，ξ_{2t} 和 ξ_{3t} 分别作用于城镇居民人均可支配收入、税制结构和税收负担的结构式冲击。

本书数据主要来源于《中国统计年鉴 2013》、《中国城市（镇）生活与价格年鉴 2012》和 Wind 资讯金融数据库中的城镇居民人均可支配收入、税制结构和税收负担的数据，经过计算整理得出。模型中变量分别为 CI_t，TC_t 和 TB_t 的季度数据，首先要计算 CPI 平减指数，以去除通货膨胀因素，得到实际值，具体 CPI 指数利用年度 CPI 定基指数、月度指数和基于上一年指数综合计算得出季度 CPI 平减指数。时间区间均为 2000 年第一季度到 2013 年第四季度。

分析每个变量的时间趋势，可以看出数据容有季节性因素，所以需要首先去除通货膨胀因素。然后再对数据实施 X12 季节调整。

三、模型的数据、单位根检验及模型的稳定性检验

书中各指标经过 CPI 处理去除通货膨胀因素影响，然后再经过季节性调整，从而得出城镇居民人均可支配收入、税制结构和税收负担的季度数据，时间区间均为 2000 年第一季度到 2013 年第四季度。本书分别应用 ADF（Augmented Dickey - Fuller）对各变量原始序列及其一阶差分后序列进行检验，发现各变量一阶差分后的序列都同阶单整，同时原始变量序列都不平稳，因此可以考虑对各变量原始序列进行协整检验，看是否存在协整关系，如果存在协整关系，说明各变量之间存在长期协整关系。①

运用 ADF 单位根检验方法，确定最大滞后长度，检验结果如表 7 - 1 所示。

表 7 - 1　各变量的平稳性检验

变量	检验类型（c, t, k）	ADF 值	是否平稳
PCI_SA	(c, t, 0)	1.279641	非平稳
TC	(c, t, 3)	-2.564954	非平稳
TB	(c, t, 5)	-1.035688	非平稳
DPCI_SA	(c, t, 0)	-5.761592 ***	平稳

---

① 缪慧星，柳锐. 增值税、消费税和个人所得税对社会消费冲击的动态效应 [J]. 税务研究，2012 (8)：55 - 58.

续表

变量	检验类型（c, t, k）	ADF 值	是否平稳
DTC	(c, t, 2)	−25.21932***	平稳
DTB	(c, t, 4)	−5.037044***	平稳

注：①检验类型中 c，t，k 分别代表检验模型中含有常数项、趋势变量、滞后阶数；②临界值来自于软件 Eviews 6.0；③滞后期 k 的选择标准是以 AIC 值最小为准则；④D 表示对序列进行一阶差分；⑤*** 表示在 1% 显著水平上不存在单位根。

从表 7−1 可以看出，各个变量一阶差分后序列在 1% 的显著水平上均一阶单整，所以其满足协整检验的条件，协整检验对检验方程中差分项的滞后阶数非常敏感，在对各变量一阶差分后序列数据进行无约束 VAR 模型估计，通过相应的信息准则来确定最佳滞后阶数，目前最为流行的是 LR、FPE、AIC、SC、HQ 信息准则，检验后发现超过一半的信息准则在第 4 阶上，从而确定模型的最佳滞后阶数为 4 阶，模型的稳定性检验发现所有特征根都在单位圆内，证明此模型是平稳的。① 如表 7−2 所示。

表 7−2 最大滞后阶数选择

Lag	LogL	LR	FPE	AIC	SC	HQ
0	−184.7912	NA	0.367157	7.511649	7.626371	7.555336
1	−154.6235	55.50871	0.157605	6.664938	7.123824	6.839684
2	−108.0404	80.12287	0.035209	5.161616	5.964665	5.467422
3	−46.23672	98.88588	0.004306	3.049469	4.196683*	3.486334*
4	−34.66973	17.11915*	0.003965*	2.946789*	4.438167	3.514714
5	−26.07859	11.68396	0.004167	2.963143	4.798686	3.662128

注：* 表示在 10% 的水平下拒绝假设。

四、变量的长期关系分析

基于回归系数的 Johansen 协整检验来分析变量之间的长期均衡关系。基于 AIC 信息准则和 FPE、HQ 检验法，建立 VAR（4）模型，其协整检验结果如表 7−3 所示。

---

① 缪慧星，柳锐. 增值税、消费税和个人所得税对社会消费冲击的动态效应 [J]. 税务研究，2012 (8)：55−58.

第七章 税制结构对居民收入分配静态效应实证检验

表7-3 变量的 Johansen 检验结果

原假设	特征根	迹统计量	5%临界值	最大特征根统计量	5%临界值
None*	0.586775	75.87426	29.79707	46.83939	21.13162
At most 1*	0.416302	29.03488	15.49471	28.53367	14.26460
At most 2	0.009412	0.501205	3.841466	0.501205	3.841466

注：*表示在10%的显著水平下拒绝假设。

从表7-3中可以看出，最大特征根统计量检验与迹统计量检验结果一致，可以得出我国城镇居民人均可支配收入、税制结构和税收负担之间存在协整关系，且协整关系的个数为2。

五、模型稳定性检验

对建立的无约束 VAR 模型经过滞后结构检验确定滞后阶数为4，重新设置 VAR 模型经检验模型的所有特征方程的根均小于1（见表7-4），证明构建的 VAR 模型是稳定的，可以进行脉冲响应函数分析。

表7-4 向量自回归模型的所有特征根位置

Root	Modulus
0.013909 - 0.995698i	0.995795
0.013909 + 0.995698i	0.995795
-0.992684	0.992684
-0.047856 - 0.937239i	0.938460
-0.047856 + 0.937239i	0.938460
0.645403 - 0.509891i	0.822516
0.645403 + 0.509891i	0.822516
-0.777045	0.777045
-0.290435 - 0.569837i	0.639583
-0.290435 + 0.569837i	0.639583
-0.131613 - 0.137461i	0.190309
-0.131613 + 0.137461i	0.190309

VAR（4）的方程如下：

$$\begin{bmatrix} DPCI_t \\ DTC_t \\ DTB_t \end{bmatrix} = \begin{bmatrix} 85.75628 \\ 0.025683 \\ 0.002096 \end{bmatrix} + \begin{bmatrix} 0.009413 & -0.026050 & -0.077979 \\ 0.014914 & 0.017234 & -0.006068 \\ 0.047461 & 0.067127 & 0.095045 \end{bmatrix} \begin{bmatrix} DPCI_{t-1} \\ DTC_{t-1} \\ DTB_{t-1} \end{bmatrix} +$$

$$\begin{bmatrix} 0.042907 & -0.091170 & -0.111411 \\ 0.240691 & 0.148337 & -0.078805 \\ 0.166127 & 0.067148 & -0.053731 \end{bmatrix} \begin{bmatrix} DPCI_{t-2} \\ DTC_{t-2} \\ DTB_{t-2} \end{bmatrix} +$$

$$\begin{bmatrix} -0.054049 & 0.003056 & -0.030658 \\ 0.109777 & -0.156719 & -0.042209 \\ 0.147417 & -0.139562 & -0.215286 \end{bmatrix} \begin{bmatrix} DPCI_{t-3} \\ DTC_{t-3} \\ DTB_{t-3} \end{bmatrix} +$$

$$\begin{bmatrix} -0.010507 & -0.014717 & 0.093328 \\ -0.110416 & -0.016591 & 0.131624 \\ -0.083000 & -0.151890 & -0.091032 \end{bmatrix} \begin{bmatrix} DPCI_{t-4} \\ DTC_{t-4} \\ DTB_{t-4} \end{bmatrix} + \begin{bmatrix} \varepsilon_{1t} \\ \varepsilon_{2t} \\ \varepsilon_{3t} \end{bmatrix}$$

经检验以上模型是平稳的。同时为了检验扰动项之间是否存在同期相关关系，可用残差的同期相关矩阵来表述，用 ε_t 表述第 t 各方程的残差，$t = 1$，2，3。

表7-5 残差相关矩阵

	ε1	ε2	ε3
ε1	1	-0.03351	-0.24446
ε2	-0.03351	1	0.532422
ε3	-0.24446	0.532422	1

从表7-5中可以看出，经检验城镇居民人均可支配收入、税制结构和税收负担变量之间存在同期相关关系，其格兰杰因果关系检验的结果如表7-6所示。

表7-6 格兰杰关系检验

Dependent variable：DPCI			
Excluded	Chi-sq	df	Prob.
DTC	2.776910	4	0.5958
DTB	4.940105	4	0.2935
All	6.124440	8	0.6333

续表

Dependent variable: DTC			
Excluded	Chi – sq	df	Prob.
DPCI	2.826236	4	0.5873
DTB	12.65266	4	0.0131
All	15.80370	8	0.0453
Dependent variable: DTB			
Excluded	Chi – sq	df	Prob.
DPCI	8.298027	4	0.0813
DTC	10.61336	4	0.0313
All	21.05954	8	0.0070

六、税制结构和税收负担冲击引起城镇居民人均可支配收入的脉冲响应分析

在 VAR 模型中，脉冲响应函数（Impulse Response Function）跟踪在一个扰动项上加上一次性冲击对所有内生变量当期和未来的值产生的影响，因为受到冲击，总会通过 VAR 模型滞后结构传递到其他变量中，能够比较直观地刻画出变量之间的动态作用机理和路径。模型选择的滞后长度为 20 期，为了分析税制结构和税收负担的冲击引起城镇居民人均可支配收入在长短期的差异，书中采用蒙特卡罗随机模拟 500 次来研究城镇居民人均可支配收入对税收政策冲击的动态响应函数。① 图 7 – 1 表示税制结构和税收负担对城镇居民个人平均可支配收入的脉冲响应，横轴表示时间间隔，以季度为单位，纵轴表示冲击引起的响应程度。

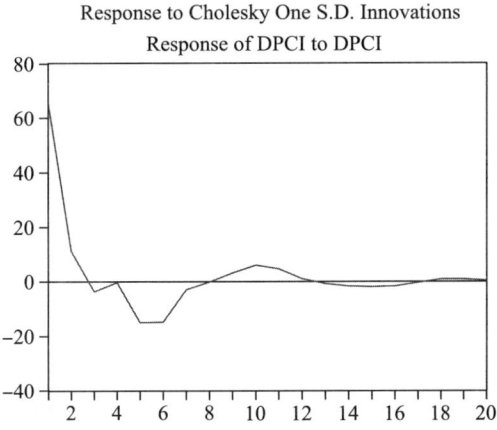

图 7 – 1 税制结构和税收负担的结构式冲击引起城镇居民人均可支配收入的响应函数

---

① 陈灯塔. 应用经济计量学 [M]. 北京：北京大学出版社，2012.

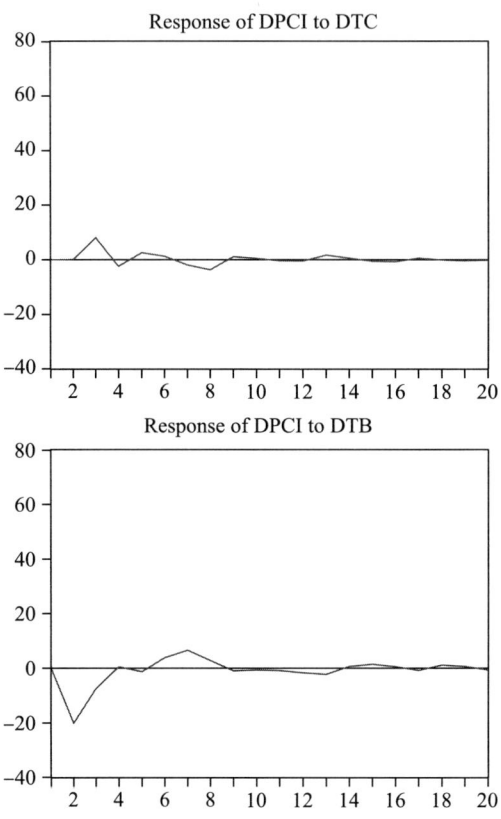

图7-1 税制结构和税收负担的结构式冲击引起城镇居民人均
可支配收入的响应函数（续图）

如图7-1所示的VAR模型中，城镇居民人均可支配收入对税制结构的冲击引起的响应是正向的：在第三季度达到正的最大值为8.1个百分点，之后持续小波动下降，第三季度到第九季度之间波动下降，但整体趋势是下降的。大约在第十季度冲击反应便趋于零。这说明，税制结构冲击对城镇居民人均可支配收入的影响是正的短期效应，即增加所得税的比重有利于城镇居民人均可支配收入的增加，也就是有力地调节了收入分配，但在长期不影响城镇居民人均可支配收入。从累积效应图7-2看，税制结构对调节城镇居民人均收入水平有正向作用，也反映出当前税制结构对调节收入分配作用还不是很大，原因众多，其中可能是我国一直以效率优先为原则，形成流转税类比重较大和所得税比重较小的格局，导致其没有起到原有的限高提低的初衷，另外还与我国税收征管手段落后，没有做到应缴必缴。加之城镇居民收入来源广泛，还有刻意隐瞒等原因都造成征收困难和无效率；在缺乏有效监管的同时，偷逃税现象严重。所以我国应该向着逐渐提高所得税类等直接税制所占比重发展,本着公平调节收入分配的原则,整体上提高城镇居民人均可支配收入,提高社会和谐性。

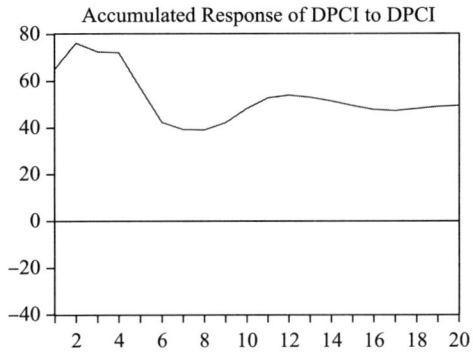

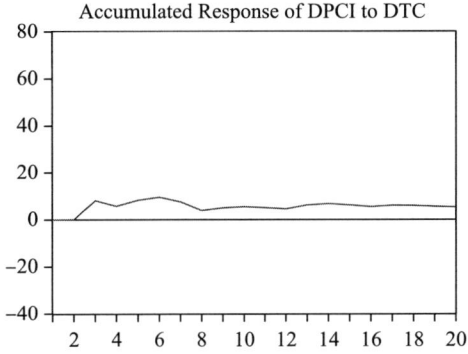

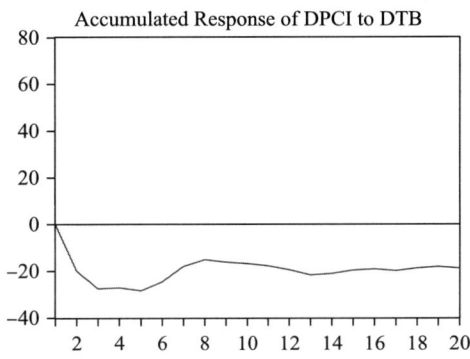

图 7-2 税制结构和税收负担的结构式冲击引起城镇居民人均可支配收入的累积响应

在图7-1中，税收负担在第二季度中对城镇居民人均可支配收入达到有负的最大冲击反应，为-21个百分点，影响较大，之后迅速减小。在第二季度至第九季度之间波动减小。总的来看，税收负担水平对城镇居民人均可支配收入的冲击影响是逐渐减弱的，最后在第十季度以后达到零点。对比税收负担的累积效应图7-2，可以看出，税收负担总体上对城镇居民人均收入提高有负向作用，减轻税收负担能有效提高城镇居民人均收入和福利水平，减小税收对经济的扭曲程度。

七、税制结构和税收负担的税收效应相对贡献率的比较研究

方差分解（Variance Decomposition）法讨论的是正交化残差对预测均方差影响的比率。方差分解有利于了解各个组成部分对模型内生变量的相对重要性，即将系统预测的均方差分解成各变量冲击所做的贡献率。方差分解模型为：

$$RVC_{\alpha-j}(S) = \frac{\sum_{q=0}^{s=1}(Z_{q,\alpha-j})^2 \sigma_j}{VAR(\alpha_t)} = \frac{\sum_{q=0}^{s=1}(Z_{q,\alpha-1})^2 \sigma_j}{\sum_{j=1}^{k}\left[\sum_{q=0}^{s=1}(Z_{q,\alpha-1})^2 \sigma_j\right]}$$

式中，$j=1,2,3$分别表示DPCI、DTC、DTB，即分别为城镇居民人均可支配收入、个人所得税和企业所得税。$Z_{q,\alpha-j}$是城镇居民人均可支配收入对第j个变量冲击的脉冲响应函数，σ_j是第j个变量的标准差，$VAR(\alpha_t)$是城镇居民人均可支配收入DPCI的方差，$RVC_{\alpha-j}(S)$表示第j个变量对城镇居民人均可支配收入DPCI的方差贡献率，S表示滞后区间，其经济意义为，如果$RVC_{\alpha-j}(S)$较大时，意味着第j个变量冲击对城镇居民人均可支配收入DPCI的影响大；相反地，$RVC_{\alpha-j}(S)$较小时，可以认为第j个变量冲击对城镇居民人均可支配收入DPCI的影响小。[1]

由表7-7所示的方差分解结果看，在第二期，税制结构的冲击引起城镇居民人均可支配收入的作用小于税收负担水平的冲击作用。从第十期开始，城镇居民人均可支配收入预测方差9.7%由税收负担变动来解释，1.8%由税制结构变动来解释。总体上说明，我国所得税政策还没有达到较好地调节收入分配、提高中等收入以下阶层收入的目的。而提高所得税等直接税比重在一定程度上可以对提高城镇居民人均可支配收入有一定贡献，面对全球资源的竞争，我国也应该尽快建立合理高效的所得税制度，要兼顾效率和公平的均衡，才有利于从根本上提高社会福利和城镇居民收入水平，降低收入分配差距。

---

[1] 缪慧星，柳锐. 增值税、消费税和个人所得税对社会消费冲击的动态效应[J]. 税务研究，2012(8)：55-58.

表 7-7 城镇居民人均可支配收入的方差分解

Period	S. E.	DPCI	DTC	DTB
1	65.17521	100	0	0
2	69.07916	91.55595	0.000225	8.443828
3	70.04624	89.32806	1.32038	9.351557
4	70.08947	89.22042	1.435596	9.343983
5	71.73081	89.55153	1.495718	8.952753
6	73.36095	89.71187	1.460434	8.827694
7	73.74069	88.95496	1.516758	9.528282
8	73.88488	88.60849	1.756083	9.635425
9	73.96593	88.59162	1.775314	9.633069
10	74.21226	88.65645	1.767203	9.576345
11	74.362	88.68319	1.763652	9.553159
12	74.39026	88.63575	1.766727	9.597527
13	74.44809	88.51026	1.813343	9.676396
14	74.47143	88.50422	1.818288	9.677491
15	74.51296	88.47325	1.82221	9.704538
16	74.53809	88.46619	1.830652	9.703163
17	74.54553	88.45164	1.836282	9.712076
18	74.55886	88.43336	1.835733	9.73091
19	74.56817	88.42479	1.838932	9.736276
20	74.5724	88.41707	1.839493	9.743433

城镇居民人均收入对自身有较大冲击效应，反映出城镇居民人均收入对自身的一个标准差信息有较大正向响应，之后逐渐衰退，但需要相对较长时间才会最后消失，说明城镇居民人均收入自身具有相对很强的"惯性"作用。

税制结构的一个初始正向冲击对城镇居民可支配收入的冲击效应都始终为正，税收负担为负，最后消失。结合 Grange 因果检验，说明长期以来，所得课税比例增大对调节城镇居民收入分配差距作用不是很大，但随着直接税比例增加，会逐渐显示其调节功效。

综上可以看出，我们在结构性减税，尤其对涉及城镇居民收入息息相关的税种，要实行一定程度上的减免，减轻其负担，同时加大直接税类在税收中的比例，以利于更加有效率地调节城镇居民人均可支配收入。

第二节 税制结构对农村居民收入分配的静态效应实证分析

一、模型构建和数据说明

向量自回归模型可以简写为：
$$\tilde{\Gamma}(L)\tilde{y}_t = \tilde{\varepsilon}_t$$
即有 k 个时间序列变量的 VAR（p）模型有 k 个方程组成。冲击向量 ε_t 为白噪声向量，没有结构性的含义，以上称为非限制性向量自回归模型。

二、数据和变量说明

本书数据全部来源于《中国统计年鉴2013》、《中国城市（镇）生活与价格年鉴2012》和Wind资讯金融数据库中的农村居民人均可支配收入、税制结构和税收负担的数据，经过计算整理得出。

为了研究税制结构和税收负担变动对农村居民收入的影响，需要对研究变量进行界定，根据我国 2000 年第一季度到 2013 年第四季度的季度数据，利用 VAR 模型对实际农村居民人均可支配收入记为 RI_t、用税制结构与税收负担加总对增值税、消费税和营业税加总的比值代表税制结构，记为 TC，用税收总收入对 GDP 比值代表税收负担记为 TB。n 的变量个数 3。ξ_{1t}，ξ_{2t} 和 ξ_{3t} 分别作用于农村居民人均可支配收入、税制结构和税收负担的结构式冲击。

模型中变量分别为 RI_t，TC_t 和 TB_t 的季度数据，首先要计算 CPI 平减指数，以去除通货膨胀因素，得到实际值，具体 CPI 指数利用年度 CPI 定基指数和基于上一年指数综合计算得出季度 CPI 平减指数。时间区间均为 2000 年第一季度到 2013 年第四季度。

对比每个变量的时间趋势，可以分析出数据包含季节性因素，所以需要首先去除通货膨胀因素，然后再对数据实施 X12 季节调整。

三、模型的数据、单位根检验及模型的稳定性检验

书中各指标经过 CPI 处理去除通货膨胀因素影响，然后再经过季节性调整，从而得出农村居民人均可支配收入、税制结构和税收负担的季度数据，时间区间均为 2000 年第一季度到 2013 年第四季度。本书分别应用 ADF（Augmented Dickey - Fuller) 对各变量原始序列及其一阶差分后序列进行检验，发现各变量一阶差分后的序列都同阶单整，同时原始变量序列都不平稳，因此可以考虑对各变量原始序列进行协整检验，看是否存在协整关系，如果存在协整关系，说明各变量之间存在长期协整关系。①

运用 ADF 单位根检验方法，确定最大滞后长度，检验结果如表 7 - 8 所示。

表 7 - 8 各变量的平稳性检验

变量	检验类型（c, t, k）	ADF 值	是否平稳
LNPRI	(c, t, 1)	- 1.680752	非平稳
TC	(c, t, 3)	- 2.564954	非平稳
TB	(c, t, 5)	- 1.035688	非平稳
DLNPRI	(c, t, 1)	- 3.756599***	平稳
DTC	(c, t, 2)	- 25.21932***	平稳
DTB	(c, t, 4)	- 5.037044***	平稳

注：①检验类型中 c, t, k 分别代表检验模型中含有常数项、趋势变量、滞后阶数；②临界值来自于软件 Eviews 6.0；③滞后期 k 的选择标准是以 AIC 值最小为准则；④D 表示对序列进行一阶差分；⑤*** 表示在 1% 显著水平上不存在单位根。

从表 7 - 8 中可以看出，各个变量一阶差分序列在 1% 的显著水平上都是平稳的，各变量均为一阶单整序列。

各个变量一阶差分后序列在 1% 的显著水平上均一阶单整，所以其满足协整检验的条件。在对各变量一阶差分后序列数据进行无约束 VAR 模型估计，通过相应的信息准则来确定最佳滞后阶数，目前最为流行的是 LR、FPE、AIC、SC、HQ 信息准则，检验后发现超过一半的信息准则在第 4 阶上，从而确定模型的最佳滞后阶数为 4 阶，模型的稳定性检验发现所有特征根都在单位圆内，证明此模型是平稳的。② 如表 7 - 9 所示，最大滞后阶数的选择为 4 阶。

---

①② 缪慧星，柳锐. 增值税、消费税和个人所得税对社会消费冲击的动态效应 [J]. 税务研究，2012 (8)：55 - 58.

表 7-9 最大滞后阶数选择

Lag	LogL	LR	FPE	AIC	SC	HQ
0	122.0234	NA	1.72e-06	-4.760937	-4.646216	-4.717251
1	153.1332	57.24194	7.10e-07	-5.645327	-5.186442	-5.470581
2	198.9216	78.75608	1.64e-07	-7.116864	-6.313814	-6.811058
3	254.1727	88.40177*	2.60e-08	-8.966908	-7.819695*	-8.530043*
4	264.5329	15.33302	2.52e-08*	-9.021314*	-7.529936	-8.453389
5	273.4868	12.17742	2.61e-08	-9.019474	-7.183932	-8.320489

注:*表示在10%的显著水平下拒绝假设。

四、变量的长期关系分析

基于回归系数的 Johansen 协整检验来分析变量之间的长期均衡关系和 AIC 信息准则和 FPE、HQ 检验法,建立 VAR(4)模型,Johansen 协整检验结果如表 7-10 所示。

表 7-10 变量的 Johansen 检验结果

原假设	特征根	迹统计量	5%临界值	最大特征根统计量	5%临界值
None*	0.520733	73.09408	29.79707	38.98136	21.13162
At most 1*	0.451794	34.11272	15.49471	31.85850	14.26460
At most 2	0.041641	2.254217	3.841466	2.254217	3.841466

注释:*表示在10%的显著水平下拒绝假设。

从表 7-10 中可以看出,最大特征根统计量检验与迹统计量检验结果一致,可以得出我国农村居民人均可支配收入、税制结构和税收负担之间存在协整关系,且协整关系的个数为2。

五、模型稳定性检验

对建立的无约束 VAR 模型经过滞后结构检验确定滞后阶数为4,重新设置 VAR 模型经检验模型的所有特征方程的根均小于1(见表 7-11),证明构建的 VAR 模型是稳定的,可以进行脉冲响应函数分析。

第七章 税制结构对居民收入分配静态效应实证检验

表7-11 向量自回归模型的全部特征根位置

Root	Modulus
-0.023799 - 0.949233i	0.949531
-0.023799 + 0.949233i	0.949531
-0.463526 - 0.186030i	0.499463
-0.463526 + 0.186030i	0.499463
-0.167023 - 0.273462i	0.320435
-0.167023 + 0.273462i	0.320435

VAR（4）的方程如下：

$$\begin{bmatrix} DLNPRI_t \\ DTC_t \\ DTB_t \end{bmatrix} = \begin{bmatrix} 0.014798 \\ 0.004396 \\ 0.000848 \end{bmatrix} + \begin{bmatrix} -0.009341 & -0.038409 & -0.030333 \\ -0.092952 & -0.417606 & -0.250617 \\ -0.103511 & -0.453492 & -0.461265 \end{bmatrix} \begin{bmatrix} DLNPRI_{t-1} \\ DTC_{t-1} \\ DTB_{t-1} \end{bmatrix}$$

$$+ \begin{bmatrix} 0.041493 & 0.121688 & 0.044210 \\ 0.006776 & 0.031721 & 0.576233 \\ 0.050928 & 0.446669 & 0.105079 \end{bmatrix} \begin{bmatrix} DLNPRI_{t-2} \\ DTC_{t-2} \\ DTB_{t-2} \end{bmatrix} +$$

$$\begin{bmatrix} 0.046000 & -0.069186 & 0.017188 \\ 0.015283 & -0.258923 & -0.470154 \\ 0.054825 & -0.037249 & -0.364092 \end{bmatrix} \begin{bmatrix} DLNPRI_{t-3} \\ DTC_{t-3} \\ DTB_{t-3} \end{bmatrix} +$$

$$\begin{bmatrix} -0.045604 & -0.073002 & -0.039234 \\ 0.107068 & 0.456964 & -0.061695 \\ -0.050997 & -0.113644 & 0.486451 \end{bmatrix} \begin{bmatrix} DLNPRI_{t-4} \\ DTC_{t-4} \\ DTB_{t-4} \end{bmatrix} + \begin{bmatrix} \varepsilon_{1t} \\ \varepsilon_{2t} \\ \varepsilon_{3t} \end{bmatrix}$$

经检验以上模型是平稳的。同时为了检验扰动项之间是否存在同期相关关系，可用残差的同期相关矩阵来表述，用 ε_t 来表述第 t 各方程的残差，$t=1$，2，3。

表7-12 残差矩阵表

	ε1	ε2	ε3
ε1	1	0.039210	-0.010164
ε2	0.039210	1	0.245570
ε3	-0.010164	0.245570	1

从表7-12所示中可以看出，农村居民人均可支配收入、税制结构和税收负

担存在着同期的相关关系。格兰杰因果关系检验的结果如表 7-13 所示。

表 7-13 格兰杰因果检验

Dependent variable: DLNPRI			
Excluded	Chi-sq	df	Prob.
DTC	3.025450	2	0.2203
DTB	0.066470	2	0.9673
All	4.362842	4	0.3591
Dependent variable: DTC			
Excluded	Chi-sq	df	Prob.
DLNPRI	0.411914	2	0.8139
DTB	90.81770	2	0.0000
All	92.76272	4	0.0000
Dependent variable: DTB			
Excluded	Chi-sq	df	Prob.
DLNPRI	1.019054	2	0.6008
DTC	53.52427	2	0.0000
All	53.82505	4	0.0000

在农村居民人均可支配收入方程中，不能拒绝税制结构和税收负担是农村居民人均可支配收入原因的原假设，而且两者联合检验也不能拒绝原假设，农村居民人均可支配收入外生于系统，这与我国实际情况也较为符合。但是具体如何影响路径等还不是很清楚，还需要后面做具体分析。

六、税制结构和税收负担冲击引起农村居民人均可支配收入的脉冲响应分析

在 VAR 模型中，脉冲响应函数（Impulse Response Function，IRF）跟踪在一个扰动项上加上一次性冲击对所有内生变量当期和未来的值产生的影响，因为受到冲击，总会通过 VAR 模型滞后结构传递到其他变量中，能够比较直观地刻画出变量之间的动态作用机理和路径，模型选择的滞后长度为 20 期，为了分析税制结构和税收负担的冲击引起农村居民人均可支配收入在长短期的差异，书中采用蒙特卡罗随机模拟 500 次来研究农村居民人均可支配收入对税收政策冲击的动态响应函数。① 图 7-3 表示税制结构和税收负担对农村居民人均可支配收入的脉

---

① 陈灯塔. 应用经济计量学 [M]. 北京：北京大学出版社，2012.

冲响应，横轴表示时间间隔，以季度为单位，纵轴表示冲击的响应程度。

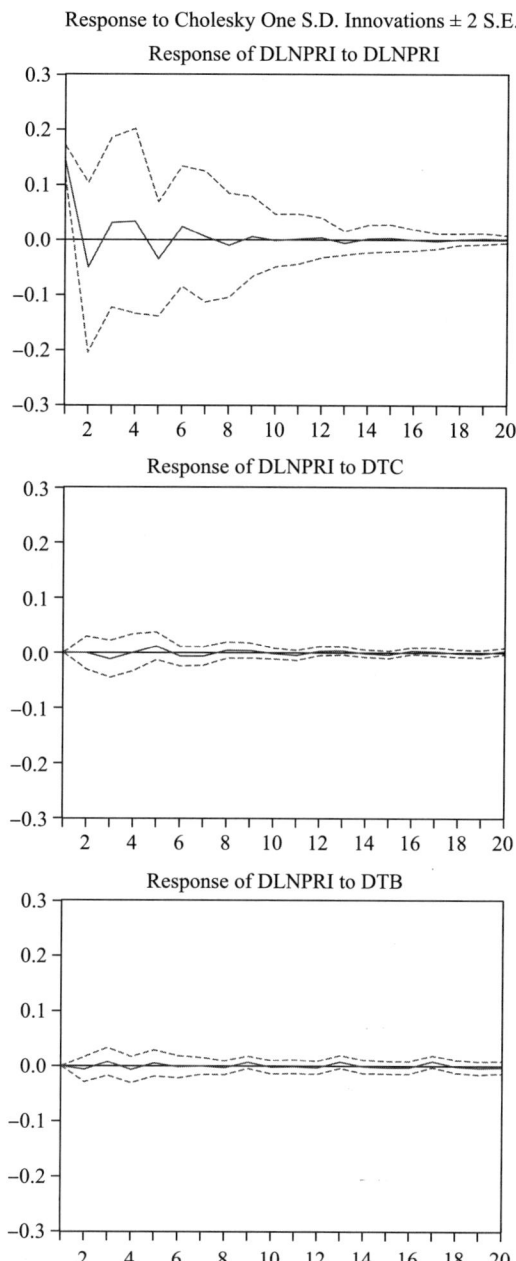

图7-3 税制结构和税收负担的冲击引起农村居民人均可支配收入的脉冲响应函数

在图 7-3 中的 VAR 模型中,税制结构的冲击引起农村居民人均可支配收入响应是负向的,即降低税制结构数值能提高农村居民人均收入水平,但作用非常微小;在第三季度达到负的最大值 1.2 个百分点之后持续小幅波动下降,在整个冲击过程中都是持续波动减小的,冲击影响较小,直至冲击反应便趋于零。这说明,税制结构冲击对农村居民人均可支配收入的影响是负的短期效应,但是影响非常小,小到可以忽略不计。这与我国农村居民来自于工资收入和参与纳税的经营业务较少有关,所以收入较少受到税收的影响。但随着我国政府大力鼓励农村参与创业等计划的实施,越来越多的农村会参与到创业和经营性业务收入中来,所以相应的纳税额度会随之增加,那时应该会表现出和城镇居民相类似的税制结构对其的影响。从累积效应来看,税制结构对调节农村居民人均收入水平基本没有作用,也反映出当前税制结构对调节农村居民收入分配作用还非常微小,原因众多,与我国税收征管手段落后,没有做到应缴必缴,加之农村居民收入来源广泛,还有刻意隐瞒等原因,都造成征收困难和无效率。

在图 7-3 中,税收负担在第二季度中对农村居民人均可支配收入达到负的最大冲击反应,即 -0.62 个百分点,影响微小,之后逐渐减小。总的来看,税收负担水平对农村居民人均可支配收入的冲击影响是逐渐减弱的,最后达到零点。对比税收负担的累积效应图,可以看出税收负担总体上对农村居民收入提高有负向作用,减轻税收负担能提高农村居民收入和福利水平,减小税收对经济的扭曲作用,但是总体影响非常微小。

综上可以看出,导致我国税制结构调节农村居民收入作用较小的原因很多,重要的是由于我国大多数农村居民所得参与所得类征税较少、很多收入来源广泛、监管效率还很低有关。

七、税制结构和税收负担的税收效应相对贡献率的比较研究

方差分解(Variance Decomposition)方法讨论的是正交化残差对预测均方差影响的比率。方差分解有利于了解各个组成部分对模型内生变量的相对重要性,即将系统预测的均方差分解成各变量冲击所做的贡献率。方差分解模型为:

$$RVC_{\alpha-j}(S) = \frac{\sum_{q=0}^{s=1}(Z_{q,\alpha-j})^2 \sigma_j}{VAR(\alpha_t)} = \frac{\sum_{q=0}^{s=1}(Z_{q,\alpha-1})^2 \sigma_j}{\sum_{j=1}^{k}\left[\sum_{q=0}^{s=1}(Z_{q,\alpha-1})^2 \sigma_j\right]}$$

式中,$j = 1, 2, 3$ 分别表示 DPCI、DTC、DTB,即分别为农村居民人均可支配收入、税制结构和税收负担。$Z_{q,\alpha-j}$ 是农村居民人均可支配收入对第 j 个变量冲击的脉冲响应函数,σ_j 是第 j 个变量的标准差,$VAR(\alpha_t)$ 是农村居民人均可支配收入 DPCI 的方差,$RVC_{\alpha-j}(S)$ 表示第 j 个变量对农村居民人均可支配收入

DLNPRI 的方差贡献率，S 表示滞后区间，其经济意义为，如果 $RVC_{\alpha-j}(S)$ 较大时，意味着第 j 个变量冲击对农村居民人均可支配收入 DLNPRI 的影响大；相反地，$RVC_{\alpha-j}(S)$ 较小时，可以认为第 j 个变量冲击对农村居民人均可支配收入 DLNPRI 的影响小。①

由表 7-14 所示的方差分解结论来看，在第二期，税制结构的冲击引起农村居民人均可支配收入的作用大于税收负担水平的冲击作用。从第 20 期开始，农村居民人均可支配收入预测方差 1.5% 由税收负担变动来解释，1.7% 由税制结构变动来解释。总体来看，我国税收政策还没有取得的调节农村收入分配、提高中等收入以下阶层收入的目的。我国只有尽快建立合理高效的税收制度，兼顾效率和公平的均衡，降低税收负担，实施帕累托改进，才有利于从根本上提高社会福利和农村居民收入水平，降低收入分配差距。

表 7-14　农村居民人均可支配收入的方差分解

Period	S. E.	DLNPRI	DTC	DTB
1	0.143159	100	0	0
2	0.151855	99.82052	0.000641	0.178837
3	0.155716	99.02437	0.563383	0.412252
4	0.159511	98.8804	0.537319	0.582279
5	0.163754	98.31719	1.032196	0.650614
6	0.165681	98.18174	1.168744	0.649518
7	0.165902	98.0356	1.31639	0.648006
8	0.166298	97.9372	1.378403	0.684396
9	0.16657	97.73966	1.429808	0.830529
10	0.166603	97.70778	1.442083	0.850139
11	0.166687	97.61493	1.529353	0.855721
12	0.166783	97.54898	1.553957	0.897067
13	0.167099	97.32369	1.590341	1.08597
14	0.167125	97.30535	1.600847	1.093806
15	0.167226	97.22139	1.650942	1.127666
16	0.16728	97.16029	1.679263	1.160444
17	0.167504	96.92727	1.686826	1.385908

---

① 缪慧星，柳锐. 增值税、消费税和个人所得税对社会消费冲击的动态效应 [J]. 税务研究，2012 (8)：55-58.

续表

Period	S. E.	DLNPRI	DTC	DTB
18	0.167517	96.91517	1.6927	1.39213
19	0.167595	96.83473	1.71779	1.447483
20	0.167639	96.78572	1.738563	1.475713
Cholesky Ordering: DLNPRI DTC DTB				

农村居民收入对自身有较大冲击效应，反映出农村居民人均可支配收入对自身的一个标准差信息有较大正向响应，之后逐渐衰退，但需要相对较短时间就会消失，说明农村居民收入自身具有较小的"惯性"作用，亦即全国城乡之间、地区之间会对全国平均水平的差距产生较大的负面作用。

税制结构的一个初始正向冲击对农村居民人均可支配收入的冲击效应非常微小，说明对调节农村居民收入没有作用。结合 Grange 因果检验，说明长期以来，各税种比例增大对调节农村居民收入分配差距作用不是很大，但是随着直接税比例增加和广大农村居民收入的增加，纳税税基会逐渐增加，会逐渐显示其调节功效。

第三节 税制结构对收入分配静态效应的小结

综合以上两节的定量分析可以看出，税制结构和税收负担对居民收入的调节作用差异较大，尤其税制结构对居民收入调节作用相对较小，从冲击响应程度来看，对城镇居民人均可支配收入响应程度相对较大，达到正向 8.1%；对农村居民响应程度较小，为负向 1.2%，基本没有调节作用。税收负担冲击引起城镇居民人均可支配收入的响应程度较大，为负向 21%，其引起农村居民人均可支配收入动态冲击响应负向 0.62%，可以看出税收负担对城镇居民收入冲击响应程度大于农村居民收入冲击效应，反映出当今我国城镇居民受税制结构和税收负担影响较大，但是合理降低税收负担和调整税制结构能改进整体居民收入水平，增进其福利水平。从方差分解可以看出，税制结构对城镇居民人均可支配收入贡献率为 1.8%，税收负担贡献率为 9.7%。税制结构对农村居民人均可支配收入相对贡献率为 1.74%，税收负担对其相对贡献率为 1.48%，可以看出税收负担对农村居民人均可支配收入相对贡献率非常低，对城镇居民人均可支配收入相对贡献率较高，税制结构对城镇和农村居民收入相对贡献率接近，提高所得税类比重或者降低流转税类比重能有效提高城镇居民人均可支配收入，但从响应程度看，还较低，说明现行税收中流转税类对城镇居民人均可支配收入有较大影响。另外从税收负担来看，其对提高城镇居民人均收入有较大负向作用，即降低税负能明显提高城镇居民人均可支配收入。

现行税制结构对农村居民收入人均可支配收入有逆向调节作用，但其效果较小，从另一个侧面可以看出流转税类对农村居民人均可支配收入有较大影响，所得课税类对其没有调节作用。还有就是税收负担对农村居民人均可支配收入有负向作用，即降低税收负担能提高农村居民人均可支配收入，但收入提高幅度较小。出现上面效应的可能原因是我国现今农村居民人均纯收入还较低，进入征税范围还较小，导致其受税收政策影响还较小。但也从另一方面说明农村居民收入来源还需扩展，要对农村居民创收途径和增长速度给予政策支持。

结合对城镇和农村居民收入的计量分析和我国税收政策现状，我们应在提高所得税类比重上下功夫，或者逐步降低流转税类比重上做工作，以利于税收对居民收入整体的调节作用，基于我国国情设计合理的税制结构，以最小的效率损失和居民福利最大提升协调均衡为准则。此外，要对居民收入来源等深入分析，动态调整税收政策，税收政策着力点在鼓励我国居民拓宽收入来源和来源多样化等上面，以利于扩大税基，使居民收入和国家税收良性互动，也就是能兼顾公平和效率。大力减小中低收入居民收入阶层的纳税负担是提高我国经济发展的效率和国家财政发展需要，所以实施科学合理的结构性减税政策，积极想方设法提高居民收入水平，提高居民收入在国民收入的比重，真正体现发展成果由人民共享。最后，因为我国还是发展中国家，流转税将在相当长的时间内占有较大比例，因为问题只能在发展中解决，只有做大蛋糕，才有能力在公平上有所作为，才能持续提高居民收入水平，所以要尽量优化流转税结构，使其税收超额负担最小化。

第八章 税收制度对居民收入分配动态效应实证检验

本章的税收与居民收入的动态效应主要从收入分配动态衡量指标——收入流动性的角度进行实证检验。这一章利用动态面板数据模型（动态 GMM 模型）、面板数据固定效应和面板数据随机效应模型分析税收对城镇居民、农村居民的收入流动性的影响机理。

第一节 税收对城镇居民收入流动性动态效应实证分析

一、模型设定与变量选取

（一）模型设定

1955 年，Schumpeter 通过旅馆和旅客的关系来形象地刻画了收入流动性的概念，随后关于收入流动性的研究主要集中在两个层面，一是基于收入绝对水平变动而带来的流动性，二是收入相对水平变动带来的流动性。因此，本书分别建立收入绝对水平流动和收入相对水平流动为被解释变量的流动性方程。解释变量方面，影响城镇居民地区收入流动性的因素较多，除了劳动者负担的税收及地区税收政策因素以外，平均年龄、受教育程度、区域特征、初始财富或初始收入位置、收入来源、家庭人口数量、产业结构、地区经济发展水平等因素也对收入流动性产生影响。基于此，绝对收入流动性为被解释变量的计量模型设计如下：

$$mobility_{it} = c_0 + \alpha_i + \lambda_1 iitpro_{it} + \lambda_2 iitpro_{it} \cdot houemp + X_{it}\beta + \mu_{it}$$

式中，$mobility_{it}$ 表示绝对收入流动，$iitpro_{it}$ 是各地区城镇居民缴纳的个人收入税占家庭人均总收入的比重。此外，为了检验劳动者个人和家庭为单位来征税时的制度差异性，本书还选取了税收负担和家庭就业人口数量的交叉项（iitpro_houemp）。另外，本书还选取了一些可能影响城镇居民绝对收入流动的经济、政策、自然等因素（X_{it}）。

除了绝对收入流动以外，收入位次的向上或向下变动情况也是收入流动性概念的重要组成部分，因此分析相对收入流动性及其影响因素对于确保收入流动性问题研究范畴的完整性以及为政策制定者提供有效参考意见等方面具有重要意义。以相对收入流动性为被解释变量衡量税收的作用机理时，被解释变量的取值范围设定为三种类型：一是期末与期初相比收入位次向上移动；二是收入位次没有发生变动；三是收入位次下降。用数字分别表示为 -1、0、$+1$，这三个整数是可以排序的离散变量，因此在随机扰动项 ε 服从 Logistic 分布的假设下，选取面板有序 Logit 模型（OLogit Model）进行回归分析，其计量模型如下：

$$P(mobi = \lambda_i) = f(iitpro,\ iitpro\_houemppop,\ houemppop,\ baserank,\ fiavpro,\ edu,\ edu2,\ high,\ subhigh,\ middle,\ sublow,\ lowest,\ \varepsilon)$$

以上模型探讨各个地区的税收负担、家庭劳动人口规模、产业结构、受教育程度、不同收入层次等对相对收入流动性的影响。其中收入层次是按照各个地区居民可支配收入由低到高排序后分成最低（lowest）、较低（sublow）、中等（middle）、较高（subhigh）、最高（high）五组后的虚拟变量来代表。

（二）变量选取及其说明

1. 被解释变量

（1）绝对收入流动性指标。本书依据 Fields 和 Ok（1996）构造的欧氏距离函数：

$$d_n(y^o, y^1) = \frac{1}{n}\left(\sum_{i=1}^{n} |y_i^1 - y_i^0|^\alpha\right)^{1/\alpha}$$

测算 $\alpha = 1$ 时线性绝对距离函数来测算收入流动性指标，当期末和期初的收入差额取绝对值时称为非方向性收入流动（aaic），不取绝对值时称为方向性收入流动（aic），且每个省份都可以得出非方向性和方向性绝对收入流动因子。

（2）相对收入流动性指标。基于收入转换矩阵的相对主义公理方法是到目前为止所有流动性指标中最符合研究收入流动性初衷的一种方法。按照各地区城镇居民可支配收入由低到高排序后分为五组，测算出加权平均移动率、惯性率、亚惯性率和开放指数四个相对收入流动性指标。[1]

另外，为了分省份研究税收与相对收入流动性的关系，本书在实证模型检验部分用基期和末期各个省份收入位次变动情况作为被解释变量。例如，期初 n 个省份按照人均可支配收入由低到高排序后形成向量为：

---

[1] 四类指标的测算可参见尹恒、李实、邓曲恒等（2006）的研究。

$$q_{t-1} = (q_{1,t-1},\ q_{2,t-1}, \cdots,\ q_{n,t-1})$$

期末 n 个省份收入位次排序向量为：

$$q_t = (q_{1,t},\ q_{2,t},\ \cdots,\ q_{n,t})$$

第 $t-1$ 年至第 t 年全国的收入相对流动指标为：

$$DIO = \sum_{i=1}^{n} |q_{i,t} - q_{i,t-1}| \text{①}$$

为了得到分省份的位次变动数值，本书将省份 i 期末的排序减去期初的排序来获取省份 i 的相对收入流动性因子，这一因子取值若为正，则表明期末收入位次提高；若取值为零，则表明期末位次没有发生变动；若取值为负，则期末位次排序下降。

2. 解释变量

本书的解释变量如下：

（1）税收负担。税收负担是本书的关键解释变量。本书选择各个省份平均个人税收支出占家庭总收入的比重来表示。

（2）税收负担与家庭就业人口交叉项。由于我国现阶段个人所得税制度要素的特定设置模式，个人所得税面临着沦为"工薪税"的尴尬境地，因此，分析家庭就业人口规模及家庭为课税对象的征税方式是有助于我国个人所得税制度及收入分配制度改革的重要内容，本书选取各个省份的家庭就业人口数与税收负担的交叉项来反映课税模式对收入流动性的影响程度。

（3）产业结构。产业结构的差异对收入流动性也会产生较大影响，本书选取第一产业产值占地区生产总值的比重来代表产业结构变量。

（4）城镇居民收入结构。城镇居民的收入来源于工资收入、经营收入、财产收入和转移收入，其中用工资收入占家庭总收入的比重来代表居民收入结构变量。

（5）人均 GDP 水平。地区经济发展水平的高低将影响收入流动性的强度，为考察人均 GDP 对收入流动性的影响方向和程度，本书引入了人均 GDP 变量，并以各个省份 2000 年为基期的价格指数进行处理而得到实际人均 GDP 数值。

（6）受教育程度。为了考察人力资本对收入流动性的影响，本书选择各地区居民小学、初中、高中、大专及以上人口的比重及其相应的教育年限相乘后取得各年的受教育程度代表变量。

（7）城市化比率。各国经验表明，城市化率与收入流动性存在着一定的正向关系，为了检验我国城市化率对居民收入流动性的影响程度和方向，本书选取

---

① 可以参见王洪亮等（2012）针对我国居民收入流动性的相关研究。

城市人口中非农业人口比重代表城市化比率。

（8）个人所得税改革虚拟变量。我国个人所得税制度自 1980 年建立以来经历了多次调整，近几年对城镇居民收入水平和收入分配影响较大的改革是 2006 年、2008 年和 2011 年实施的免征额的上调，调整后的免征额分别为 1600 元、2000 元和 3500 元。为了检验个人所得税改革对收入流动性的影响，本书设定了税制改革虚拟变量，即实施改革为 1，没有则为 0，reform06、reform08、reform11 分别代表本书选取的时间跨度中所实施的三次改革。

本书实证部分各个变量的原始数据来源于 1996~2014 年的《中国统计年鉴》、《中国城市统计年鉴》、国务院发展研究中心网络数据库、国家发展和改革委员会的中国宏观经济网络数据库及国家信息中心的中国经济信息网数据库。城镇居民可支配收入及人均 GDP 等数据均以 2000 年的消费者价格指数进行了价格平减。

各变量的描述性统计如表 8-1 所示。

表 8-1 变量的描述性统计

变量名	变量含义	均值	标准差	最小值	最大值
aic	方向性绝对收入流动	24.27225	14.68485	-4.762834	71.01446
aaic	非方向性绝对收入流动	24.30725	14.62671	0.0241317	71.01446
mobi	相对收入流动（向上为+1，不流动为0，向下为-1）	0.0288889	0.7734809	-1	1
iitpro	个人缴纳的收入税占家庭人均总收入比重	0.3364882	0.3652398	0.0002479	1.972237
fiavpro	第一产业产值占地区生产总值比重	14.73631	7.596867	0.6508753	36.44508
wagepro	工资收入占家庭人均总收入比重	65.12321	6.958749	39.83621	82.16051
iitpro_houemp	税收比重和家庭劳动力数量的交叉项	0.5232576	0.5796339	0.0004	3.214746
gdpper	人均地区生产总值	15838.55	13021.31	2183.975	67484.59
edu	劳动力平均受教育年限	9.303798	0.9786404	7.395987	12.73053
edu2	劳动力平均受教育年限平方	87.51626	18.77772	54.70062	162.0664
baserank	前一年各省份收入由低到高的排序（1到31）	15.90667	8.988991	1	31
houemppop	家庭就业人口数	1.588642	0.1607585	1.24	2.0787
reform06	2006 年个税起征点改革	0.4	0.4904432	0	1
reform08	2008 年个税起征点改革	0.2666667	0.4427088	0	1
reform11	2011 年个税起征点改革	0.0666667	0.2497214	0	1

续表

变量名	变量含义	均值	标准差	最小值	最大值
mobility	各年各省份位次变动（向上为3，无为2，向下为1）	2.028889	0.7734809	1	3
high	最高（由低到高排序后最高的6个省份，是为1，否为0）	0.2	0.4004452	0	1
subhigh	较高（由低到高排序后较高的6个省份，是为1，否为0）	0.18	0.384615	0	1
middle	中等（由低到高排序后中间的7个省份，是为1，否为0）	0.2311111	0.4220125	0	1
sublow	较低（由低到高排序后较低的6个省份，是为1，否为0）	0.1933333	0.3953516	0	1
lowest	最低（由低到高排序后最低的6个省份，是为1，否为0）	0.1955556	0.3970692	0	1

二、实证检验

基于被解释变量的不同分类方式，本书的实证检验分为两个部分：一是通过动态面板数据的系统 GMM 模型考察税收负担对城镇居民绝对收入流动性的影响程度和作用机理；二是通过面板 Logit 模型考察税收负担对相对收入流动性的影响程度和作用机理。

（一）税收负担与绝对收入流动——基于动态面板系统 GMM 模型的分析

为了考察税收负担对绝对收入流动性的影响程度，我们利用城镇居民可支配收入的绝对收入流动性指标、个人缴纳的收入税占家庭人均总收入的比重、个人所得税改革、人均受教育年限、收入来源结构、产业结构等指标通过系统 GMM 模型进行实证检验。表 8-2 汇报了系统 GMM 估计结果，方程（1）是没有加入税制改革虚拟变量的情况下进行的系统 GMM 回归结果，方程（2）和方程（3）加入了税制改革虚拟变量，但虚拟变量的设定有所差异，方程（2）的 reform 是将 2006 和 2008 年改革分为三个阶段，2006 年以前设定为 1，2006~2007 年设定为 2，2008 年及以后设定为 3，方程（3）的虚拟变量则以 2006 年、2008 年和 2011 年是否进行了个人所得税改革分别设置。所有回归方程均通过了 AR (2)、Sargan 检验和 Hansen 检验，下面基于表 8-2 中方程（3）的结果展开具体分析。

第八章 税收制度对居民收入分配动态效应实证检验

表 8-2 税收对城镇居民地区绝对收入流动性的动态面板 GMM 回归

	(1)	(2)	(3)
	GMM1	GMM2	GMM3
L.aic	-1.177***	-1.091***	-0.865***
	(-3.38)	(-4.18)	(-2.64)
iitpro	-1457.411***	-1450.677***	-1597.413***
	(-4.09)	(-4.32)	(-2.77)
iitpro_houemp	826.779***	836.755***	905.654***
	(3.89)	(4.08)	(2.67)
fiavpro	-6.064***	-7.103***	-2.614
	(-2.96)	(-3.58)	(-1.13)
wagepro	1.580***	1.961***	3.870***
	(3.00)	(3.70)	(2.70)
gdpper	0.004***	0.003**	0.005**
	(3.23)	(2.18)	(2.49)
edu	-665.557***	-654.405***	-404.386**
	(-3.82)	(-3.95)	(-2.23)
edu2	35.166***	34.596***	21.625**
	(3.87)	(4.00)	(2.28)
urbnonagrpro	-2.117***	-1.901***	-1.296**
	(-3.83)	(-3.58)	(-2.36)
reform		8.252**	
		(2.20)	
reform06			-25.347*
			(-1.95)
reform08			30.036***
			(3.00)
reform11			-14.667*
			(-1.78)
_cons	3255.753***	3180.627***	1749.684**
	(3.74)	(3.91)	(2.07)
AR (2) -P 值	0.612	0.621	0.800
Sargan 检验-P 值	0.861	0.772	0.807

续表

	（1）	（2）	（3）
	GMM1	GMM2	GMM3
Hansen 检验 – P 值	0.921	0.908	0.766
N	419	419	419

注：括号中的数值为系数的 t 值，***、** 和 * 分别表示在 1%、5% 和 10% 水平上显著。AR（2）统计量考察一次残差序列是否存在二阶自相关，原假设为不存在自相关；Sargan 检验和 Hansen 检验用于考察矩条件是否存在过度识别，二者的原假设为均为过度识别检验是有效的，即模型设定的工具变量有效。下同。

首先，税收负担（iitpro）的系数在 1% 的水平上显著为负，个人缴纳的收入税占家庭总支出的比重降低 0.1 个百分点，城镇居民绝对收入流动性将增加 159.7 个单位。由于设定了税收负担和家庭就业人数的交互项（iitpro_houemppop），所以，税收负担对绝对收入流动性的影响还需考虑家庭就业人口这一因素。回归结果表明，交互项的系数也在 1% 的水平上显著，但符号为正，与税收负担正好相反，可见家庭就业人数的差异会影响税收负担和绝对收入流动性的相互关系。由此可知，在控制了其他变量的情况下，家庭就业人数仅为 1 人时，税收负担的系数为 –691.759，即税收负担降低 0.1 个百分比，绝对收入流动性增加 69.2；家庭就业人数为 2 人时，税收负担的系数为 213.895，即税收负担降低 0.1 个百分比，绝对收入流动性降低 21.4；家庭就业人数为 3 人时，税收负担的系数为 1119.549，即税收负担降低 0.1 个百分比，绝对收入流动性降低 112。总之，1 个劳动力家庭的税收负担与绝对收入流动性呈负向相关，税收负担增加将降低收入流动性，税收负担减少将增加收入流动性；家庭就业人数为 2 人及以上时，税收负担与绝对收入流动性呈正向相关，适度增加税收负担有利于增强绝对收入流动性。可见，个人所得税制度中确定课税对象时，由原先的以个人为征税单位转变为以家庭为征税单位的话，对收入流动性的影响方式和程度会出现多重效应。

其次，第一产业增加值占地区生产总值的比重（fiavpro）的系数在方程（3）中不显著，但在方程（1）和方程（2）中都通过 1% 的显著性检验，三个方程中这一指标的系数均为负，表明第一产业增加值比重越大的地区其城镇居民收入流动性越低，因此，产业结构的差异性也会对收入流动产生较大的影响。优化和完善产业结构，适当降低第一产业在地区生产总值中的比重，增加第二产业和第三产业的比重对于城镇居民的收入流动性的增强将起到正向促进作用。城镇居民收入来源结构对收入流动性也会产生较大影响，以工资占城镇居民总收入的比重（wagepro）代表收入结构，其系数在 1% 的水平上显著为正，表明城镇居民工资收入比重增加 1 个百分点,绝对收入流动性增加 3.87。可见,对于工资收入比重低的省份而言,提高工资收入份额将有助于收入流动性的增加。另外,人均地区生产总值(gdpper)的系数在 5% 的水平上显著为正,表明地区经济发展水平越高的地区其城镇居民收入流动性也越大。

再次,人均受教育年限和城市化水平对绝对收入流动性的影响。人均受教育年限(edu)及其平方项(edu2)的系数均通过了 5% 的显著性检验,但二者的符号不同,人均受教育年限的系数为 -404.386,人均受教育年限平方的系数为 +21.625,表明人均受教育年限对城镇居民绝对收入流动性的影响存在极值,当控制了其他变量以后,受教育年限介于 9.35(-(-404.386/2×21.625))和 18.699(404.625/21.625)[①] 之间时,被解释变量取值为负数(期末收入对数小于期初收入对数),但随着受教育年限的增加 aic 的值越来越小,表明期末收入和期初收入之间的差距缩小,各年收入稳步提升。受教育年限达到 18.699 年时收入流动性为零(期末收入和期初收入持平),超过 18.699 年则收入流动性为正(期末收入将高于期初收入)。我国目前全国平均受教育年限仅为 9.3,最高的省份也仅为 12.73 年,因此,逐步提高各地区平均受教育年限有利于居民收入流动性的增加。另外,市户籍人口中非农业人口比重(urbnonagrpro)代表城市化程度,系数在 5% 的水平上显著为负,表明城市人口中非农业人口越多,城镇居民绝对收入流动性越低,过多的城市人口将导致收入分配结果的固化,不利于非农业人口在城市当中凭借自身劳动和努力获取更多的收入,因此,更加开放的劳动力流动政策和竞争性的就业市场可以进一步增强城镇收入流动性。

最后,个人所得税改革对绝对收入流动性影响显著。回归结果表明,2008 年个人所得税改革虚拟变量的系数在 1% 的水平上显著为正,改革后比改革前绝对收入流动性增加了 30 个单位,而 2006 年和 2011 年的个人所得税改革虚拟变量的系数虽然在 10% 的水平上通过了显著性检验,但系数符号为负,表明这两次改革抑制了城镇居民绝对收入流动性,两次改革后绝对收入流动性下降幅度分别为 25.3 和 14.7。三次个人所得税改革的主要形式是提高免征额,提高幅度分别为 100%、25% 和 75%。回归结果显示,免征额调整幅度最低的 2008 年的改革对绝对收入流动性的影响最大且最显著。可见,完善所得税制度的收入调解功能并非单纯依靠调整免征额或提高其幅度才能实现。

为了确保估计结果更加可靠,本书进一步使用非方向性收入流动(aaic)作为绝对收入流动性的代理指标进行了稳健性检验(见表 8-3)。如表 8-3 所示,

---

① 按照我国的各等级学制体系,小学(6 年)、初中(3 年)、高中(3 年)、大学本科(4 年)、硕士(2 年或 3 年)、博士(3 年或 4 年)全部的学习年限为 22 年。书中的 18.699 年意味着硕士毕业的就业人员的人力资本水平。

关键解释变量税收负担的系数显著为正，且其他变量的系数与表 8-2 的回归结果几乎没有变化，这表明本书关于税收负担影响城镇居民绝对收入流动性的回归结果是稳健的。

表 8-3　以 aaic 作为被解释变量的回归结果稳健性检验结果

	(1)	(2)	(3)
	GMM4	GMM5	GMM6
L. aaic	-1.183***	-1.090***	-0.883***
	(-3.46)	(-4.32)	(-2.78)
iitpro	-1421.362***	-1370.642***	-1650.602***
	(-4.06)	(-4.03)	(-2.65)
iitpro_houemppop	806.388***	789.630***	939.242**
	(3.84)	(3.77)	(2.54)
fiavpro	-6.021***	-7.229***	-2.206
	(-2.70)	(-3.42)	(-0.86)
wagepro	1.482***	1.918***	3.739***
	(2.82)	(3.53)	(2.85)
gdpper	0.004***	0.002*	0.005**
	(3.15)	(1.93)	(2.46)
edu	-652.867***	-642.564***	-382.842**
	(-3.72)	(-3.92)	(-2.14)
edu2	34.500***	33.956***	20.521**
	(3.78)	(3.97)	(2.20)
urbnonagrpro	-2.086***	-1.874***	-1.254**
	(-3.85)	(-3.67)	(-2.30)
reform		8.372**	
		(2.29)	
reform06			-25.978*
			(-1.91)
reform08			30.359***
			(3.01)
reform11			-15.181*
			(-1.86)

第八章 税收制度对居民收入分配动态效应实证检验

续表

	(1)	(2)	(3)
	GMM4	GMM5	GMM6
_cons	3200.302***	3130.611***	1644.582*
	(3.65)	(3.89)	(1.95)
AR(2) – P值	0.620	0.641	0.798
Sargan检验 – P值	0.830	0.745	0.833
Hansen检验 – P值	0.916	0.911	0.791
N	419	419	419

注：*表示 $p<0.1$，**表示 $p<0.05$，***表示 $p<0.01$。

（二）税收负担与相对收入流动——基于有序面板 Logit 模型的分析

除了收入水平的流动，收入位次的变化也是衡量地区之间收入流动程度的重要因素。本书使用面板有序 Logit 模型进行税收对相对收入流动性的实证检验，得到了表 8-4 中的结果。

表 8-4 税收负担对相对收入流动的 Ologit 回归

	(1)	(2)	(3)	(4)	(5)
	Logit1	Logit2	Logit3	Logit4	Logit5
iitpro	9.489***	9.855***	8.507**	9.765***	7.813**
	(2.68)	(2.74)	(2.12)	(2.71)	(2.11)
iitpro_houemppop	-5.586***	-5.772***	-4.901**	-5.717***	-4.453**
	(-2.59)	(-2.64)	(-2.01)	(-2.61)	(-1.98)
houemppop	4.147***	4.104***	4.000***	4.075***	3.700***
	(3.83)	(3.66)	(3.30)	(3.63)	(3.17)
baserank	-0.077***	-0.154***	-0.373***	-0.153***	-0.362***
	(-4.95)	(-6.62)	(-7.85)	(-6.58)	(-9.76)
fiavpro	-0.077***	-0.045**	-0.068***	-0.045**	-0.053**
	(-3.97)	(-2.04)	(-2.80)	(-1.99)	(-2.27)
edu	2.252	2.941**	1.496	2.965**	2.051
	(1.52)	(1.96)	(0.91)	(1.98)	(1.32)
edu2	-0.123	-0.153**	-0.080	-0.154**	-0.105
	(-1.61)	(-1.98)	(-0.95)	(-1.99)	(-1.32)

续表

	(1) Logit1	(2) Logit2	(3) Logit3	(4) Logit4	(5) Logit5
high		1.946*** (3.75)	6.928*** (6.74)	2.016*** (3.83)	4.550*** (7.12)
subhigh		1.806*** (4.84)	5.664*** (7.19)	1.876*** (4.90)	3.262*** (7.48)
middle			3.352*** (6.53)		
sublow				0.227 (0.88)	
lowest					-3.379*** (-7.98)
cut1	13.767* (1.71)	17.440** (2.14)	8.766 (0.96)	17.620** (2.16)	9.216 (1.08)
cut2	15.569* (1.94)	19.317** (2.37)	10.849 (1.19)	19.500** (2.39)	11.327 (1.33)
N	450	450	450	450	450

注：*表示p<0.1，**表示p<0.05，***表示p<0.01。

首先，单独分析税收负担这一变量的话，其系数在1%的水平上显著为正，这表明税收负担的增加会导致城镇居民收入向上流动的概率增加。但是税收负担对相对收入流动性的作用受到家庭就业人口数量的影响，当家庭就业人口为1人时，税收负担的上升可以提高向上流动的概率，但家庭就业人口为2人及以上时，税收负担对相对收入流动性的影响显著为负，表明在2人或2人以上劳动力的家庭里，增加税收负担则造成收入位次向下移动的概率增加。从现实情况来看，我国城镇家庭平均的就业人数为1.59人，因此，针对2人以下劳动力的家庭减税会减少向上流动的概率。与此相对应的是，家庭人口因素对相对收入流动性的作用也会受到税收负担的影响，当税收负担小于0.7%（依据方程2）① 时，家庭就业人口的增加将提高向上流动的概率；相反，当税收负担大于0.7%时，家庭就业人口的增加反而会提高向下流动的概率。我国现阶段各个地区税收负担的平均数值为0.34%，因此，家庭成员参与社会劳动的比例增加将有助于提高向

---

① Logit的五个模型的这一数值分别为0.74、0.71、0.82、0.83、0.71。

上收入流动的概率。总之，税收负担设定在合理区间的前提下，就业人口较少的家庭随着税收负担的增加绝对收入流动程度会降低，但其位次向上流动的概率增加；就业人口较多的家庭随着税收负担的增加绝对收入流动程度也增加，但其位次向下的概率上升。

其次，第一产业增加值占比的系数在1%的水平上显著为负，表明产业结构中第一产业的比重过大，会增加收入向下流动的概率；受教育年限及其平方项一同来分析对相对收入流动性的影响时发现，当受教育年限没有超过19年时，随着受教育年限的增加收入向上流动的概率增强，因我国目前各地区平均受教育年限为9.3年，因此继续加大对教育的投入、提高人口素质将有利于提升收入的向上流动性。

最后，各个地区人均可支配收入按照由低到高排序后分成5组，其中最高收入组、较高收入组、中等收入组的系数在1%的水平上显著为正，较低收入组的系数虽然为正但不显著，最低收入组的系数则在1%的水平上显著为负，可见最高、较高和中等收入地区向上流动的概率较大，但流动性程度依次减弱，而贫困地区向下流动的倾向非常明显。

三、小结

本节在梳理收入流动性评价指标体系的基础上，构造我国城镇居民绝对收入流动和相对收入流动指标，并利用1997~2014年省际面板数据展开实证研究，通过动态面板系统GMM和面板有序Logit估计方法分别分析税收负担对绝对收入流动及相对收入流动的影响机理。另外，本书还对税收负担对绝对收入流动性的作用机理做了进一步检验，稳健性检验的结果验证了回归结果的可靠性。本书的实证分析结果表明，税收负担是影响城镇居民绝对收入流动和相对收入流动的主要原因之一，且家庭劳动力结构、收入来源、受教育程度及地区经济发展程度、收入高低层次对收入流动性也呈现出阶段性或区域性的差异。

第二节 税收对农村居民收入流动性动态效应实证分析

一、模型设定

本书借鉴多元回归模型的检验方法，构筑了如下计量回归方程：

$$mobility_{it} = c_0 + \alpha_i + \lambda_1 tax_{it} + \lambda_2 tax_{it} \times policy_{it} + X_{it}\beta + \mu_{it}$$

式中，$mobility_{it}$ 表示绝对收入流动性，tax 是本书重点研究的自变量农村居民税费支出。为了检验取消农业税政策①是否影响农民税费支出对农村收入流动性的边际贡献率，方程中加入了税费支出与是否取消农业税的虚拟变量 $policy$ 的交互项 $tax \times policy$。X 是控制变量，包括工资收入比重、外出从业收入比重等代表农村居民收入结构的变量；人均耕地面积、人均固定资产投资支出等代表农村居民家庭资产规模的变量；农村劳动力人均受教育年限②；各地区第一产业收入占地区生产总值的比重等代表地区产业结构的变量。各变量的描述性统计如表8-5所示。

表8-5 变量的描述性统计

变量名	变量含义	均值	标准差	最小值	最大值
mobility (jdsrld)	绝对收入流动	11.61931	7.023875	0.4259907	39.39007
lnsfzc	人均税费支出对数	1.792482	1.222537	-2.784636	8.900047
sfzcbz	税费支出占农民支出比重	0.5481295	5.03196	0	84.09206
policy (qxnys)	是否取消农业税（取消=1，未取消=0）	0.9032258	0.2961813	0	1
gzsrbz	工资性收入占收入比重	37.72581	13.87819	6.2	77.4
wccysrbz	外出从业工资收入占工资收入比重	64.4302	376.0849	10.3	6317
dycysrbz	第一产业获得收入占收入比重	81.04982	11.62376	43.2	97.7
lngdmj	人均耕地面积对数	0.5230224	0.7907637	-1.347074	2.607124
rjjynx	劳动力人均教育年限	8.212459	1.144881	3.496	10.873
lnrjgdzc	人均固定资产对数	7.364931	0.5970108	5.400096	9.0124
nyrkbz	各省农业人口占总农业人口比重	3.225806	2.325273	0.1663984	9.676714
jysrbz	经营收入占收入总额比重	51.94337	15.60503	4.2	87.8
ccsrbz	财产收入占收入总额比重	3.154839	2.018165	0.5	10.9
zysrbz	转移收入占收入总额比重	7.173118	3.500518	1.4	22.7

---

① 2003年3月27日，国务院发出了《关于全面推进农村税费改革试点工作的意见》，要求"各地区应结合实际，逐步缩小农业特产税征收范围，降低税率，为最终取消这一税种创造条件"。2004年农业税改革进入深化阶段，试点范围进一步扩大，2006年全国所有省份全面实现了取消农业税的政策目标。

② 农村劳动力人均受教育年限按以下方法计算：文盲人口的受教育年数为0年，小学文化程度劳动力的受教育年数为6年，初中文化程度劳动力的受教育年数为9年，高中文化程度劳动力的受教育年数为12年，大学及以上文化程度劳动力的受教育年数为18年。同时，根据各文化程度人口占总人口的比重，将不同文化层次劳动力的教育年数进行加权平均后取得人均受教育程度。

续表

变量名	变量含义	均值	标准差	最小值	最大值
gzscgdzczcbz	购置生产性固定资产支出占支出比重	3.166773	2.001754	0.022549	11.57217
zb	中部地区（是为1，否为0）	0.1935484	0.3957889	0	1
xb	西部地区（是为1，否为0）	0.3870968	0.4879614	0	1
dbb	东北地区（是为1，否为0）	0.0967742	0.2961813	0	1

二、实证检验及分析

（一）农业税收制度改革对收入流动性的固定效应和随机效应检验

表8-6是因变量为绝对收入流动性时选取若干自变量进行固定效应和随机效应模型回归检验的结果。通过 Hausman 检验结果得出，回归结果（1）和（3）的固定效应模型优于回归结果（2）和（4）的随机效应模型。因此，为了得到稳健的估计结果，本文选择面板数据的固定效应模型对方程（1）进行系数估计。从回归结果（1）和（3）的系数而言，lnsfzc、lnsfzc_qxnys 的估计结果并没有显著的正负差异，表明回归结果较为稳健。

表8-6 税费支出与农业税政策交互项存在于回归方程时的检验结果

回归模型	回归方程1		回归方程2	
	固定效应（1）	随机效应（2）	固定效应（3）	随机效应（4）
lnsfzc	-0.427* (-1.90)	-1.022*** (-3.40)	-0.760*** (-2.90)	-1.005*** (-3.15)
lnsfzc_qxnys	-0.491** (-2.10)	0.101 (0.33)	-0.399 (-1.41)	0.189 (0.60)
gzsrbz	0.327** (2.56)	0.232*** (4.76)	0.429*** (3.79)	0.335*** (6.30)
wccysrbz	-0.001*** (-26.15)	-0.001 (-1.44)	-0.001*** (-19.46)	-0.001 (-1.52)
dycysrbz	-0.389** (-2.33)	0.008 (0.15)	-0.385** (-2.25)	-0.088 (-1.33)
lngdmj	-7.943* (-1.96)	-2.227** (-2.46)	-9.169* (-1.96)	-0.583 (-0.55)

续表

回归模型	回归方程1		回归方程2	
	固定效应（1）	随机效应（2）	固定效应（3）	随机效应（4）
rjjynx	3.845 * (2.01)	2.494 *** (6.10)		
lnrjgdzc	9.408 *** (6.75)	7.700 *** (8.87)	9.557 *** (7.39)	6.776 *** (7.22)
nyrkbz			-3.524 * (-1.86)	0.085 (0.39)
_cons	-64.399 ** (-2.39)	-72.100 *** (-6.34)	-25.505 (-1.32)	-42.150 *** (-3.79)
N	277	277	277	277
R^2	0.572		0.565	

注：①括号内的数值为标准误；② * 表示 $p<0.1$，** 表示 $p<0.05$，*** 表示 $p<0.01$。

以表 8-6 中固定效应回归（1）而言，当其他变量保持不变时，$\Delta\text{jdsrld} \approx -0.427[\log(\text{sfzc})]$，所以：

$$\Delta\text{jdsrld} \approx -(0.427/100)(\%\Delta\text{sfzc}) \approx -0.00427(\%\Delta\text{sfzc})$$

因为，$\log(\text{sfzc})$ 的变化乘以 100 近似等于 sfzc 的百分比变化，因此，如果其他变量不变的前提下，税费支出增加 10%，则绝对收入流动性会下降 $0.00427 \times 10 = 0.0427$ 个单位，若税费支出增加 100%，则会下降 0.427 个流动性单位，而各个省份绝对收入流动性的均值约为 11.6，因此税费支出变化对绝对收入流动性的影响不可小视。此外，税费支出对绝对收入流动性的偏效应，还取决于是否取消农业税政策的影响，因此，在其他变量保持不变的前提下，税费支出对绝对收入流动性的偏效应为 $\frac{\Delta\text{jdsrld}}{\Delta\text{lnsfzc}} = \lambda_1 + \lambda_2 \text{qxnys}$。

当某一地区某一年份完全取消了农业税，即 qxnys 取值为 1 的时候，上述表达式为 $\frac{\Delta\text{jdsrld}}{\Delta\text{lnsfzc}} = \lambda_1 + \lambda_2$，其中若 $\lambda_2 > 0$，意味着取消农业税的话，增加农民税费支出导致收入流动性变动幅度更大；若 $\lambda_2 < 0$，意味着增加农民税费支出导致收入流动性变动幅度更小。相反，当某一地区某一年份尚未完全实现全面取消农业税的时候，即 qxnys 取值为 0 的时候，上述表达式为 $\frac{\Delta\text{jdsrld}}{\Delta\text{lnsfzc}} = \lambda_1$，农村居民收入流动性仅与税费支出变动相关。

基于此，我们进一步对固定效应回归（1）解释其系数的经济含义，即当其

第八章 税收制度对居民收入分配动态效应实证检验

他所有变量没有发生变化的时候,某一省份某一年份实施了取消农业税的政策时,$\Delta \mathrm{jdsrld} \approx (-0.427 - 0.491)[\log(\mathrm{sfzc})]$,因此:

$$\Delta \mathrm{jdsrld} \approx -[(0.427 + 0.491)]/100(\% \Delta \mathrm{sfzc}) \approx -0.00918(\% \Delta \mathrm{sfzc})$$

可见,取消农业税的政策变革会影响税费支出对收入流动性的偏效应,如果农村居民的税费支出增加10%,预计绝对收入流动会下降 $0.00918 \times 10 = 0.0918$ 个流动性单位,而农村居民收入增加一倍(100%)时,绝对收入流动将降低 0.918 个单位。因此,农村居民税费支出增加时,取消农业税与未取消农业税时相比,取消农业税后税费支出对农村居民收入流动性的负面影响更大一些。

另外,从回归结果中可以看出,工资收入比重、农村劳动力的人均教育年限、农村家庭人均固定资产规模等因素的增长有利于农村居民收入流动性的增加,表明农村居民的四种收入类型中提高工资收入比重将促进农村居民收入流动性的提高,增强人力资本投入、扩大农村家庭扩大固定资产规模都是提高农村居民收入流动性的重要因素。但是,工资收入中外出从业得到的收入比重、农民收入结构中的第一产业收入比重、人均耕地面积、经营收入比重、某一地区农业人口比重等因素的增长不利于农村居民地区之间的收入流动性。这表明增强农民在本乡地域内和非企业组织中的劳动收入比重将比提高外出从业劳动收入比重更能促进农村居民的收入流动性。另外,适度增强农民的第二产业和第三产业收入比重、减少人均耕地面积和地区农业人口比重也将有利于农民收入流动性的提高。

(二)税收负担地区差异对收入流动性的固定效应检验

为了进一步检验不同地区之间农村居民税收负担的差异对收入流动性的影响程度,本书设置税收负担对数与四大地区之间的虚拟变量的交互项来反映地区之间的税收负担差异程度,并利用面板数据固定效应模型进行实证检验,同时选取稳健标准误来降低异方差或自相关导致的模型估计结果不一致性的问题。实证检验结果见表8-7。

表8-7 税收负担地区差异对农村居民收入流动性的固定效应检验

模型	模型(1) fe_qb	模型(2) fe_db	模型(3) fe_zb	模型(4) fe_xb	模型(5) fe_dbb
lnsfzc	-0.749*** (-3.17)		-0.774*** (-3.09)	-1.197*** (-4.01)	
lnsfzc_db		-1.351*** (-2.75)			
lnsfzc_zb			0.316 (0.43)		

续表

模型	模型（1） fe_qb	模型（2） fe_db	模型（3） fe_zb	模型（4） fe_xb	模型（5） fe_dbb
lnsfzc_xb				1.515*** (3.48)	
lnsfzc_dbb					-1.890* (-1.73)
gzsrbz	0.294** (2.45)	0.340*** (2.86)	0.300** (2.36)	0.321*** (2.79)	0.317** (2.37)
wccysrbz	-0.001*** (-28.47)	-0.001*** (-27.24)	-0.001*** (-27.73)	-0.001*** (-28.57)	-0.001*** (-27.68)
dycysrbz	-0.380** (-2.22)	-0.385** (-2.42)	-0.384** (-2.20)	-0.366** (-2.26)	-0.365** (-2.09)
lngdmj	-8.229** (-2.07)	-7.127* (-1.73)	-8.143* (-2.00)	-7.753* (-2.02)	-7.793* (-1.85)
rjjynx	3.348* (1.75)	3.878* (1.92)	3.371* (1.76)	3.940* (1.95)	4.438** (2.18)
lnrjgdzc	9.360*** (7.17)	9.183*** (6.75)	9.348*** (7.09)	9.140*** (6.84)	9.463*** (6.63)
nyrkbz	-2.843 (-1.56)	-1.936 (-1.05)	-2.567 (-1.15)	-3.014* (-1.84)	-2.355 (-1.24)
mobility	1.027*** (3.42)	1.087*** (3.51)	1.035*** (3.36)	1.064*** (3.43)	1.078*** (3.44)
_cons	-52.342* (-1.96)	-60.725** (-2.35)	-53.359* (-2.03)	-57.522** (-2.14)	-66.979** (-2.47)
N	277	277	277.00	277	277
R^2	0.583	0.597	0.583	0.599	0.575

注：①括号内的数值为标准误；②* 表示 $p<0.1$，** 表示 $p<0.05$，*** 表示 $p<0.01$；③东部包括北京、天津、河北、上海、江苏、浙江、福建、山东、广东和海南 10 省市；中部包括山西、安徽、江西、河南、湖北和湖南 6 省；西部包括内蒙古、广西、重庆、四川、贵州、云南、西藏、陕西、甘肃、青海、宁夏和新疆 12 省区市；东北包括辽宁、吉林和黑龙江 3 省。

模型（1）为没有区分地区时的整体效应，模型（2）～模型（5）分别检验东部、中部、西部和东北地区农村居民税收负担与收入流动性之间的关系。从实证分析结果而言，东部、东北部地区农村居民税收负担对收入流动性的影响显著为负，中部地区税收负担效应也为负，但交互项系数没有通过显著性检验。上述三个地区中东北地区税收负担负面效应最大，即东北地区农村居民的税收负担若增加1%，绝对收入流动性减少约0.02（1.89/100）个单位，东部地区随着税收负担增加1%，收入流动性降低约0.01351（1.351/100）个单位。西部地区是唯一的税收负担系数为正的地区，可能是由于西部地区经济发展程度较低，若政府通过增税来扩大收入分配干预程度，则可以在一定程度上改善居民收入分配和福利水平。

从表8-7的第一个回归方程的检验结果来看，在以东部地区为基准组进行回归检验时，中部地区在其他条件不变的情况下，预计比东部地区农村居民收入流动性高出3.718个单位，西部地区要比东部地区农村居民收入流动性高出3.373个单位，东北地区要比东部地区农村居民收入流动性高出7.716个单位，这种影响在统计上非常显著（中部和东北地区虚拟变量系数的P值明显小于0.01，西部地区的虚拟变量系数的P值也小于0.05）。东北地区农民的收入流动性比其他三个地区都要高一些，其次是中部地区，再次是西部地区。经济最为发达的东部省份农村居民的收入流动性最差，表明东部地区农村居民能够在较高的收入水平上长期维持其相对靠前的收入排名。

由于各省份绝对对数收入流动性指标、相对位置流动性指标及人口因素相对位置流动性指标的数值较小，回归后虽然各类系数较为显著，但自变量对收入流动性的系数取值较小，因此，分析各类自变量对三类收入流动性的影响程度和大小较为困难，这里不做详细介绍。

三、小结

本节研究结果表明，农村居民的平均绝对收入流动性与农村居民人均税费支出之间呈现负向相关关系，而税费支出对流动性的偏效应又受到各地区是否取消了农业税这一政策因素的影响。模型回归结果显示，如果实现了全面取消农业税的话，农民税费支出增加100%将降低农村居民收入流动性约1个单位；若没有全面取消农业税的话，农民税费支出增加100%将降低农村居民收入流动性约0.427个单位，取消农业税时税费支出对收入流动性的负面影响大于未取消农业税的情形，因此，消除农民的农业税负担并没有提升不同地域农民收入的流动性。进一步地，将取消农业税这一虚拟变量单独放入模型后进行实证检验，回归结果得出取消农业税时的农村居民收入流动性比仍然保留农业税时要低1.592

(或 1.53) 个单位,影响程度较为显著。

农民的工资收入、人均受教育年限、人均拥有固定资产规模的增长将有助于农民收入流动性的提升。农民工资收入提高 1 个百分点,将增加收入流动性 0.327 个单位,在绝对收入流动性的平均取值为 11.61931 的水平上而言,工资收入对农民收入流动性的影响不可忽视;农民平均受教育年限提高 1 年将增加农民收入流动性 3.845 个单位,教育程度对农民收入流动性的影响较大;农民人均固定资产增加 10%,将提高农民收入流动性约 1 (准确而言是 0.9408) 个单位。工资收入中外出从业收入比重、农民收入中的第一产业收入比重、耕地面积增加将抑制农民收入的地区流动性。在四大区域中,东部、中部、东北部地区农村居民税收负担对居民收入流动性呈现负向效应,但西部地区则为正。

第三节 行业收入差距与收入流动性动态效应实证分析

一、问题的提出

行业之间收入分配不均等、行业发展出现分化是世界各国普遍存在的经济现象,不管是针对美国与北欧 (Björklund et al., 2004)、美国与德国 (Haisken De-New and Schmidt, 1999) 等发达国家之间的比较研究,还是针对俄罗斯 (Lukyanova, 2006) 和巴西 (Pinheiro and Ramos, 1994) 的探索,都有充分的证据证明这一事实。在我国,随着经济和社会的发展,行业收入差距表现得日趋严峻,且其对城镇居民工资差异的贡献呈现出不断扩大的趋势 (陈钊等,2010)。按照行业门类的统计资料显示,1978 年收入最高的电力、煤气及水的生产和供应业的平均工资是收入最低的社会服务业的 2.17 倍,二者工资规模相差 458 元 (当年全国各行业的平均工资为 615 元,1978 年的极值差没有超过当前的全国平均工资水平),而到了 2014 年最高收入的金融业是最低收入的农林牧渔业平均工资的 3.82 倍 (2015 年二者差距略有缓和,为 3.59 倍)。若考虑分类标准更加细化的行业大类的话①,2014 年金融业中收入最高的资本市场服务业人员的平均工资是从事畜牧业人员的 7.57 倍,二者年平均工资规模相差 175561 元,这一工资极值差是当年全国城镇单位就业人员平均工资的 3.15 倍 (2014 年全国城镇单位就业

---

① 我国的《国民经济行业分类》国家标准于 1984 年首次发布,分别于 1994 年和 2002 年进行修订,2011 年第三次修订。按照目前的行业分类最新标准,包括国际组织在内分为 20 个门类、95 个大类。

人员平均工资仅为 56360 元)。

从行业的角度而言,各个行业工资的高低位次排序在不同年份之间发生了较大的变化。目前收入最高的金融业的从业人员在 1978 年改革开放初期的时候其平均工资比所有行业的平均水平还要低,而 1978 年收入最高的电力、煤气及水的生产和供应业现阶段的工资水平仅排在第四位,1978 年排在第二位和第三位次的建筑业和地质勘查、水利管理业,如今却沦为行业收入排名最低的等级中。可见,研究行业收入差距的同时还应考虑行业之间收入排序或收入规模的变动程度,即行业收入流动性。从财富生命周期理论的角度而言,行业之间的收入流动可以改善长期的收入分布状况。Friedman(1957)认为,考虑生命周期的不平等程度会比单纯研究当期的收入分布不平等程度要更加客观、全面一些。

二、文献回顾及相关理论分析

自 20 世纪 50 年代提出收入流动性概念以来,人们不断探究收入流动性存在的意义及其与收入差距之间的关系。争论的焦点主要集中在收入流动性应该界定为衡量收入分配公平与否的目标还是手段方面。Atkonson(1992)将收入流动性作为收入分配的目标来研究,他认为每个社会成员都愿意生活在开放的、流动的社会,收入流动性是一个独立的、直接的和明确的目标。但 Friedman(1957)等却认为收入流动性是一个过程或中间指标,它可以影响社会公平程度,并通过两期收入的相关系数得出了生命周期中的不平等程度会比当期的不平等程度减少 8% 的实证分析结果。另外,福利经济学家(King,1983;Chakravarty,Dutta and Weymark,1985)通过建立收入流动性的福利测算指标来肯定了收入流动性对社会福利改善中的作用。

国内外的诸多研究证明了收入流动性与收入差距之间存在着稳定的因果关系。Fields(1996)系统研究了收入流动性与收入不平等两种概念的差异,认为与基尼系数、泰尔熵指数等评价不平等程度的指标相比,收入流动性能更加真实地刻画收入分配的状况,也更加贴近客观意义上的"公平",但并未对二者的因果关系进行具体分析。随后发表的论文中,Fields(2005)弥补和完善了前一研究,得出了 20 世纪 70 年代美国社会的收入流动性有效减少了收入差距、但在 80 年代和 90 年代却使得收入差距增大的结论;与此同时还发现,在法国,60 年代以后收入流动性对该国的收入分配起到了一定的"平衡器"作用,有效降低了收入差距。Pikeyy 和 Saez(2006)研究了 20 世纪 20 年代以来美国最高收入组的收入流动性,发现因最高收入组的收入流动性下降,收入差距的进一步扩大得到

---

① 分行业的平均工资数据来源于国家统计局、人力资源和社会保障部公布的相关资料。

了改善，但70年代以后，随着收入流动性的增强收入差距逐渐扩大，由此得到了收入流动性与收入差距之间的正向变化关系。Herz（2006）测算了美国20世纪90年代以后不同收入阶层的流动性，发现低收入阶层的向上流动性增强了，高收入阶层也能较好地维持其原本的收入地位，但中产阶层的收入流动性却逐渐恶化了。国内的学者对收入流动性的研究较早的是王海港（2005）和权衡（2005），随后基于CHNS（中国经济、人口、营养和健康调查数据）、中国社会科学院经济研究所收入分配课题组的两次城镇居民住户调查等数据进行了针对农村居民、城镇居民的流动性的测算及对收入分配影响方面的研究，这些研究包括尹恒、李实等（2006），章奇、米建伟等（2007），孙文凯等（2007），王朝明、胡棋智（2008），罗楚亮（2009），王洪亮（2009），杨俊等（2010），周兴和王芳（2010），严斌剑等（2014）。雷欣和陈继勇（2012）通过"反事实"分解技术，将收入流动性分成增长、交换和分散流动性三类，发现三种类型的流动性中增长流动性有助于降低收入不平等程度，而交换和分散流动性却显著地扩大了收入不平等程度。此外，王洪亮、刘志彪等（2012）从区域收入流动性的角度分析了我国各个省份之间居民的收入位次变动强弱程度。

从收入流动性的研究对象而言，除了个人、家庭和地区之间的收入流动性以外，不同行业之间的收入流动性不仅是收入流动性的重要组成部分，而且能够从动态的角度刻画和剖析行业收入差距及其深层原因。但目前的针对中国的研究成果较少，且多数研究把二者割裂开来，单纯探讨行业收入差距及其成因，如Démurger等（2006）研究认为，中国城镇居民收入差距不断扩大的过程中，行业间不平等对收入差距的贡献程度越来越高，且垄断和竞争性行业间的工资差距是越发显著。中国学者针对垄断造成的行业收入差距的研究成果较为丰富，如陈钊、万广华、陆铭（2008）研究表明国有垄断性质的行业是拉升我国行业间工资差距对整体收入差距的贡献度的重要因素；岳希明、李实、史泰丽（2010）分析了垄断行业的高收入问题；叶林祥、李实、罗楚亮（2011）关注垄断及所有制对工资差异的影响，葛晶、周子栋（2016）也从垄断及行业特征角度分析了行业收入差距。此外，胡爱华等（2008）则探讨了行业收入差距的演进及分解技术，吕晓兰（2012）则从就业流动及劳动力市场分割的角度研究了行业收入差距。另外，与行业收入差距相比针对行业收入流动性的研究显得凤毛麟角，公开发表的论文中张芝（2014）利用行业面板数据测算了行业收入转换矩阵和Hart、Shorocks、位移变动、份额变动、FO及King等多类指数，而实证分析部分只是将行业收入增长率为被解释变量，基期行业收入、各行业劳动力的受教育年限及差分项、国有及国有控股企业固定资产投资额占比及差分项（并用这一指标代表垄断程度)、行业产值增长率及差分项为解释变量来进行回归。这一研究在测算行业收入流动性方面具有一定的意义,但没有通过行业收入流动性与行业收入差距的实证检验模型来验证二者之间的关系及影响机制。此外,董建功(2016)从行业收入流动性的角度研究行业之间的收入差距,介绍了行业收入流动性的测算方法及其结果,但并没有建立检验模型验证行业收入流动与收入差距之间的内在联系。

综上所述,行业收入流动性是动态研究行业间收入差距的重要内容,但现有研究成果中涉及行业收入流动性的较少,且通过实证分析来验证行业收入流动性与行业收入差距之间的内在联系的则更为罕见。基于此,本部分首先分析了我国1978~2014年的行业收入极值比、泰尔熵指数(加入和未加入行业从业人口数量的两种泰尔熵指数)、行业绝对收入流动、行业相对收入流动指标的变化规律和特征,利用动态面板系统GMM模型和稳健标准误下的固定效应模型分别检验行业绝对收入流动和相对收入流动对行业收入差距的作用机理,并验证其他因素对行业收入差距的影响程度,为政府缓解行业收入差距的相关政策提供可靠的经验证据。

三、模型设定及变量选取

(一)模型设定

收入流动性的内涵非常广泛,既有代际之间的,也有代内之间的收入流动;既有个人和家庭层面的,也有宏观和微观层面的流动性(Fields, 2008),故测算收入流动性的方法也较为多样。本书将收入流动性归纳为两大类型:一是绝对收入流动性,反映基期和末期收入水平变动程度;二是相对收入流动性,反映基期和末期收入位次变动程度。基于此,本书的实证模型也分为两个部分,一是以绝对收入流动性为解释变量的检验模型,二是以相对收入流动性为解释变量的检验模型。

为了动态反映绝对收入流动对行业收入差距的影响,增强模型估计的无偏性和一致性,本书采用动态面板的系统广义矩估计(SYS-GMM)进行绝对收入流动对行业收入差距的参数估计,模型设定如下:

$$gap_{it} = \lambda_0 + \lambda_1 gap_{it-1} + \lambda_2 ma_{it} + \lambda_3 ma_{it-1} + \beta X_{it} + \mu_i + \xi_{it}$$

式中,$i=1, 2, 3, \cdots, N$ 分别代表不同省份,$t=1, 2, 3, \cdots, T$ 分别代表年度,μ_i 表示同一时间截面下的个体差异,ξ_{it} 表示随机扰动项。gap_{it} 和 gap_{it-1} 分别代表第 i 省份第 t 年和第 $t-1$ 年的行业收入差距,ma_{it} 和 ma_{it-1} 是本书考察的

---

① 一个行业国有及国有控股企业投资数量的比重不能够代表垄断程度,国有企业中也有很多是处于竞争性的行业,而非国有企业也有可能处在垄断状态中。

重点解释变量，表示第 i 省份第 t 年和第 $t-1$ 年的绝对收入流动，X_{it} 是影响行业收入差距的一组由控制变量构成的向量。

另外，为了全面考核行业收入流动性与行业收入差距之间的内在联系，本书以相对收入流动性为解释变量，构建了稳健标准误下的固定效应模型，模型设定如下：

$$gap_{it} = \alpha_0 + \alpha_1 mm_{it} + \beta Z_{it} + \mu_i + \xi_{it}$$

式中，gap_{it}、i、t、μ_i 和 ξ_{it} 的含义与公式行业绝对收入流动性检验方程相同，mm_{it} 表示相对收入流动指标，Z_{it} 是影响行业收入差距的控制变量，与绝对收入流动性实证检验方程中选取的变量基本一致。

（二）变量选取

1. 被解释变量

如前所述，行业收入差距泰尔熵指数的计算公式如下：

$$Tl_i = \frac{1}{N} \cdot \sum_{j=1}^{N} \log(\bar{Y}_i / Y_{ij})$$

另外，考虑每个行业从业人员的泰尔熵指数公式则选取以下指标来计算：

$$Tp_i = \sum_{j=1}^{n} \frac{P_{ij}}{P_i} \cdot \frac{Y_{ij}}{Y_i} \cdot \ln \frac{Y_{ij}}{Y_i}$$

泰尔熵指数以外，行业收入差距极值比（gap）即某一年某一省份最高和最低收入行业之间人均工资比值也是常见的计算行业收入差距的公式之一。

2. 解释变量

行业收入的绝对流动和相对流动是本部分的关键解释变量。本书选取具有代表性的若干方法从不同的角度测算我国行业间收入流动性的指标，并分析行业收入差距的现状及其特征。对于行业绝对收入流动性的测算方法方面，本部分选取基于收入份额变动的流动性测算指标 ma，计算公式为：

$$ma(X,Y) = \frac{1}{n} \cdot \sum_{i=1}^{n} \left| \frac{y_i}{\mu_y} - \frac{x_i}{u_x} \right|$$

式中，X 和 Y 分别代表期初和期末的行业收入分布状况，x_i 和 y_i 分别表示行业 i 在期初和期末的工资收入，u_x 和 μ_y 分别表示所有行业期初和期末的工资收入分布的均值，n 是行业数量，该指标取值越大，表明绝对收入流动性越大，反之则越小。此外，本部分的行业绝对收入流动性指标还选取了在 Fields 和 Ok（1996）的欧式距离函数基础上构造的指标 ml，ml 计算公式为：

$$ml = \frac{1}{n} \cdot \sum_{i=1}^{n} |\log y_i - \log x_i|$$

各个变量的含义与 ma 公式相同。ml 越大，某一年各行业收入的变化幅度也越大，表明行业间绝对收入流动性越高。

对于行业间相对收入流动性测算指标而言,本部分选取了位移指数这一方法,某一年各行业的位移指数 mm 的计算公式为:

$$mm(X,Y) = \frac{1}{n} \cdot \sum_{i=1}^{n} |p_i^y - p_i^x|$$

式中,p_i^y 和 p_i^x 分别表示行业 i 在末期和初期所处的收入位次,mm 数值越大行业位次收入流动也越大。不同时期行业间的绝对和相对收入流动状况见图 8-1。从图 8-1 中可知,各年行业收入流动性的变化波动较频繁,但总体上呈现出下降的趋势,表明行业收入固化现象越发明显。

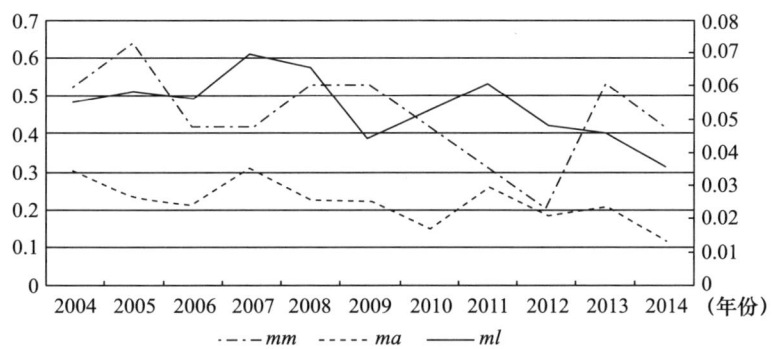

图 8-1 行业间绝对和相对收入流动

注:左侧纵轴代表相对收入流动指标 mm,右侧纵轴代表绝对收入流动指标 ml 和 ma;依据 1979~2015 年的《中国统计年鉴》中的就业和工资相关资料整理。

除了行业绝对和相对收入流动性以外,企业面临的商品市场和劳动力市场的竞争程度等因素是解释行业收入差距的重要指标。本部分结合行业收入差距形成理论及经典文献中影响行业收入差距的因素选择了如下控制变量:

第一,地区产业发展特征。由于本部分的行业收入差距是基于各个省份 19 个行业的统计指标,因此,本部分选取各地区第一产业增加值的对数(lnfiav)反映各个地区的产业发展程度和特征,已有的研究表明,不同产业之间存在明显的收入差异,且具有日趋扩大的趋势,如美国自 20 世纪 70 年代以来第一产业和第二产业之间的工资差异逐步扩大(C. Davidson and M. Reich,1988)。

第二,地区经济发展程度。本部分利用各个地区人均地区生产总值的对数(npgdp)反映这一指标,经济越发达的地区可能行业收入差距越大。

第三,劳动力质量。劳动力质量是影响收入差距的重要因素,本部分将各个地区人均受教育年限（edu）作为劳动力质量的代理变量，已有的经验研究表明（张车伟、薛欣欣，2008）受教育程度越高工资差异越低，因此，我们预期受教育年限越高的地区其行业收入差距越小。

第四，企业所有制性质。所有制性质是影响行业收入差距的重要因素，在我国，这一因素对行业收入差距的影响甚至超过了企业的市场势力即垄断程度（叶林祥、李实、罗楚亮，2011），我们通过国有企业就业人数的对数来代表这一变量，本部分预计这一数值越大，行业收入差距也越高。

第五，垄断行业的固定资产投资规模。某一行业中企业数量的多寡或行业垄断程度会影响这一行业收益及劳动力工资水平（J. S. Arbache，2001）。为了验证行业垄断因素对收入差距的影响，本部分将垄断行业的固定资产投资水平占所有行业固定资产投资比重（moninvpro）代表衡量垄断程度的一个指标，并界定采矿业、电力、热力、燃气及水的生产和供应业、交通运输业、仓储和邮政业、信息传输、软件和信息技术服务业、金融业为垄断行业。此外，为了进一步研究固定资产投资结构带来的工资差异，本部分还选取国有部门的固定资产投资比重（stainvpro）、政府预算资金投入全社会固定资产的份额（budinvpro）代表这一指标。同时，本部分还选取各地区外商直接投资企业投资规模对数（lnfdi）衡量一个地区的经济开放程度对行业工资差距的影响。

本部分所有数据均来源于各省、自治区和直辖市的统计年鉴、中国宏观数据网、中国经济网统计数据库、国研网人口和就业数据库、行业经济数据库。全国行业收入极值比中使用数据的样本区间为1978~2014年，其余变量均以省份为单位获取数据，样本区为2003~2014年。变量的描述性统计如表8-8所示。

表8-8 变量的描述性统计

变量符号	变量名称	样本量	平均值	标准差	最小值	最大值
gap	行业收入极值比	372	3.694921	1.07465	2.126367	7.205244
tl	行业泰尔熵指数	372	0.0379537	0.0193227	0.0106587	0.1044134
tp	加入从业人员泰尔熵指数	372	0.0061453	0.0317961	-0.0715831	0.1091828
ma	均值化的绝对收入流动	341	0.0506313	0.0234183	0.0133219	0.1833351
ml	取对数的绝对收入流动	341	0.0564896	0.0143168	0.0166237	0.1259776
mm	行业相对收入流动	341	0.869733	0.488511	0.1052632	3.157895
lnmm	相对收入流动性对数	341	-0.2867122	0.5601506	-2.251292	1.149906

---

① 人均受教育年限是将各个地区小学、初中、高中、大专及以上人口的比重分别和四种教育阶段的教育年限相乘来计算，四种教育阶段的教育年限定义为6年、9年、12年、18年。

第八章 税收制度对居民收入分配动态效应实证检验

续表

变量符号	变量名称	样本量	平均值	标准差	最小值	最大值
ma_low	绝对收入流动与最低收入组交互项	341	0.0096834	0.0208386	0	0.0990142
ma_subhigh	绝对收入流动与较高收入组交互项	341	0.0096825	0.0220732	0	0.1288835
low	最低收入组（是为1，否为0）	372	0.2016129	0.401745	0	1
subhigh	较高收入组（是为1，否为0）	372	0.1935484	0.3956111	0	1
lnfiav	第一产业增加值对数	558	6.319601	1.167417	3.375196	8.476029
lnpgdp	人均地区生产总值对数	558	9.655379	0.8647102	7.703008	11.56391
edu	受教育年限	527	9.339924	1.20034	3.720354	13.44478
lnstaemp	国有单位就业人数对数	527	7.467755	0.7621152	4.917394	8.691315
moninvpro	垄断行业固定资产投资比重	369	0.2458431	0.1022528	0.0808766	0.5571066
lnfdi	外商投资企业投资对数	372	7.563388	1.552249	3.212069	10.70646
fdipro	外商投资企业投资占GDP比重	372	0.4020148	0.5245252	0.0478226	5.705258
lnbudinv	固定资产投资中政府预算资金对数	372	5.411298	1.002671	2.688528	7.42923
budinvpro	固定资产投资中政府预算资金比重	372	0.0732477	0.1001323	0.0061798	0.6519685
urb	城镇化比率	558	45.49556	16.77336	16.85	89.6
stainvpro	国有单位固定资产投资占比	372	0.3396993	0.1239222	0.1144927	0.9072284

注：本部分将各省份的平均工资由高到低排序，分别划分为最高、较高、中等、较低、最低五个收入组。

四、实证检验

由于关键解释变量——行业收入流动性分为两种度量方式，因此实证检验部分分别检验行业绝对收入流动和相对收入流动对行业收入差距的作用机理。

（一）行业绝对收入流动与收入差距——基于动态面板 SYS-GMM 模型的分析

为了考察行业绝对收入流动性对收入差距的影响，本书选取各省份行业间平均工资极值比和行业绝对收入流动指标及其他解释变量,并利用动态面板系统 GMM 模型进行回归分析。实证检验结果如表 8-9 所示,方程(1)和方程(2)在外生工具变量的选择方面有差异性①,方程(4)和方程(5)分别加入了绝对收入流动和最低收入组、较高收入组的交互项。所有回归方程均通过了 AR(2)、Sargan 检验和 Hansen 检验,且解释变量的系数显著性水平均较高。下面基于表 8-9 中的结果展开具体分析。

表 8-9　行业绝对收入流动性对行业收入差距动态系统 GMM 回归

	(1) GMM1	(2) GMM2	(3) GMM3	(4) GMM4	(5) GMM5
L. gap	0.661 *** (5.50)	0.681 *** (7.69)	0.621 *** (4.79)	0.675 *** (8.26)	0.669 *** (6.47)
ma	-8.705 *** (-3.04)	-8.783 *** (-4.48)	-7.780 *** (-3.53)	-9.751 *** (-3.91)	-7.599 *** (-2.74)
L. ma	2.192 (0.78)	1.047 (0.38)	0.563 (0.24)	1.004 (0.40)	2.116 (0.61)
ma_low				6.300 (0.65)	
ma_subhigh					-5.253 (-0.29)
lnfiav	-1.129 ** (-2.26)	-0.993 ** (-2.35)	-0.507 ** (-2.13)	-1.121 *** (-3.13)	-1.132 *** (-3.45)
lnpgdp	0.942 ** (1.98)	0.682 (1.49)	0.947 * (1.65)	0.881 (1.61)	0.716 * (1.82)
edu	-0.411 * (-1.88)	-0.352 *** (-2.60)	-0.340 *** (-3.09)	-0.384 *** (-2.75)	-0.344 ** (-2.40)
lnstaemp	1.832 ** (2.07)	1.345 * (1.69)	0.894 *** (2.58)	1.625 ** (2.07)	1.502 ** (2.49)
moninvpro	-6.498 ** (-2.28)	-6.772 * (-1.85)	-4.599 (-1.31)	-7.249 ** (-2.42)	-8.221 *** (-2.93)
lnfdi	-0.796 (-1.45)	-0.615 (-1.43)	-0.407 *** (-2.58)	-0.788 * (-1.89)	-0.761 ** (-2.14)

---

① 方程(1)中的外生工具变量为 edu,方程(2)中外生工具变量为 edu 和 lnstaemp。

续表

	（1）	（2）	（3）	（4）	（5）
	GMM1	GMM2	GMM3	GMM4	GMM5
stainvpro	-2.308 (-0.78)	-1.738 (-0.85)		-1.578 (-0.86)	-2.217 (-1.34)
lnbudinv			-0.284 (-1.17)		
_cons	-1.545 (-0.24)	1.732 (0.39)	-1.904 (-0.30)	0.169 (0.03)	2.665 (0.64)
AR(1)-P值	0.051	0.053	0.061	0.041	0.076
AR(2)-P值	0.436	0.666	0.933	0.655	0.570
Sargan检验-P值	0.786	0.715	0.704	0.609	0.694
Hansen检验-P值	0.698	0.774	0.735	0.771	0.742
N	277	277	277	277	277

注：括号中的数值为系数的t值，***、**和*分别表示在1%、5%和10%水平上显著。AR（2）统计量考察一次残差序列是否存在二阶自相关，原假设为不存在自相关；Sargan检验和Hansen检验用于考察矩条件是否存在过度识别，二者的原假设均为过度识别检验是有效的，即模型设定的工具变量有效。

在控制了其他变量的情况下，四个方程的回归结果均显示出行业绝对收入流动对行业间收入差距的影响在1%的水平上显著为负，表明行业绝对收入流动性的增加将减少行业收入差距。具体而言，当收入流动性增加0.1个单位（各年各省份的行业收入流动性最大值为0.183）时，最高和最低收入行业之间的极值比下降约0.8个单位；反之，当行业收入流动性下降的话，会促使各行业之间收入的极值比上升，差距将进一步拉大。另外，本部分加入了绝对收入流动指标和各年各省份收入排序的五等分虚拟变量中的最低收入阶层（low）、较高收入阶层（subhigh）的交互项，通过交互项来进一步探索收入阶层不同时绝对收入流动对行业收入差距的影响程度。从GMM检验方程4的结果可知，加入ma_low交互项以后，ma的系数仍然通过了1%的显著性检验。虽然ma_low没有通过显著性检验，但其系数为正，这在一定程度上表明最低收入地区的行业绝对收入流动性对缩小行业收入差距的影响明显弱于其他四个地区。此外，GMM检验方程5中ma_subhigh的交互项的系数为负，表明较高收入地区的行业绝对收入流动性对缩小行业收入差距的作用高出其他收入等级的省份约五个单位。

对于其他控制变量的回归结果而言，五个方程的回归系数基本上都较为显著，其中人均地区 GDP 的对数（lnpgdp）、国有单位在岗职工人数的对数（lnstaemp）的系数符号为正，表明人均地区 GDP、国有单位在岗职工人数每增加 1%，行业收入极值比会相应增加 0.00942 和 0.01832 个单位，行业之间的收入差异更加严重。因此，在确保人均地区 GDP 不变的前提下，适度降低国有单位在岗职工规模可能对减少行业收入差距有一定的积极作用。与此相反，受教育年限（edu）、垄断行业固定资产投资比重（moninvpro）、社会固定资产投资中政府资金比重（budinvpro）的系数符号为负，表明随着教育年限、垄断行业固定资产投资比重、政府对社会固定资产投资比重的增加会在一定程度上降低行业收入差距；第一产业增加值的对数（lnfiav）、外商投资企业投资总额对数（Lnfdi）、社会固定资产投资中政府资金总额（lnbudinv）的系数符号同样为负，表明第一产业增加值、外商投资企业投资规模、社会固定资产投资中来自政府的投资增加 1%，行业收入差距会随之降低，其中第一产业增加值的变化率对行业收入差距的影响要大于后两者。

（二）行业相对收入流动与收入差距——基于面板固定和随机效应模型的分析

为了考察行业相对收入流动性对收入差距的影响，我们选取加入各行业从业人员数量的泰尔熵指数——tp 作为被解释变量、各行业之间位移指数——mm 作为关键解释变量，利用稳健标准误下的面板固定效应模型进行实证检验，回归结果如表 8-10 所示。

表 8-10　行业相对收入流动性对行业收入差距面板 FE 回归

tp	(1)	(2)	(3)
	fe1	fe2	fe3
lnmm	-0.002* (-1.99)	-0.002** (-2.31)	-0.002** (-2.37)
lntiav	0.018*** (3.05)	0.025*** (4.65)	0.011 (1.02)
edu	-0.003*** (-2.80)	-0.003** (-2.37)	-0.003** (-2.35)
urb	-0.001*** (-4.25)	-0.001*** (-4.24)	-0.001*** (-4.22)
lnstaemp	-0.027** (-2.27)	-0.028** (-2.18)	-0.027** (-2.24)

续表

tp	(1)	(2)	(3)
	fe1	fe2	fe3
moninvpro	0.064***	0.061***	0.077***
	(3.41)	(3.07)	(4.00)
fdipro	-0.002**	-0.002**	-0.002***
	(-2.48)	(-2.54)	(-4.62)
lnstainv	0.012***		
	(3.38)		
lnbudinv		0.003	
		(1.15)	
lnpgdp			0.022*
			(1.94)
_cons	0.052	0.062	-0.034
	(0.61)	(0.64)	(-0.39)
N	308.000	308.000	308.000
r2	0.462	0.435	0.445

注：*表示 $p<0.1$，**表示 $p<0.05$，***表示 $p<0.01$。

代表行业相对收入流动性的行业位移指数 mm 的对数，无论是在稳健标准误下的固定效应模型，还是在随机效应模型其系数的大小和符号完全一致，且都通过了显著性检验。通过方程可知，位移指数增加1%，加入从业人数的行业收入差距将降低0.00002个单位（各年 tp 的均值为0.006，最大值仅为0.109）。可见各行业之间收入排序的变动幅度越大，对于改善行业之间收入差距具有促进作用。相反，当行业之间收入排序固化、高收入和低收入行业之间的收入流动性弱的话，行业收入差距将日趋扩大。

除了行业相对收入流动性这一关键解释变量以外，其他所有的控制变量在稳健标准误下的固定效应检验结果非常显著。第三产业增加值的对数（lntiav）、垄断行业固定资产投资比重（moninvpro）、国有经济部门固定资产投资的对数（lnstaemp）、社会固定资产投资中的政府资金的对数（lnbudinv）及人均GDP的对数（lnpgdp）等系数为正，并通过了显著性检验，表明上述控制变量的增加将扩大行业泰尔熵指数。与此相反，受教育年限（edu）、城镇人口比重（urb）、国有企业从业人员对数（lnstaemp）、外商直接投资占比（fdipro）的系数显著为负，可见，上述四个变量数值的增加对于缩小行业收入泰尔熵指数具有积极作用。

(三) 稳健性检验

为了确保实证分析结果更加可靠,针对行业相对收入流动性与收入差距的回归方程,本书进一步使用 tl 作为被解释变量 tp 的代理指标进行稳健性检验。如表 8-11 所示,关键解释变量位移变动指数 mm 对数的系数显著为负,且系数取值与表 8-10 完全一致。其他变量的系数符号与表 8-10 的回归结果没有太多变化①,这表明本书关于行业相对收入流动影响行业收入差距的回归结果是稳健的。

表 8-11 以 Tl 为被解释变量的稳健性检验

tl	(1)	(2)
	fe1	fe2
lnmm	-0.002*	-0.002*
	(-1.84)	(-1.82)
fiapro	-0.000	
	(-0.10)	
siapro		0.000
		(0.09)
edu	-0.004***	-0.004***
	(-3.64)	(-3.96)
staemppro	0.000	-0.000
	(-1.66)	(-1.60)
moninvpro	0.014	0.015
	(0.73)	(0.77)
fdipro	0.004*	0.004*
	(1.84)	(1.92)
stainvpro	0.043*	0.042
	(1.81)	(1.62)
_cons	0.076***	0.074***
	(4.69)	(3.68)
N	308	308
R^2	0.126	0.126

注: *表示 $p<0.1$,**表示 $p<0.05$,***表示 $p<0.01$。

---

① 只有 fdipro 的符号不同,这可能是由于 tl 代替 tp 以后,取值范围发生变化,导致有些解释变量的符号具有差异。

第四节 税收的动态收入分配效应小结

一、税收对城镇居民收入流动性的政策含义

"竞争激励"为先导的市场机制及非市场化的制度安排是中国改革开放以后经济发展过程中产生收入差距扩大、收入分配固化的重要原因。良好的收入流动机制可以协调不同个体之间获取机会的均等性，同时有效缓解收入差距对社会造成的压力，对于长期收入分配均衡及经济良性发展具有重要意义。本部分基于地区之间绝对收入流动和相对收入流动的多维指标，将税收这一收入分配的重要政策工具纳入研究视角，探讨税收负担、地区家庭就业规模、费用扣除标准等制度、地区、家庭因素对多维收入流动性的影响机理。

实证分析结果表明，税收是影响城镇居民收入规模变动和收入位次变动的重要因素，但是其对两种收入流动性的作用程度和方向因地区的家庭人口结构和就业人数的不同而产生显著差异，即家庭就业人数为1人和2人及以上的地区之间税收对流动性的异质性最为明显。当地区平均家庭就业人数为1人时，提高税收负担减少了绝对收入流动程度，但增加了地区收入位次向上流动的概率；当地区平均家庭就业人数为2人及以上时，提高税收负担虽然增加了绝对收入流动程度，但扩大了收入位次向下流动的概率。个税的费用扣除标准占家庭人均收入比重越高，不仅削弱了绝对收入流动的增长态势，而且降低了相对收入流动性中地区位次向上移动的概率。农业产值比重越大的地区不利于提高绝对收入流动性，且会减少收入位次上升的概率。此外，居民收入来源结构、受教育程度等家庭特征变量也对城镇居民收入流动产生影响；城市化率等地区经济特征变量对收入流动性呈现出显著的区域异质性。

这一研究不仅为解释税收对地区间绝对和相对收入流动性的作用机理指出了新的理论和经验证据，而且为缩小收入差距和增进社会福利提供了政策参考。本部分的政策启示主要有如下几点：

第一，税收制度应注重家庭劳动力和非劳动力的规模和结构对收入流动性的作用机理，凸显家庭成员特征对税收负担的影响。将现有的以个人为单位的个税征收方式调整为以家庭为单位来征收，考虑家庭当中未成年子女和老年人等非劳动力人口的数量和比重，体现税收制度中家庭的成员结构和差异，彰显税收的横向公平和纵向公平原则，为广大中低收入者位次向上流动创造更多的机会和条件

(迟福林，2016）。

第二，设置富有弹性且动态化的个人所得税费用扣除标准体系，体现不同地区纳税人量能负担原则。弹性费用扣除机制能够根据价格变动及工资指数化来及时调节税基；合理制定费用扣除标准与家庭人均收入之间的比例，确保费用扣除标准占家庭人均月收入比重处于适度的区间范围，动态反映其与居民消费支出及家庭收入规模之间的联动关系；全面考虑扣除标准的涵盖范围，均衡不同地区纳税人之间的赋税能力差异，避免各地区"一刀切"的扣除方法（高培勇，2015）。

第三，构建多元化的税收调节机制，协调不同个体之间的税收负担水平。综合运用费用扣除标准以外的税率结构、累进级次等其他个税制度要素，注重不同来源的收入之间税收调节机制的协调性和完整性，减少单一改革模式带来的制度漏洞和弊端。

第四，完善个人或家庭人力资本投资相关的公共收支政策体系，构建地区间更加开放、公平的就业市场和劳动力流动机制。私人及公共部门的教育投资是提高人力资本和劳动力收入水平的重要因素。考虑到我国各类教育投资回报率中，大学和职业教育的投资回报率高于其他类型的教育，因此，制定与个人的继续教育投资及家庭抚养子女的教育投资支出相关的税收减免或税前扣除等制度体系，激励私人部门的教育投资行为；扩张公共教育财政支出来源，优化政府对公共教育领域的投资结构，提高资金使用效率。同时，建立各地区开放、透明的就业市场，促进劳动力在不同就业岗位间的自由流动，从而提升地区经济的活力和效率。

二、税收对农村居民收入流动性的政策含义

从税收政策的角度而言，由于降低农民的税收或各类行政性收费的整体税费负担有利于促进农村居民收入在地域之间的流动性，从而减少各地区收入位次固化现象，缩小各地区农村居民之间的收入差距。因此，完善的税收政策对于提高农村居民收入流动性起着至关重要的作用。此外，农民工资收入和年末农村居民拥有的人均生产性固定资产原值对于农村居民收入流动性的作用为正，而个人所得税是影响农村居民工资收入规模的主要税收因素、增值税则影响农民购买的生产性固定资产价格的主要税收因素。基于此，各地区可以在农村地区或农民取得的工资收入相关的税收政策中给予适当的援助，并对农民拥有的生产性固定资产相关的增值税中设置若干优惠政策，减轻农民工资收入中的税收负担和销售生产性固定资产时价格中所包含的间接税份额。

农村劳动力的人均教育年限的增加有利于提高农民地区收入流动性。目前，

我国的农村劳动力的人均教育年限仅为 8.2 年，表明 9 年义务教育普及程度较低，且不同地区之间的差距较大。例如，有的省份农村劳动力人均教育年限仅为 3.5 年，而有的省份已经达到约 11 年，说明有些省份仅达到了刚刚扫盲的程度，而有些省份已经接近高中毕业的水平。因此，国家应进一步加强义务教育的财政投入，均衡教育资源的分布，加大职业教育和其他超过 9 年义务教育以外的农村人力资本投资，创造农民接受专业技能培训的机会，提升农民在劳动力市场中的竞争力，使农民尽快成为合格的产业工人从而适应产业结构转型升级的新形势。另外，农民工资收入中外出从业收入比重、第一产业收入比重、耕地面积与农村地区收入流动性存在反向作用关系，因此对农村地区发展工业及服务业等第一产业以外的投资和经营行为给予税收优惠政策，吸引或鼓励农民增加在本乡地域内的劳动或服务的提供数量，积极推进农民耕地的市场化改革，促进耕地的自由流转，加快城镇化进程，缩短农村地区以农业为主的传统乡村型社会向以工业（第二产业）和服务业（第三产业）等非农产业为主的现代城市型社会逐渐转变的过程。最后，从地区差异角度而言，政府应适度加大经济欠发达地区税收干预收入分配力度，提高收入流动性，促进收入分配更加趋于均衡。

三、行业收入流动性对行业收入差距的政策含义

本部分通过测算分地区的行业收入差距极值比、泰尔熵指数及加入从业人口的泰尔熵指数分析了我国 1978 年以来行业收入差距变化规律及其特征，发现行业收入极值比不断增加，2005 年达到了峰值，随后呈现出下降的趋势。同时，通过计算了行业收入绝对流动性指标 ma、ml 和相对收入流动性指标 mm，发现三类指标在 2004~2014 年数值波动较大，但总体表现出流动性降低的态势，可见，行业间的收入固化现象越发严重。

为了进一步检验行业间绝对收入流动和相对收入流动对行业收入差距的影响程度，本书分别利用动态面板系统 GMM 模型、稳健标准误下的面板固定效应实行了实证检验。面板系统 GMM 模型检验结果显示，行业间绝对收入流动性是影响行业收入差距的重要因素，对行业收入差距具有显著的负向作用，即行业绝对收入流动越大行业收入差距越小，但收入差距缩小的程度与各地区行业平均工资水平的高低有一定的关联性，平均行业工资水平最低地区的绝对收入流动性缩小行业收入差距的作用明显弱于其他地区。此外，利用面板固定效应模型检验相对收入流动性对行业收入差距的影响显著为负，表明各地区之间不同行业位次移动越频繁、变动幅度越大，行业收入差距缩小的可能性越高。由此可知，在初次分配领域促进劳动力市场的跨地区、跨所有制的自由流动及人力资源的合理配置，同时通过收入再分配领域的政府税收和转移支付等手段来减少行业收入固化倾

向，切实提高行业收入流动，从而达到有效降低行业收入差距的作用。

对于控制变量而言，人均GDP、受教育年限和外商投资企业投资额三个变量在GMM模型和FE模型的检验中的系数符号一致（人均GDP的系数符号为正，受教育年限和外商投资企业投资额的系数符号为负），因此，适度提高各行业从业人员的受教育年限、鼓励外商投资企业扩大投资规模将有利于缩小行业收入差距极值比和泰尔熵指数。除了上述三个控制变量以外的其他控制变量在GMM检验模型下对行业收入差距极值比和FE检验模型下对行业泰尔熵指数的作用有所不同，如国有单位在岗职工人数的变化对于行业收入差距极值比是正向效应，而对加入行业从业人口因素的泰尔熵指数则是负向效应；垄断行业的固定资产投资占比、国有企业的固定资产投资占比这两种解释变量对行业收入差距极值比的效应为负向，而对加入行业从业人口因素的泰尔熵指数的影响是正向的。可见，差异化的被解释变量测量方法及指标选取方式导致解释变量对其产生的效应存在异质性。因此，在制定和调整相应的制度时，应区分政策目标是单纯降低最高和最低收入行业之间的极值比还是反映所有行业整体收入分布差异的泰尔熵指数，在此基础上出台具体改革方案能够显著增强政策实施效果。总之，通过增加学历教育和职业培训的投入提升各行业从业人员的整体受教育年限、鼓励生产经营环节尤其是第三产业有效吸收外国直接投资、优化企业的所有制结构分布、改善企业竞争环境等措施将有利于减少行业之间的收入差距，实现行业收入分配的动态均衡。

第四篇　政策启示篇

第九章　税收调节居民收入分配的国际经验和借鉴

本章我们通过介绍美国、日本、韩国及印度等具有代表性的发达国家和发展中国家税收制度中与收入分配相关的政策安排来分析各国税收制度特征、共性及对今后我国税收制度改革的总体思路和方向。

第一节　美国的经验及启示

一、美国税收调节居民收入差距的演进

在过去的40年，美国的收入不平等和相对贫困的状况在明显地恶化，大量的统计数据体现出这种恶化的态势，包括较低的代际社会流动性和缓慢的居民收入实际增长速度。

自20世纪70年代以来，美国贫富收入差距一直在加大，这主要是家庭部门在要素市场收入方面的分配不公平造成的。提高税收和转移支付制度的力度可以缩小贫富收入差距，但并不能有效减少要素市场收入的差距。

利用基尼系数作为衡量贫富收入差距标准，美国居民可支配收入不平等状况在所有OECD国家中排名第四，这种状况可以由其较高的要素市场收入不平等来解释。

从数据中可以得出在1979~2009年，尽管收入差距在加大和要素市场收入的增长缓慢，但收入最低阶层的居民（总人口的20%）的实际可支配收入一直在显著增长。其中，收入最高阶层居民（总人口的20%）实际可支配收入的增长主要来自要素市场收入的增长，但其余60%居民的实际可支配收入却一直在下降。

大萧条通过收入分配降低了居民可支配收入,但高收入者相对低收入者降低幅度更大。大量的社会转移支付使大量低收入者得到保护,相对提高了其收入水平。对于富裕家庭,从要素市场获取的收入下降较多。2012年的美国税收减免法案提高了资本利得税,加大了税收的累进性,虽然经过一段时间调整,但其对实际可支配收入仍有较明显的反向冲击。各种税收减免政策也使美国个人所得税体系的累进性减弱,包括收入豁免和分项扣除,同时这些政策歪曲了市场力量。

以400名高收入纳税人的有效税率为例,从1992年的26.4%下降到2009年的19.9%。利用税收抵免和税收扣除,使这些纳税人边际税率、股利分红和长期资本收益呈下降趋势。

代际间财富转移对税收的累进性起到负向作用,这主要由于法定税率和遗产税税基减免。通过模型模拟得出资本收入税和财产税的累进性减少了所有阶层的实际可支配收入。通过税收和转移支付制度提高效率和再分配力度,可以获取包容性增长。美国借助转移支付制度减少包括老年人、残疾人、低收入者、单身父母和找工作的人的贫困水平。通过图9-1中基尼系数的趋势,体现收入不平等的总体状况。

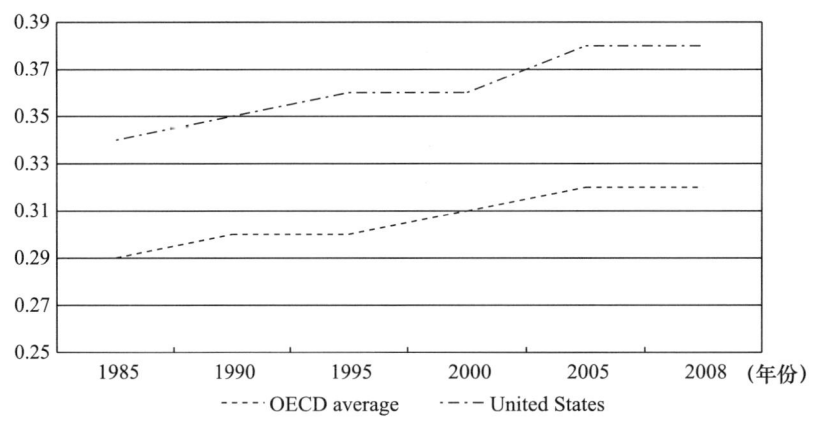

图9-1 基尼系数,可支配收入趋势

资料来源:OECD. Household Income Distribution and Poverty Database[R].2012。

美国要素市场收入差距自1979年以来一直在加大。1979~2009年,居民实际的平均收入已经累计增长达到34%。实际中位数居民收入累计增长只有14%。这反映出收入增长主要集中于高收入群体。高收入阶层收入占总市场收入的分享比率上升了10个百分点,达到58%。从图9-1可以看出,美国的基尼系数从1979年的0.476上升到2009年的0.579,收入差距被进一步拉大。

有几种因素导致上面的结果：愈加开放的国际贸易使低收入工人受到冲击较大，商品和贸易的外包活动导致对缺乏劳动技术工人的需求减少。同时，也引起一些公司对高技术劳动力的需求增加，特别是熟练技术工人的需求。另外，最低工资收入也导致最低收入人群收入减少。

与此同时，如图9-2所示，市场收入不平等的加剧在某种程度上抵消了通过税收和转移支付缩小可支配收入差距的努力。市场收入的基尼系数在过去的30多年一直在不断升高，可支配收入的基尼系数在2009年才达到1980年中期的水平。特别是1979~2009年，可支配收入的基尼系数从0.358上升到0.426，比市场收入的基尼系数有小幅度提高。2009年，联邦税收使市场收入的基尼系数下降4个百分点，与1979年情况相同。相比较而言，在1979年，转移支付减少基尼系数8个百分点，但是在2009年减少基尼系数11个百分点。受最近几年的经济环境影响，税收和转移支付在2007年和1979年对基尼系数的作用效应一样。

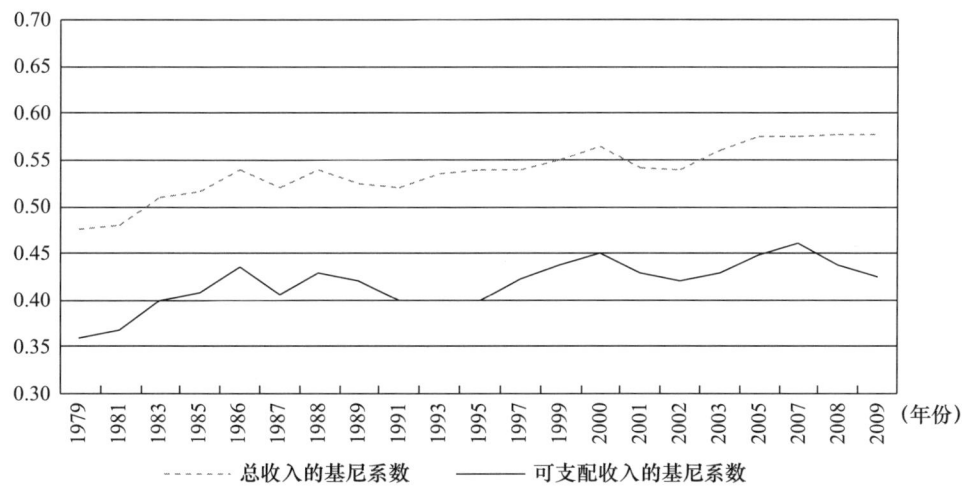

图9-2　总收入和可支配收入基尼系数

资料来源：CBO（2012a）。

尽管不平等在加剧，但1979~2009年，最低收入阶层居民的（总人口的20%）扣除通货膨胀后，经过调整的可支配收入一直在明显地上升。对于最高收入的20%居民的可支配收入也在强劲增长。然而，处于中等收入的60%居民却增长乏力。同时，从图9-3中可以看出，对于所有层级的居民可支配收入增长都超越了市场收入的增长。除此之外，高的市场收入从高转移支付和低税率中受益。对于收入最低的20%居民受益于较高的转移支付，经历了持续稳健的可支配收入增长。通过对比发现，较低的税率使所有的阶层居民的可支配收入都有一定程度的增长。同时，提高对最低收入20%阶层居民的转移支付支持力度是这个阶层提高可支配收入的主要来源。通过2007～2009年实施的经济和财政发展政策，特别是对低收入阶层的转移支付和税率降低，使高收入阶层的市场收入在下降。

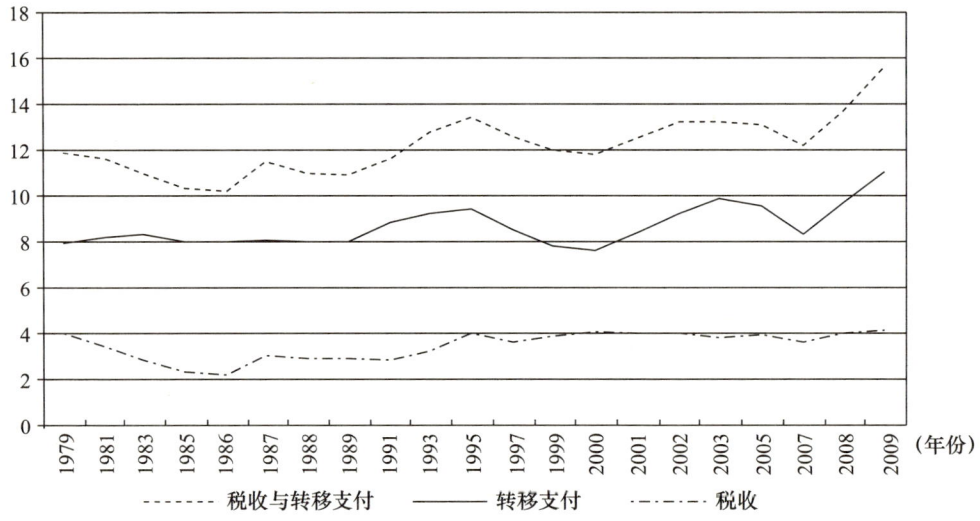

图9-3 税收与转移支付

资料来源：CBO（2012a）。

如图9-4所示，对于收入较低60%居民阶层的可支配收入增长主要得益于转移支付力度的加大和税收的减免。没有财政政策的支持，该阶层收入提高将受较大影响，因此财政政策的可持续性一直备受关注。社会效益的持续增长和税收的减免将导致公共债务的大量累积，使较低收入层级居民增长在未来将趋于下降。

税收制度改革从总体上来说对于减少收入不平等的效果是相似的。很多政策都在降低税收的累进性。如果高收入居民比低收入居民的市场收入占有更大的份额，那么实施累积税制可能较为有效率。在过去的几十年里，社会保障税在整体税收收入中变得越来越重要，已经提高了3个百分点。在一定收入标准以下，实施比例税率，导致税收是累退性的。以至于处于高收入阶层居民的平均税率是下降的。除此之外，联邦所得税计划降低了高收入阶层居民的税收负担，也就是降低了最高边际税率。与此同时，法定个人所得税率的减免、收入所得税抵免和儿童税收优惠使低收入阶层福利得到一定程度的改善。

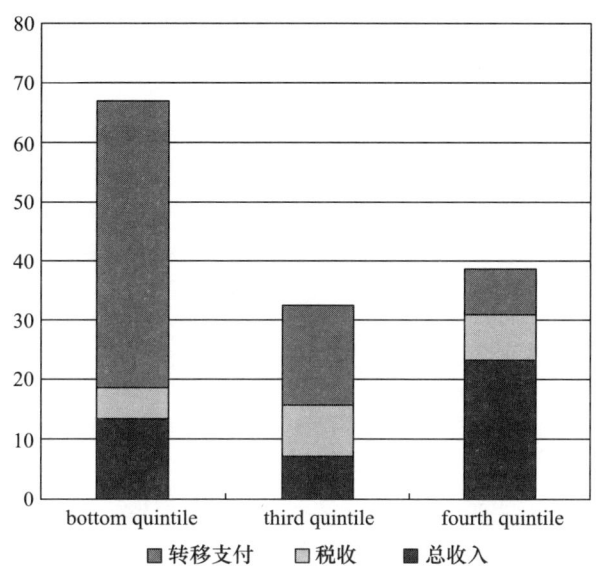

图9-4 转移支付、税收和总收入

资料来源：OECD，Revenue Statistics Database。

转移支付减少了可支配收入的不平等，很大程度上表现在医疗保险和医疗救助的实物支出的增加。医疗救助通常的目标群体是最低市场收入阶层的居民。医疗保险主要提供给65岁以上的老人，同时最低收入20%阶层居民可支配收入中转移支付的份额，2009年比1979年高。但所有针对最低收入20%阶层居民的转移支付是下降的，这主要归因于转移支付支出构成较小的累进性计划。转移支付的额度不仅仅取决于收入水平、社会保障的支出和医疗救助等，它比现金救济和实物转移有较小的累进性。除此之外，对反贫困计划的支出也较多倾向于使贫困居民阶层中的较高阶层受益，因此，转移支付累进性对于最低收入阶层的收入分配效应是下降的。

尽管美国的税收和转移支付体系再分配了大量收入，但美国的居民税收和现金转移支付的再分配效应在OECD国家还是很低的。美国对居民的税收和转移支付再分配效应对于减少不平等作用在OECD国家中排名较低，这在美国现金转移支付占GDP比重中得以体现。

美国有长期的减少贫困战略，通过多种措施使相对贫困率从27%降低到

17%，从数据分析看，美国在 OECD 所有国家中，相对贫困率的降低是最少的。但对于美国而言，大量的实物转移支付在减少贫困上作用也很大，但这并没有被考虑在数据内。

在美国，居高不下的收入不平等与较低的代际社会流动性相关。把人口五等分，对每个阶层研究显示，中间三个阶层是相对流动的。对于这些中间阶层，并不是固定不变的。但对于最低和最高收入阶层的居民流动性较为稳定。这也意味着出生的环境对以后成长起一定作用。同时美国较大的收入流定性也对提高居民收入有较大的促进作用。

除此之外，与低代际流动性相关的，较高的收入不平等暗示有大量潜在不可预知的结果。收入不平等也是导致金融危机的主要因素之一，例如鼓励收入较低阶层居民购房消费导致次级房贷，同时收入不平等对健康、教育和创新也有较大阻碍作用。收入不平等的加剧也在消费不平等上得以体现。贫困人口的增加也可能导致出台反市场经济的保护政策。

收入差距越小越有利于经济的发展。为了追求社会经济的包容性增长，联邦的最低工资法案使最低工资从 7.25 美元上升到 9 美元。最低工资制度可能减少居民市场收入的差距，但由此也可能导致就业人数的减少，特别是在当前美国经济还没有完全复苏的情况下。

二、美国调节居民收入分配的税制改革

当收入分配作为一种政策手段被运用时，从美国的数据中可以看出，税收和转移支付对再分配的作用没有其他 OECD 国家效应大。联邦个人所得税通过提高居民收入的平均税率来调节居民收入差距，在一定程度上减少了收入不平等。2013 年，美国 ATRA 法案进一步加强了个人所得税的累进性，如对高收入的边际税率从 35% 增加到 39.6%。该法案也使长期资本收益的最高边际税率从 15% 增加到 20%，但是资本利得税的税率仍远低于劳动收入所得税率，这将导致资本收益占主要比重的阶层居民的福利提高。

针对资本收益的个人所得税税率是远低于劳动收入所得税税率的，在一定程度上对企业所得税有一定的稀释效应。然而，对资本收入（资本收益、股息收入和利息收入）的税率反映出在收入分配和经济增长之间的权衡，很多税制改革也是两方面平衡的结果。实证研究表明高的边际税率将使富裕的居民阶层根据现有税制重新优化他们的收入结构，以利于收益最大化。通过解决现行税收体系漏洞、扩大税基，使效率和公平都有所提高。特别在较富裕阶层居民得到较好体现，因为这个阶层资本收入占较大比例。

当前针对不同资产等级实施不均衡的税收优惠侵蚀了税收收入（见表 9 -

1)。因此资本利得税作为一种有效的再分配工具,可能会歪曲资本的分配目的。调整债务、股权融资和所有者和租客房产投资的有效税率,提高投资效率。另外,通过创造股权投资豁免(相当于对债务融资的豁免)的机会,也能提高投资收益。但这将减少利率抵扣率,也就是把利率收益等同于股息和资本收益。当抵押贷款利率可抵扣时,对于自有住房的收益(估算租金和资本收益),应该和来自企业投资收益实施同等税率。考虑到许多OECD国家实施对租金征税估算时遇到的政治和实际困难,一个更加切实可行的改革方案是能杜绝和减少自有住房抵押贷款利率的抵扣率。这将减少当前税收制度对租住房屋的歧视,因为那样把租客放在不利的位置上,即使他们比自有住房拥有者有较低的收入。

表 9 – 1　来自不同资产种类的真实收入的有效税率　　　单位:%

企业投资	
债务融资	- 6.4
股权融资	36.1
房产投资	
自用型	- 5.1
出租型	18.2

资料来源:CBO(2005a)。

提高资本收入税率将有利于提高公平,但是可能会减少效率。例如,2012年管理机构提议股利的税率从15%提高到45%,将导致对股票收益的有效税率显著提高。因为股票收益高度集中于富人阶层,所以上述政策的实施将有利于公平。但相较于其他投资,对于股权融资的企业投资将会提高他们的税收负担,使之处于不利的地位。同时也提高了资本分配的扭曲程度,没有有效减少收入不平等,同时这项改革将鼓励居民向较小征税的资产类别转移资产。总的来说,美国国会预算办公室发现在2013年管理机构的预算报告里包括的各种税收政策进一步提高了对资本收益的边际税率,对资本存量起到了负向作用。根据Piketty和Saez(2012)比较分析得出,美国的资本税负已经远高于最优水平。

通过研究人员基于校准的标准动态一般均衡模型对美国经济进行大量模拟发现,关于资本收入和财富的税收的累进性一直在提高,但通过收入再分配却减少了美国整体居民收入。因此这次改革在降低收入不平等的同时,使大多数居民福利恶化。借助经验观测发现资本被非常不均衡地分配,同时对高收入者的回报率高于低收入者。因此可以看出,提高针对资本收入的税收累进率将增加税制的无效率，不利于居民收入的整体福利改善。①

一个较为温和的增进公平的途径是集中改革力量在个人所得税制度的其他优惠措施上，主要针对收入较高层级的居民实施收入再分配。一些税式支出是基于经济效率的考虑。鼓励个人养老金的积累而实施的税收优惠是符合理论要求的，但实践中的结果可能重新分配了存在的储蓄到退休账户，从而使高收入者受益。这样的税式支出或者被淘汰或者累进到上限，例如实施边际所得税率最高 28% 的上限规定，将更加有利于公平和效率。所谓的对私人投资基金的附带收益征收较低的资本所得税率也有争议，但争论在于是否应该对劳动所得征收较高税率，尽管这样对提高税收收入有较小作用。但从管理机构的角度看，提高税收的政策遵从度可能需要容忍最高收入阶层的存在。

在美国，对财富转移（礼品、不动产和遗产）的税率在过去的几十年一直在下降，现在已经在 OECD 国家平均水平之下。不动产相关的收入税率是高度累进的，最高收入阶层（占居民总数的 10%）负担了全部的此类税收，同时最富有的 0.1% 阶层居民负担了超过一半以上的此类税收。因此对这类财富提供一些豁免计划是非常重要的。例如，对于遗赠资产的资本收益是免税的，但这样过度激励老年人持有资本直到他们死亡是无效率的。居民也会利用信托来规避财产税，尽管对财富转移的信托有一定的额度水平要求。

税收和转移支付制度不仅直接影响收入分配，而且间接影响了市场收入的再分配。例如，企业所得税在原则上遵从于美国跨国公司的国外分支机构来对海外收入实施征税。但是许多公司选择再投资，而不是回流国内资金，因为在美国，跨国公司海外收益只有在回流国内时才被征税。但是最新的对于营业税改革的框架可能降低资金滞留国外的积极性，提高他们回流美国的可能性。这项改革通过加大国内资本积累的吸引力来创造就业机会、提高生产率和工人工资，进而影响收入分配。

三、美国税收制度调节居民收入差距的效率

美国的税收制度结构在两个方面与 OECD 国家明显不同。第一，综合税制，美国的所得税在总税收收入中占较大比例，尤其是个人所得税和财产税，而商品和劳务税收在总税收收入中占较小比例。尽管州和地方政府主要依赖零售营业税收入，同时美国也是在 OECD 国家中中央政府唯一没有对商品和劳务征收间接税的国家。第二，一般政府收入较高的比例归州和地方政府，反映出美国联邦政府机构的特点。

---

① Piketty T, Saez E. A theory of optimal capital taxation [R]. National Bureau of Economic Research, 2012.

（一）税收结构的累进性

美国的税收具有较高的累进性。具有累进性的税收主要由联邦政府征收，部分通过州政府来征收个人所得税和财产税。在联邦政府层面，市场收益的平均有效税率通过再分配持续增加。税率从最低收入10%阶层的1%到最高1%收入阶层的29%。有效税率的提高反映联邦所得税是法定累进税，对大多数所得征收的边际税率从10%到35%不等。高收入阶层居民负担了主要税负。以2009年为例，较高收入的20%阶层居民负担了大约70%的联邦税收，特别是最高收入的1%阶层居民负担了联邦税收的22%。

在2010年医疗改革的背景下，实施的一些措施加大了税收的累进性。医疗保障法案扩大医疗保险税，对于应税所得在250000美元以上的资本纳税人征收0.9%的附加税，使高收入阶层的医疗保险税率达到了3.8%。2009年，美国恢复和再投资法案临时提高了最低收入阶层收入分配累进率，通过设定一定门槛，使家庭和儿童扩大了可退还税收优惠。除此之外，该法案还使最高边际税率从35%提高到39.6%，这也使长期资本收益和股利的边际税率从15%升高到20%。

次级联邦税收对整体税收的累进性有影响。大概1/3的一般政府收入归州和地方政府所有，次级联邦税收的水平和结构决定是增加还是减少联邦税收水平的累进性。州和地方政府征收累进税的能力受当地服务和基础设施所需资金的额度来限制。考虑到纳税人的流动性，劳动和资本收入将有更大的弹性。因为美国居民的高流动性，提高州或者地方政府的累进税率，在某种程度上将降低居民的收入再分配效应。在地方，因为税前收入占低收入家庭较高比例，导致在地方和州的层面，零售营业税和消费税具有累退性。次级联邦水平的累进税通过所得课税获取，在50个州中的41个和哥伦比亚实施。

根据实证分析Chamberlain和Prante（2007）得出，在对最高收入25%层级实施了较为温和的累进税率。通过比较，Davis等（2009）在对实践的研究发现，最高收入阶层存在相当大的税收累退性。Cooper等（2012）发现联邦和州税制对处在10%~90%收入阶层的工资收入实施了再分配，减少了收入不平等。虽然在一些州缩小了收入差距，但却导致高于1/3的紧缩。相反，一些州的税收体系使工资更加分散，尤其是对油气等征收的消费税。

在联邦一级，整体有效税率在过去的30年一直下降。随着税收优惠的力度进一步加大，处于收入较低层级的居民的联邦有效税率得到较大幅度下降。在1980年，最高边际税率开始降低，到20世纪90年代的前半期，高收入阶层的有效税率得到大幅度提高。法定个人所得税率从28%提高到39.6%，现行的社会保障税收入占最高限收入的2.9%的政策被废止。2001年和2003年的法案使高收入层级居民的税负降低，例如最高边际税率降低至35%，同时长期资本收益和股利的税率降低为15%。①

有效税率是法定税率和纳税人经济情况相互作用的结果，很难单独分析税收政策的累进效应。在过去的几十年，联邦税法已经历巨大变化，包括边际个人所得税率、免税额和扣除水平等。不同收入阶层实施不同的税收优惠政策和社会保障税率。然而，分配和收入的构成随着时间推移被改变，特别是高收入阶层，他们的劳动和营业所得作为市场收入的组成部分，已经被提高。

研究发现最高收入的0.1%~1%居民层级的实际税负在下降，相比而言，为数众多的中产阶级阶层的税负没有变化。Bargain 等（2011）发现，民主党在1978~2009年实施的税制改革对收入分配的均衡有一定促进作用，但随着共和党的改革，收入分配差距进一步被扩大（主要是对高收入阶层的税收减免）。②

美国国家税务局定期出版的关于400个缴纳税收最多的纳税人的所得和纳税义务的信息，反映出：第一，最高边际税率在降低；第二，股利和长期资本收益在应税所得中占较大比重；第三，由于税收扣除和抵免的加大，导致对最高阶层收入征收的平均有效税率从1992年的26.4%下降到2009年的19.9%。另外，发现主要依靠资本收入阶层的纳税人负担了部分企业应该负担的税收。

尽管对代际财富转移的征税额度在减少，但在保证联邦税收累进性方面，仍然占主要地位。联邦政府的财富转移税收主要来自不动产的税收，但通过赠与税和限制遗产转移税收流失来补充。尽管超出一定额度的财富转移信托要征赠与税，但研究发现纳税人还是可以利用信托的方式来规避不动产税。

不动产税与收入高度相关，具有非常高的累进性。最高收入的10%实际负担了所有的不动产税，并且最富有的0.1%的收入阶层负担了整个不动产税税收的50%以上。在过去的半个世纪，美国的财富转移税收有下降趋势。Piketty和Saez（2007）发现，联邦不动产税率下降比个人所得税率下降对降低税收累进率贡献大。当前美国从财富转移中收取的税收比OECD其他国家要少。

在过去的15年，财富转移税收的下降对不动产税收变化贡献较大。1997年提出的《减少纳税人负担法案》（TRA）减少了财富转移的税收负担，包括60万美元到100万美元的税收豁免和代际免税政策。2001年开始正式实施TRA法案，提高100万~350万美元收入的免税额度，最高边际税率为45%，2010年被叫停，2011年恢复，500万美元收入的免税额度和最高边际税率为35%。2012~2013年，保持500万美元收入的免税额度，同时最高边际税率提高到40%。

---

① OECD. Household Income Distribution and Poverty database [R]. 2012.
② Bargain O, Orsini K, Peichl A. Labor supply elasticities in Europe and the US [R]. Working Paper Series, UCD Centre for Economic Research, 2011.

(二) 税式支出

美国实施累进的税收制度，但这些特征也损害了公平和效率。联邦所得税的税式支出有效调节了纳税人的经济选择，但这也导致比法定税率更低的有效税率。对高收入阶层的优惠主要通过特定的设计和法定税收累积率实施。过多的分级所得税的目的是明确税收的累进率和扣除额度，利于激励利用现有的税式支出和新需求。

并不是所有的税式支出都是符合效率和公平原则的。一些由于缺乏透明度，并没有达到预期目标，例如对部分高收入者赋予较高的税收优惠。近年来的研究显示，消除税式支出影响，主要是减少对纳税人税后影响，但是，作为理性的纳税人会利用各种方式规避这种影响，或者把税收负担转嫁给他人。税收归宿在哪里主要看税收优惠的着力点。

如果消除2011年所有的税式支出，将减少税后平均收入的12.3%。高收入纳税人得到的收益大于低收入纳税人，体现为税后收入差距进一步扩大。处于第二个五分位的纳税人将接受较大份额的儿童税收抵免和劳动所得税抵免，同时考虑到最高收入1%阶层收入中资本收入和股利收入占有较大比例，无论从绝对量还是相对量将从长期资本收益和股利所得的个人所得税率减少政策中得到较大收益。一项提高税收收入的税收政策一定会加大税收累进率。处于较高收入阶层纳税人在去除税式支出后，将会上缴更多税收。另外，税收返还通过同等比例边际税率的减少也将减少税收累进率。

高收入阶层可以从税式支出中受益。边际法定税率随着收入增加而提高，来自税收扣除和抵免使高收入阶层享受了与其收入不成比例的收益。最高收入层级的25%通过自有住房和退休储蓄享受了较大的税收优惠，与健康相关的税式支出通过收入分配使纳税人受益。长期个人资本收益和股利使最高收入的1%居民收入阶层受益。

(三) 资本税

高收入阶层的资本收入占总收入比重比低收入的大。但是，对资本收入征税，给政策制定者带来了巨大挑战。第一，如何测算来自出售资产的真实收入数据很难，尤其是当通货膨胀较高和波动较大时；第二，使居民重新安排来避免征税；第三，高边际税率歪曲劳动、闲暇和现在、将来的选择，导致无效率。

美国的资本税收主要取决于投资者和储蓄者的具体情况。公司生产者以中央政府法定税率35%征收。当资本并购通过发行债务融资，债务的利率是可以通过企业或者个人边际税率抵免来给予优惠。但通过发行股票和利润再投资并不能

---

① Gruber J, Saez E. The Elasticity of taxable income: Evidence and implications [J]. Journal of Public Economics, 2002, 84 (1): 1-32.

取得相应的税收抵免。这些差异将导致股权融资比债务融资征收更高的税率。在美国，通过降低15%的税率（2013年上升为20%）给予相应的企业和个人以优惠。

税收优惠，使对企业所得征收的实际税率低于法定税率。美国税收优惠的附带收益情况一直是争论的焦点。一些专家认为附带收益应该作为正常收益的一部分征税，另一些专家主张应该像其他长期收益那样征税。若是以长期资本收益征税，附带收益将被征收20%的税，而不是39.6%。

一方面，大多数家庭的实际税率都相对较低（低于10%），和那些在收入顶部的家庭情况有很大的不同。例如，对已婚家庭的中位数收入的经验税率大约在4%，而对处在最高收入1%的家庭的税率大约为23%。从观察的样本看出，大部分税款都集中在高收入家庭，所以很大部分美国家庭没有被有效征税。

另一方面，对高收入阶层的税率基本不随收入变化而变化。一旦达到高收入水平，实际税率将不会改变。通过观测的数据可以看出，在家庭收入（约530630美元）的10倍的水平时，对一个已婚的家庭的平均税率为24%左右。当为平均收入（约795945美元）的15倍时平均税率为25%左右，而在20倍时家庭收入（约1061260美元），有效税率将维持在25%不变。换句话说，在收入的顶层，所得税是平的，没有办法对这些居民家庭的人群按照法定边际税率（39.6%）来实施征税。

四、启示

美国的收入分配差距与政府政策密切相关。美国利用累进所得税加强对高收入家庭的调节，但是随着经济周期波动，实时有所调整。美国中产阶级对平衡居民收入差距起到很大作用。在发达国家里，美国相对更加注重效率，通过社会保障、教育卫生和就业方面政策促进公平。美国在促进发展、保证效率的同时，促成了庞大的中产阶级群体，这个群体对居民收入差距起到很大的缓和作用，同时对社会各个阶层流动性起到促进作用。美国虽然收入差距较大，但美国在时间和空间上的不断流动时刻在改变收入分配的内在结构，促使各个收入阶层居民的相互流动，同时向上流动大于向下流动的性质本质上改善了收入不平等，即每个人都有机会通过努力改变自己收入阶层，从而为中低收入阶层提供向上奋斗的希望。

美国的社会保障对促进收入流动和缓解收入不平等方面贡献巨大。正因为这样，居民才可以在各种职业间自由选择，提高了竞争效率。对于我国利用税收政策对居民收入差距进行调节有很大借鉴意义，首先，可以借鉴美国如何在收入分配公平和经济增长之间的权衡，从其经验看，就是尽力扩大税基，才能从长期有利于公平和效率的提高。其次，在对资本要素课税时，要合理确定税率，因为非最优累进税率将导致税收无效率。还有就是通过社会保障税来调节收入分配，但是如何确定其累进税率和税收优惠，对政策效应影响巨大，对养老金的税收优惠要慎重，因为可能起到逆向调节作用。最后，如何设计最优财产税制度，要保证普遍公平性，如何防止居民规避其课税，例如利用信托来规避等。

第二节 日本的经验及启示

一、日本收入倍增税收政策历程

早期日本收入倍增计划中税收和财政补贴作为确保社会安定的重要手段而着力推行。日本政府根据不同收入阶层的负税能力设置差异化的税率，政策实施后使基尼系数有所下降，改善了公平，同时国民收入也较快增长。

此后，日本政府通过其他收入再分配手段进一步调节低收入阶层的可支配收入，通过继承税或赠与税实施累进性税率，对财产起到较为有效的再分配作用，保障公平。①

二、近期收入倍增税收政策改革最新动向及内容

近年来，日本社会由于受到经济全球化和劳动力的非正规化等因素的影响，劳动贫困层急剧增加，因此政府积极探讨确保居民收入稳步提升的政策方案。日本政府2009年10月作为紧急雇用对策的一个环节，实施了第二安全网政策（即以不能适用雇用保险的非正规劳动者和失业保险到期的人群为对象，以就业援助为目的，对生活费或住房费等给予补贴的制度），但存在诸多问题，如申请手续复杂、条件严格、审查周期冗长等。此外，受到2011年3月日本大地震的影响，当年5月生活保障需求者增加到了203万，与"二战"后的贫困人口最高数值204万基本持平。如果这个问题没有得到妥善处理，将对政府的财政状况产生严重影响。

当今，日本政府提出了包括增值税税率调整在内的多项税收制度改革方案。改革立足于实现所有民众的自立型生活模式，在实施刺激劳动和扶持居民生活政策的同时，以增值税收入全部返还给国民的观点为指导思想，试图达到减轻低收

---

① 资料来源于日本财务省制定的2014年税制改革大纲。

入者负担的目的。同时，改善所得类税制，从而解决对低收入劳动者造成的负面影响。

（一）增值税改革

作为应对增值税具有累退性的对策（减轻低收入者增值税负担对策），日本效仿加拿大的增值税（Goods and Services Tax，GST）税额抵免措施来实现收入倍增计划。这一税收抵免政策具体内容为：针对 19 岁及以上符合补贴条件的申请人及配偶每年各支付 242 美元的补贴，18 岁及以下的未成年人每人每年支付 127 美元的补贴。家庭年收入（不包括不满 6 岁儿童每月 100 美元的普通育儿补贴，英文简称 UCCB）超过 31524 美元的部分的 5% 可以获得抵扣，从而减轻低收入阶层的负担。此外，税收抵免的对象包括所有的家庭，并且可以按照家庭人数、年龄实施差别化的定额补贴制度。①

日本增值税改革主要体现在以下几个方面：

第一，作为目前改革的核心议题——同步实现社会保障稳定财源和财政健全化目标的第一步，日本政府分步骤调整增值税税率，2014 年 4 月 1 日将增值税税率（中央—地方）提高到 8%，2015 年 10 月 1 日进一步提高到 10%，并平稳而适度地、尽量避免引起税负转嫁的方式构筑彻底的应对策略。

第二，税率结构上，如果对食品等商品实施较低的优惠税率时，就会出现越是高收入者税收负担越轻的累退问题，且税基受到较大侵蚀，经营者负担增加，因此，在此次改革中坚持实行增值税的单一税率模式。

第三，税收收入的用途方面，增值税的税收收入（中央部分）在法律上全部用于社会保障四项经费（年金、医疗、护理、少子化对策）的资金来源，体现社会保障目的税的原则，预算上通过明确税收用途来实现社会保障财源化。归入地方的增值税收入部分，在不改变现有基本框架基础上，明确其用途，实现增值税收入的社会保障财源化。在此基础上，作为强化社会保障职能的一部分，对低收入者实施年金附加，减轻护理保险费、国民健康保险费的负担。

第四，解决增值税累退性问题。

（二）个人所得税改革

为了减少中间收入阶层的税收负担累进效应，1985 年以后，日本在所得税税率结构上实施了大幅度的缓和累进性措施。1997 年以来，工资薪金所得者的收入结构有了较为明显的变化，即在平均所得水平整体下降的同时，高收入阶层比例激增、收入差距进一步扩大的趋势明显。可以看出，虽然收入结构发生了变化，但是税率结构的累进性减弱，从而大大降低了所得税的收入再分配功能。如

---

① 日本内阁府．社会保障和税一体化改革大纲［Z］．2012 年 2 月．

果按照新的增值税改革提高增值税的税率,将进一步凸显整体税制结构的累退性。

基于此,日本政府决定针对所得税实施以增加高收入阶层税收负担为目的的增强所得再分配职能的制度改革,并从 2015 年开始正式启动个人所得税纳税人识别号制度,提高最高税率(将所得超过 5000 万日元的适用 45% 的税率),设置工薪所得扣除上限,废止了红利、股票转让收益相关的优惠税率。此外,原有的减税政策——税率结构的低累进性改革等导致所得税的负担水平下降。而与主要发达国家相比,日本的实际税率和国民负担率处于较低的水平,因此,应慎重考虑进一步降低所得税负担水平的原有措施。

(三) 财产所得课税

对于财产所得即金融所得课税,关键在于均衡各类金融产品收益之间的课税方式和扩大损益计算范围,并构建金融所得课税一体化的制度体系。为了调节证券转让收入畸高问题,从 2014 年 1 月开始将原有的适用于上市股份的红利、转让所得等 10% 的优惠税率提高到 20%。同时,在经济金融形势不发生突变的前提下,2014 年 1 月开始实施非课税账户内的额度较少的上市股份的股息分配以及转让所得等的税收减免措施。

(四) 日本收入倍增税收政策的经济效果

日本近两年针对居民收入倍增计划的财税政策主要通过增强间接税的累进性而实现其政策目标。如前所述,增值税税率的调整是此次改革的重要环节,以增值税税率一律提高至 10% 为例,分析实施带有补贴的税收抵免政策时的效应。食品的增值税税率确定为 5%,这一税率下的税收收入与全部增值税税率统一提高至 10% 时的税收收入之间的差额作为政府抵免税负时形成的财政收入缺口。对于年收入不足 200 万日元的家庭而言,其净负担率为 4.2%,低于 5% 的增值税最低税率,增税与补贴的政策组合对这些家庭而言起到了减轻税负的作用。对于年收入低于 200 万~600 万日元的家庭而言,其税收负担率平稳递增,表明这一政策组合的累进性,进一步的,也证明了补贴性税收抵免能够起到减少增值税累退性的作用。年收入超过 650 万日元的家庭的税收抵免额为零,对于超过 650 万日元年收入的家庭而言增值税仍然体现出累退性。

日本实施收入倍增计划以后,力图实现税收和社会保障制度的统一,未来民生建设方面的制度框架将有较大的变动。总体而言,将目前的劳动税额减免、儿童税额减免、所得支援及求职者津贴、住宅津贴等统一纳入到所谓的"综合家族支援"项目中,从而在解除目前税收减免和补贴、津贴之间的繁琐处理程序的同时,降低低收入阶层的实际边际税率,如图 9-5 所示。

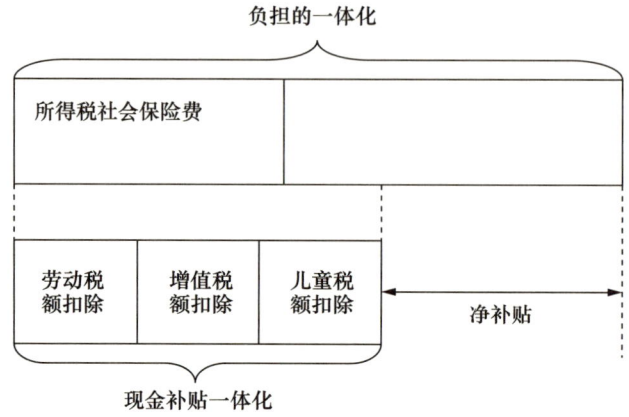

图9-5 日本收入增长税收政策经济效果

此外,在宏观经济层面,此次税制改革能够扭转日本目前通货紧缩局面,并搞活实体经济,预计到2020年,实现名义经济增长率3%、实际经济增长率2%的目标,同时构建和实施综合性经济发展政策。

三、启示

日本的近期改革动向则更加注重强调税收和社会保障制度的一体化改革来实现居民收入的增加。日本将间接税和直接税改革结合起来,通过增值税确保居民生活保障资金来源的同时,改善增值税的累退性,增强所得税收入再分配功能来力求实现居民可支配收入的提高。

收入增长税收政策不仅是保障低收入阶层的所得,而且直接与劳动这一活动和收入的取得联系起来,具有激励劳动供给的政策功能。同时能够减少没有参与劳动的阶层获得生活补贴的失业补助模式中存在的道德风险。通过税收额度的抵免措施实现与社会保障制度的一体化运营,从而提高行政效率,也就是藏富于民的收入分配理念。

日本在国民收入初次分配中,个人所得份额约为50%,经过转移支付等手段后,个人所得份额占国民收入份额超过80%。这也是导致日本收入差距较小的原因之一。另外就是突出企业在提高居民可支配收入提高中的作用。

日本主要围绕个人收入和财富领域的税收与社会保障制度一体化改革为核心内容而展开,力图构建社会保障补助金和税收抵免融为一体的财税制度结构模式。这一改革的主旨也可以概括为附有补贴的税额扣除,即针对所得税的纳税人给予税收抵免,没有全部抵免掉的纳税人或处于征税起征点以下的个人实施现金补贴的制度,其思想来源于弗里德曼的负所得税。

第三节 韩国的经验及启示

一、韩国居民收入倍增税收政策——劳动所得保全税制

为了缓和收入分配差距、提升劳动阶层的实际收入，2009年韩国实施了提高居民收入为核心目标的税收制度改革——劳动所得保全税制（也称作勤劳奖励税制、勤劳所得保全税制），此项政策受益群体是那些虽然认真劳动、工作，但是生活依然艰辛、穷苦的劳动者或自由职业者（保险销售员、推销人员），结合子女抚养人数、工薪金额而计算出来的劳动奖励金，目的是激励劳动投入、提高其实际收入水平。

这一制度是针对具有超过一定金额以上劳动所得的家庭，以参与劳动为前提条件给予税收抵免（减税），所得较低而无法全部抵免的情况下实施税收返还或政府补贴（实际上是社会保障支付）。税收抵免额依据所得的增加而增加，所得达到一定额度以后，如果再超过某一限额，税收抵免额递减，最终消失。从本质上而言，这是税额减免和生活保障补贴相结合的制度，与原有的税额抵免和所得抵免不同的是，这一制度能够将应纳税所得额较低的个人纳入受益范围之内。

（一）劳动所得保全税制的四个要件

勤劳所得保全税制按照每一个家庭为单位，且仅限定为劳动者或受雇者。韩国的勤劳所得税制在申请税收抵免或政府补贴时必须具备四项基本要件：夫妻合计总所得、未满18岁子女的抚养家庭、住宅和财产。具体要求如下：

1. 家庭总所得标准

为了救济和支援劳动贫困阶层（次上位阶层劳动家庭），韩国的勤劳所得保全税制，针对家庭所得低于最低生活费用120%的居民——排除在国民基础生活保障制度①范围之外的阶层，即所谓的"次上位阶层"为主要对象。

2009年开始实施此项制度时规定上一年度夫妻合计总所得低于1700万韩元（约合人民币9.01万元）的家庭能够获得此项政策援助。夫妻合计总所得包括劳动所得、利息所得、年金、分红、不动产租赁收入、事业所得、其他所得，并将个人所得税法中非课税所得排除在外。与勤劳奖励税制相关的非课税所得包括社会保险赔偿金中的死亡或灾害关联的部分、雇用保险中的失业补贴、育儿休假补

---

① 韩国的国民基础生活保障制度与我国的最低生活保障制度类似。

贴、产前产后休假补贴、生产工人加班、节假日通勤等津贴，并且每年总和不超过240万韩元的部分。但是，针对不动产租赁收入、经营所得、其他所得中扣除必要经费以后出现负数时则认定为0，避免人为调整所得额。2012年调整勤劳奖励税收制度以后，新的家庭总所得标准与有无配偶以及子女抚养人数相关。表9-2为按照子女数量而划分的领取勤劳奖励金的家庭限定总收入。

表9-2 家庭总所得标准

子女抚养数量	0名（有配偶）	1名	2名	3名及以上
总所得标准	1300万元以下	1700万元以下	2100万元以下	2500万元以下

注：总所得是指事业所得（保险销售人和推销人员除外）和其他所得核算所得金额，利息所得、劳动所得、年金所得、事业所得中的保险销售人和推销人员所得则核算总收入金额。

2. 未满18岁子女抚养家庭

最早出台方案时规定抚养2名或以上未满18岁子女可以享受这一制度。2012年对这一制度重新做了修改，至少抚养一名子女，但是只要有配偶没有子女也可以申请奖励。具体分为三种家庭情况：第一，子女包括养子（女），且以下情况下将孙子（女）或兄弟姐妹也认同为子女，其一是无亲生父母的孙子（女）或兄弟姐妹，其二是仅有父亲或母亲的孙子（女）或兄弟姐妹，父母的年收入低于100万韩元，其父母按照韩国残疾人雇用促进法及被相关法律认定为三级残疾人的未成年人，其三是仅有父亲或母亲的孙子（女），父母的年收入额低于100万韩元，父母为未满18岁的未成年人。第二，申报前一年度12月31日未满18岁，但有重度残疾的人没有年龄限制。第三，年收入合计低于100万韩元的家庭。

3. 住宅的限制条件

家庭成员前一年度6月1日为节点，不持有房屋，或者，虽然持有房屋但市价没有超过5000万韩元的家庭。2012年起放宽了房屋市值的标准，即拥有6000万以下一所小规模住宅的家庭可以申请勤劳奖励金。

4. 财产的限制条件

财产方面不能超过1亿韩元。所有家庭成员的前一年度6月1日时点上所持有的财产合计没有达到1亿韩元。财产具体包括，土地及建筑物、汽车、租赁保证金、金融资产、有价证券、高尔夫会员券、获取不动产的权证。将财产也纳入勤劳所得税制申请要件的主要原因是韩国的个人收入信息获取较难、财产数额统计的准确率较低，以2006年为例，韩国国税局仅掌握了75.9%的个人所得税申报信息。

第九章 税收调节居民收入分配的国际经验和借鉴

(二) 劳动所得保全税制的政府奖励机制

韩国的劳动所得保全税制的补贴体系最大的特征是依据劳动收入奖励或补贴额体现三个阶段——递增阶段、定额阶段和递减阶段。递增阶段是指随着劳动所得的增加政府补贴额即所谓的勤劳奖励金定率增加的阶段，定额阶段是指政府补贴额与劳动所得的增加没有关联而给了最大支付额的阶段，递减阶段是指随着劳动所得的增加勤劳奖励金定率减少的阶段。夫妻双方年劳动收入总额为 800 万韩元之前为递增阶段，随着劳动投入和劳动收入的增加，当劳动收入总额为 800 万~1200 万韩元时政府支付定额补助 120 万韩元。若收入继续增加，超过 1200 万韩元而未达到 1700 万韩元时，政府将 1700 万韩元中减去实际劳动所得以后数额的 24% 作为勤劳奖励金而支付给家庭，如表 9-3 所示。

表 9-3 韩国劳动所得保全税制的结构框架 单位：韩元

家庭年劳动收入	0~800 万	800 万~1200 万	1200 万~1700 万
制度特征	递增阶段	定额阶段	递减阶段
补贴比例或额度	劳动所得×15%	120 万（最高补贴额）	(1700－劳动所得)×24%

资料来源：根据韩国国会立法调查处《劳动所得保全税制运营现状与改革方案》(2011) 资料整理。

每年 5 月韩国人开始申请勤劳奖励金，在申请书中提供勤劳所得、财产相关的证明文件。申请成功的勤劳奖励金通过审查后每年 9 月支付完毕。

近两年，韩国政府阶段性地放宽了申请条件，2011 年开始，受益对象扩大到抚养 1 名以上子女的家庭，到 2014 年计划将小规模零星个体经营者也纳入扶持对象。另外，到 2030 年将没有子女的家庭也纳入扶持范围之内，从而使得受益家庭比例扩大到全部韩国家庭数量的 20%，即 360 万家庭（见表 9-4）。并从 2012 年起进一步扩大勤劳奖励税制的适用对象和补贴额度。通过这一改革，将原有的勤劳奖励税制中，未成年子女抚养人数和政府补贴额度都做了较大的调整，如表 9-5 所示。

二、韩国最新改革动向

为了向低收入者提供更多的福利，2013 年 8 月，韩国发表了税务法修正案和中长期税收政策方案。基于新税法，2014 年起，韩国取消个人所得抵扣制度，而这一制度一直被誉为是韩国的"第 13 个月工资"，即个人所得税抵扣相当于多领取了一个月的工资。针对年总收入超过 3450 万韩元（约合人民币 19 万元）的劳动者提高征税额度，并将增加的税收收入用于贫民和低收入阶层的各项福利中去。另外,此前不属于缴税范围的牧师、僧人等宗教人士以及10亿韩元以上的高收入农民也将被列入缴税范围。①

表9-4 劳动所得保全税制中补贴模式的分阶段扩大方案

阶段	第1阶段（2008~2010年）	第2阶段（2011~2013年）	第3阶段（2014年开始）	第4阶段（2030年结束）
	适用于劳动者的阶段		扩大到个体经营者阶段	全面实行阶段
适用对象	抚养2名未成年子女和无房产	抚养1名以上未成年子女	抚养1名以上未成年子女	没有子女的家庭也纳入对象
适用家庭	约31万家庭	约90万家庭	约150万家庭	约360万家庭

资料来源：韩国企划财政部发布的《2011年税法改革》方案。

表9-5 未满18岁子女抚养家庭的勤劳奖励金的最大支付额　单位：韩元

未满18岁子女抚养人数	年总收入标准	2009~2011年最高补贴额	2012年新政最高补贴额
0名	不足1300万	60万	70万
1名	不足1700万	120万	140万
2名	不足2100万	150万	170万
3名及以上	不足2500万	180万	200万

资料来源：韩国企划财政部发布的《2011年税法改革》方案。

在中长期税收政策基本方案中提出了今后5年内的韩国纳税政策调整方向，计划到2017年将税负率从目前的20.2%逐步上调至21%，以确保足额的财政收入。而从增税的手段上来讲，与直接增税相比，将更多地采取取消或减少纳税优惠、地下经济阳光化等措施来扩大征税范围和税基。同时，适当通过社会公开讨论来决定增税的幅度和方法。

除此以外，对缓解就业负担、将临时工转换为正式职员的中小企业将给予每实现1名减免100万韩元税额的优惠。大企业的税额减免优惠率则从目前的7%~10%下调至3%。此次税制改革的目的，除了政府向平民阶级和中产阶级提供更多的支持以外，还要保证韩国政府财政收入来源的稳定性。

三、韩国收入倍增税收政策经济效应

韩国的政策对于低收入劳动者、自由职业者及家庭支付现金，从而增加实际

---

① 韩国税制发展审议委员会. 2013年税法修正案［Z］. 2013年8月.

所得，实现了通过税收制度的收入再分配效果。由于引入此项制度，韩国的社会保障安全网从二重扩展到三重，进一步增强了低收入者的社会安全网保护功能。

韩国收入倍增税收政策依据税额扣除不同阶段和参与劳动与否而产生较大的反差。这一政策能够激励没有参加劳动的群体的劳动参与欲望，原因在于税收补贴政策以劳动者的劳动参与为前提条件。对于已经从事劳动的阶层而言，在税额扣除递增的阶段，替代效应促使劳动供给增加，而收入效应则起到相反的作用。在定额阶段，依据收入效应，劳动供给会缩小。同样，处于税收扣除递减阶段的劳动者也会产生减少劳动供给的效果，如图9-6所示。

效应类型	递增	定额	递减
替代效应	增加	零	减少
收入效应	减少	减少	减少

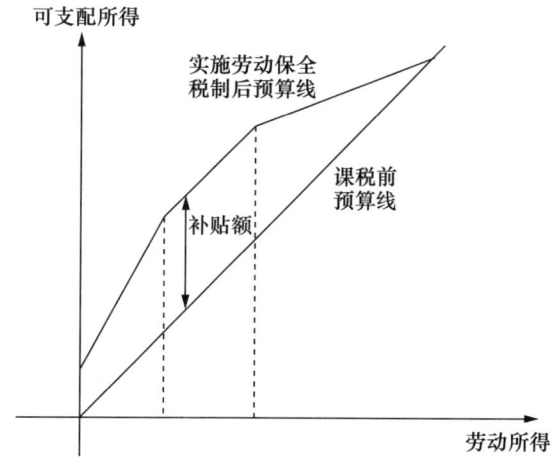

图9-6 韩国收入增长税收政策经济效果

2009年第一次实施奖励金制度时，占申请者81.5%的59.1万家庭领取了政府勤劳奖励，平均每户领取了767682韩元。随后，接受补贴的家庭数量逐渐减少，2011年为52.2万家庭，但是平均补贴金额有所增加，为768015韩元，实现了依据劳动所得最低1.5万韩元到最高120万韩元的比例支付模式。2013年领取补贴的家庭数量比2012年增加了1.7万户，但奖励金数额却减少了660亿韩元。究其原因，是因为2013年领取奖励金的家庭中无子女家庭的比例为44.7%，比

2012 年增加了 13.1%，从而降低了平均奖励金数额，另外资质审查方式的改进也控制了奖励金的支出规模（见表 9-6）。

表 9-6　各年补贴家庭数等动向

分类	2009 年	2010 年	2011 年	2012 年	2013 年
补贴家庭数（户）	591	566	522	752	769
补贴额合计（亿韩元）	4537	4369	4020	6140	5480
每个家庭平均补贴额（韩元）	767682	771908	768015	816489	712614

注：根据韩国国税厅相关数据资料整理。2013 年的数据以 2013 年 9 月 1 日为节点整理而得。

此外，2013 年的税改方案，加重了年总收入超过 3450 万韩元的劳动者，他们是韩国 1554 万名劳动者中收入排在前 28%（434 万名）的高收入人群。2014 年起，新税法增加这些群体 1.3 万亿韩元（约合人民币 72 亿元）的税收负担。其中，年薪在 5000 万~7000 万韩元（约合人民币 28 万~39 万元）之间的最高收入劳动者平均纳税金额将增加 16 万韩元（约合人民币 884 元），7000 万~8000 万韩元多缴纳 33 万韩元，8000 万~9000 万韩元多缴纳 98 万韩元，9000 万至 1 亿韩元多缴纳 113 万韩元，3 亿韩元以上多缴纳 865 万韩元。政府将新增的税收收入用于补贴家庭年收入低于 4000 万韩元（约合人民币 22 万元）的家庭。简而言之，就是向 28% 的高收入人群征更多的税，来支持剩余 72% 的低收入人群，并充实子女奖励金（CTC）和劳动奖励金（EITC）制度所需的财源。

总体而言，2013 年的税法修正案及中长期税收政策方案能够给韩国政府带来 2.49 万亿韩元的收入，高收入阶层和大企业增加 2.97 万亿韩元税收负担，普通民众、中小企业的税负则将减少 6200 亿韩元。

四、启示

韩国实施的收入倍增税收政策，核心内容为劳动所得税减免制度，这一制度旨在提高劳动贫困层的劳动积极性，支援实际收入的返还型税制，具有激励劳动、引导就业的作用。

在税负的减免方式上体现了从所得扣除（带有补贴）到税额扣除的变更，税额扣除方式具有防止所得税的税基受到侵蚀和强化所得税累进功能的两种效果。仅以一定所得以下的纳税人或家庭为制度受益对象，能够抑制税基的侵蚀且提高政府收入的使用效率。同时，这种变更能够增加高收入阶层的负担并降低低收入阶层的负担，从而具有提高所得税累进功能的效果。

第四节 印度的经验及启示

一、印度居民收入现状

印度的居民收入自20世纪90年代以来有逐步扩大的趋势，但其低收入阶层居民收入状况变化不大，其中收入差距扩大的原因主要是高收入阶层的收入增长速度相对较快导致的。

印度城市服务业的迅速发展对于城市内部不平等上升贡献较大。由于印度快速发展的现代服务业导致印度城市内部收入差距水平较大，而印度农村内部收入差距水平小于城市收入内部差距水平。

印度城乡收入差距和不平等和其他发展中国家相对比较小。主要是因为印度政府在改革过程中，一直非常重视提高农村居民收入和保障农村居民生活水平政策制定，这些政策导致印度自独立以来，农村居民内部差距一直在缩小。

二、印度调节居民收入差距的税收政策

虽然印度税收政策调节居民收入差距还不够有效，但是因为与中国同为发展中大国，很多方面具有可类比性，所以具有重要的现实意义和重要的客观依据。另外，两国都在进行市场经济体制改革。

印度政府调节居民收入差距的税收政策，主要是利用个人所得税和财富税进行调节。在印度的个人所得税实行三级超额累进税率：对于应纳税所得额度，10万卢比以下收入部分（不含10万卢比），税率为0；10万~15万卢比收入部分（含10万卢比），税率为10%；15万~20万卢比（部分含15万卢比），税率为20%；25万卢比以上收入部分，税率为30%。

财富税。印度的财富税本质上就是财产税。印度政府规定，对于养老金、社会救济、社会福利和保险等福利性财产免征财富税。对个人征收的财富税按年度征税，使用超额累进税率，有相应的免征额。另外，除了基本财富税法规定以外，印度财富税还对某些特定情况课征0.5%~2%不等的附加税。特别附加一些有利于低收入群体的免税规定，对调节居民收入差距有一定作用。

三、启示

对比中国和印度在收入分配问题内在的结构性，可以看出，印度在提高收入

再分配效率和促进就业方面经验较为成功，其对缩小居民收入差距作用显著，所以我国可以借鉴这方面经验，在运用税收政策促进就业方面加大力度，尤其对中小微企业实施税收减免和优惠，鼓励其发展壮大和提高我国自主创新水平。尤其在我国许多中小微企业按照现行税法上缴个人所得税，比企业所得税高出近 10 个百分点，加大了中小微企业负担，影响了就业劳动力的吸纳能力。

第五节　各国模式比较分析

一、各国税收制度调节收入分配的四种模式介绍

税收和社会保障制度一体化理念下增加居民收入的税收政策中典型的制度模式为所得税和增值税相关措施，总结各国的经验大致分为四种类型：一是针对工资的补助金或称劳动税额扣除，二是子女抚养补贴（儿童税额扣除），三是削减社会保险缴费负担，四是增值税累退性的减缓措施。

（一）劳动税额扣除

美国的劳动所得税额抵免或英国的就业劳动税额扣除（Working Tax Credit，WTC）是典型代表，主要内容是通过税额扣除对劳动所得给予补助，以此达到针对低收入劳动者的资金支援的目的，实现贫困阶层经济性自立的目标（Welfare to Work）。反映此类政策目标的制度设计理念或具体实践模式分为两种：一是伴随着劳动供给和工薪所得的增加政府的补贴额或者退还额也相应提高的分阶段引入（Phase-In）模式，如美国的 EITC；二是超过规定工作时间继续劳动的情况下给予首次补贴的模式，如英国的 WTC。目前，美国、英国、法国、瑞典、加拿大、新西兰、韩国等 10 个国家实施了这一制制度。

（二）儿童税额扣除（或财政补贴）

此项措施是针对有子女的家庭的经济性援助，包括儿童补助等直接补贴，这是发达国家普遍采用的政策模式，目前有不少国家通过利用带有补贴性质的税收扣除制度来实现这一政策目标。这一制度在运行过程中通常不以所得多寡为政府给予补贴的依据，而是根据抚养孩子的人数确定税收抵免或税收退还的补助金额，家庭所得超过一定标准以后税额扣除额递减或消失。美国、英国、加拿大、新西兰、德国等国家采用了这一制度。

（三）削减社会保险税的负担

对于发达国家的大部分劳动者而言，最大的负担不是所得税，而是依据劳动

所得为基础计算（工资薪金所得者而言，保险金是从报酬中代扣代缴）的社会保险税（费）。社会保险金通常按率征收，没有最低征收限额的设置，因此，对低收入阶层造成的负担较大，而雇主认为社会保险费增加了雇佣成本。基于此，各国普遍存在着社会保险加入率低下、非正式雇佣现象增加等问题，而补贴性税收扣除制度作为解决社会保险税负面效应的对策而广泛实行。美国的 EITC 在实施初期就是为了减少社会保险金的负作用而试点运行并广泛推广。荷兰引入劳动所得税收抵免制度（Labour Income Tax Credit，LITC）也是为了有效发挥这一功能。与美国的 EITC 相同，随着劳动所得的增加税收扣除额也相应增加（超过一定水平以后不再增加，但不是递减而是维持一定额度），但其扣除额度不会超过社会保险税额。其结果是，形式上带有"支付"的税收抵免，但从所得税和社会保险税的总额来看，不会发生从国库到居民私人的资金转移（支付）。

（四）增值税的累退性减缓措施

增值税的累退性减缓措施是利用间接税来实现削减居民税收负担和增加收入的重要而特殊的政策手段。加拿大的商品和服务税（Goods and Services Tax，GST，与我国的增值税相同）的税额扣除（Goods and Services Tax Credit，GSTC）是其典型代表。1991 年引入这一政策时的目的是减少生活必需品相关的税收负担、降低增值税具有对低收入阶层的累退性。依据家庭生计调查计算出来的基础性生活费用 7%（增值税税率部分）的部分从所得税额中扣除，没有全部扣除的部分全额退还。扣除额度按照家庭为单位计算，每个家庭年度所得超过一定水平以后开始递减、最终消失，因此将这一制度的受益者限定在低收入阶层。以加拿大、新加坡为典型代表。

二、小结

美国税收制度在强化社会保障等制度框架下，更加强调效率优先，尽力给每个居民提供公平公正的发展机会，也就是保障各个阶层之间较高的流动性，即保证各个阶层能上能下，而且美国较大收入流动性对美国工资收入不平等程度减轻了 12%~26%。① 可以看出美国注重长期的收入差距缩小，提高整个社会中长期福利水平，也就是在于确保家庭收入持续增长的机制设计。同时，美国制定鼓励低收入家庭就业的所得税信用制度等政策对缩小收入差距起到较大贡献。日本更加注重社会保障对收入分配调节的作用，存在庞大的中小企业，且在初次分配中个税份额在 50% 左右，大力发挥消费税的调节作用，同时有贯穿始终的藏富于民的理念。韩国更加强调社会民主化，以社会民主化推动收入分配差距缩小。韩

---

① Buchinsky M, Hunt J. Wage mobility in the United States [J]. Review of Economics and Statistics, 1999, 81 (3): 351–368.

国收入分配模式强调边增长边分配的模式,可以较好实现较快经济增长和公平分配良性互动的模式。印度更加强调促进就业对调节收入分配的作用,为此构建了利用就业的制度和机制措施。Coondo 和 Dutta（1990）通过对印度收入差距的实证分析发现,收入流动率为 25%,其对收入分配起到较大调节作用,也就是收入较低的家庭发生了向上的收入流动,使平均收入得到增加。① 印度基本是先增长后分配的增长导向型收入分配模式,但是这种模型容易造成收入差距过大,贫困加剧。我们根植我国国情,在均衡公平和效率的基础上,制定符合我国实际的税收改革措施。

---

① Dipankar C, Dutta B. Mesaurement of income mobility: A application to India [J]. Economics, 1990.

第十章 税收对收入分配的动态调节机制完善对策

结合前面定性和定量分析发现,我国现行税收制度调节居民收入分配差距作用弱化的主要原因在于:一是以间接税为主体的税制结构,造成税负主要由社会低收入阶层负担;二是直接税类税收收入占税收总收入比重过低,且富裕阶层利用税负转嫁导致税负畸轻,与其占有的财富总量极不相称。特别是个人所得税收入比重过低,且大部分由工薪阶层负担,导致其没有起到应有的调节作用。

我们必须根据我国国情具体特点,构建符合我国经济社会发展规律的税收制度,借助体制机制创新提高税收调节居民收入差距效率,促进经济社会公平公正。因为我国国民收入增长较快,且高收入阶层收入增长速度更快,所以要根据税源变化动态化调整税制结构,使税制结构及时准确反应这些变化,以提高税收调节效率。另外,从发展的角度看,只有动态化调整税制结构、税率结构和课税对象,才能提高税收调节居民收入再分配效率,实现发展成果由人民共享的愿景。

第一节 完善所得税对居民收入分配的动态调节机制

一、完善个人所得税对居民收入分配的动态调节机制

我国现行个人所得税和财产税所占税收总收入比重过低,反映出税制结构不合理,导致其对居民收入差距调节效应较小。特别是我国个人所得税基本由工薪阶层负担,致使个人所得税对居民收入差距的调节作用减弱,所以要在税收政策如何能促进居民收入增长速度和提高调节居民收入再分配效率上下功夫。

(一)调整个人所得税征收模式,稳步向综合所得征收转变

目前,我国采用的分类所得税存在的主要缺陷是,有失公平和效率,没体现

量能纳税，导致一些纳税人通过分解收入和多次扣除费用来偷税漏税。我国尚不具备完全采用综合所得税的条件，可以实施渐进式改革，即实施部分分类征收和部分综合征收相结合的模式，这种模式可以兼顾国家收入和纳税人合理负担，然后随着条件的成熟，逐步向综合所得税制过渡。要加快建立个人信息系统和个人征信系统建设步伐，尽力做到应缴尽缴，逐步实施个人申报和家庭申报相结合的申报制度，建立健全个人收入双向申报制度和全国统一的纳税人识别号制度。对同一纳税人的各项收入所得合并，并按照相适用的超额累进税率计算纳税额度，相同额度的收入对应相同的税率，有利于公平。

实施个人所得税减免制度相当于返还型税制，能提高劳动贫困层的劳动积极性和引导就业。在税负的减免方式上，体现了从所得扣除（带有补贴）到税额扣除的变更；在税额扣除方式上，具有防止所得税的税基受到侵蚀和强化所得税累进功能的双重效果。具体实施时，以一定所得以下的纳税人或家庭为制度受益对象，能够抑制税基的侵蚀且提高政府收入的使用效率。同时，这种变更能够增加高收入阶层的负担并降低低收入阶层的负担，从而具有提高所得税累进功能的效果。有效调节收入分配的税收政策不仅是保障低收入阶层的所得，而且具有激励劳动供给的政策功能。同时能够减少没有参与劳动阶层获得生活补贴的失业补助模式中存在的道德风险，所以要求政府借助一定的手段甄别不劳而获的阶层，可以考虑通过税收额度的抵免措施实现与社会保障制度的一体化运营，从而提高实施效率。

（二）注重课税公平，兼顾效率原则

以家庭为单位进行征税，综合考虑家庭收入结构，实施家庭津贴，取消已有的标准抵扣和个人所得税优惠等。同时综合考虑横向公平，即等量的收入（等于纳税人的经济能力）应该被同等征税。

纵向公平，较高的收入（或经济能力）的纳税人应该缴纳相对高的税。消除个人最高税率和减少资本收入的税率使高收入家庭获益；减税政策实施后，高收入家庭减免的税收负担将最终由中等和低收入家庭承担。通过税收优惠，以支持贫困家庭，税收抵免的对象包括所有的家庭，并且可以按照家庭人数、年龄实施差别化的定额补贴制度。

（三）双重所得税

考虑到税基对税率的相对敏感性，结合金融资本比劳动资本在国际范围内更具有流动性，可以对资本收入以较低的扁平化税率，对劳动收入以累进的税率。在高通货膨胀和高名义利率情况下，对相应的名义利率给予较高的利息支出或者累进税率优惠，从某种程度上说，是对资本收入的净税收损失。

此项政策的利处是激励投资和储蓄，消除了股权和债权融资之间的扭曲。弊

处是给予资本收入更多的政策倾斜,可能导致效率损失,这也是现今权衡得失的有效措施。

(四) 动态调整费用扣除标准

1. 合理扩大征税范围

随着我国经济社会的发展和个人收入来源趋于多元化,其税源结构和水平也在不断变化,需要我们与时俱进,动态化调整相关税收政策,合理有效率确定课税范围,这样既保障了国家税收收入,又利于提高税收调节居民收入差距水平。

2. 改革生计费用等扣除

扩大个人所得税的费用扣除额度,提高了中低收入家庭的收入水平,导致其财产性收入的增加。但是现行3500元的免征额,没有充分考虑我国不同区域收入水平的差异和物价上涨水平等因素,所以合理动态界定免征额,能提高中低收入者的收入水平和改进收入分配不平等,亦因其较高的边际消费倾向而使内需扩大。

目前我国的个人所得税实行单一标准的定额生计费用扣除方案,没有照顾到中低收入阶层的现实情况,有悖公平,所以建议根据其家庭结构和经济状况来综合考虑,给予其合理相应费用扣除,例如可以考虑通过分级定额扣除的办法来减轻中低收入阶层家庭负担。

针对具有超过一定金额以上劳动所得的家庭,以参与劳动为前提条件给予税收抵免(减税),所得较低而无法全部抵免的情况下实施税收返还或政府补贴。税收抵免额根据所得的增加而增加,所得达到一定额度以后,如果再超过某一限额,税收抵免额递减,最终消失。从本质上而言,这是税额减免和生活保障补贴相结合的制度,与原有的税额抵免和所得抵免不同的是,这一制度能够将应纳税所得额较低的个人纳入受益范围。

税收补贴政策要以劳动者的劳动参与为前提条件,对于已经从事劳动的阶层而言,在税额扣除递增的阶段,替代效应促使劳动供给增加,而收入效应则起到相反的作用。在定额阶段,依据收入效应,劳动供给会缩小。同样,处于税收扣除递减阶段的劳动者也会产生减少劳动供给的效果。

(五) 优化税率,均衡不同收入来源的税负

由于不同收入来源应税收入的差别化税率较为复杂,导致其没能起到有效调节居民收入差距的效用。例如针对经营性收入、工资性收入和劳务所得的税率差异较大,由此形成位于同一收入层次的人税负差异较大,导致调节收入再分配无效率。所以我们要保证在税率整体累进性的前提下,有效均衡边际税率和平均税率的水平,扩大低税率级距范围;在降低中低收入阶层税收负担的同时,保障高收入阶层的劳动投入积极性,从而提高整个社会福利水平。

二、完善企业所得税对居民收入分配的动态调节机制

通过前面实证分析可以看出,企业所得税对城镇和农村居民收入具有负向调节作用,适当降低企业所得税能提高企业效益,有利于其扩大生产、吸纳居民就业和提高就业人员收入等,易于提高劳动要素报酬比重,促进居民提高消费能力,最终促进我国经济发展的良性互动。在税收归宿的文献中,企业所得税的转嫁是不确定的,导致其对居民收入的影响也是不确定的。因为企业可以通过提高自身产品价格将税负转嫁给其产品和服务的消费者身上,也可以通过降低工人工资而将税负转嫁给工人,正是由于以上的特征,导致企业所得税的税收归宿不确定。但考虑到我国中小企业的所有者以中低收入阶层为主,大型企业的所有者以高收入阶层为主,那么企业所得税可能更多体现为累进作用。同时考虑到高收入者的资本性收入远大于中低收入者,企业所得税对调节居民收入有积极正向作用,通过结合国家产业和区域经济发展需要,可以重点从以下几个方面实施税收优惠:

(一)鼓励支持中小微企业的发展

随着经济社会的发展,中小企业已经成为社会技术创新的主要力量,所以鼓励其发展,有利于构建和谐创新型社会。利用税收政策大力鼓励中小微企业发展,能对缩小收入差距起到关键作用。

从优化税制结构视角看:其一是要从整体上完善中小微企业的税收政策体系,为其创造稳定的政策环境;其二是科学规划现行增值税改革,尽量使税收优惠法定化、长期化,保证政策的连续性;其三是在科学界定中小企业标准情况下,加大税收直接优惠力度,降低其税率水平,可以考虑将起征点改为免征额;其四是进一步降低中小微企业的融资成本和投资成本。对放宽金融结构对中小微企业的小额信贷和信用业务予以企业所得税优惠减免,缓解其融资压力。实施利润再投资税收减免计划等。另外要扶植中小微企业发展,要符合国家中长期产业发展规划。可以考虑国家设立专项扶植基金,由具有合适资质的风险投资公司代为评估和实施动态化直接补贴或者优惠贷款。对中小微企业的投资,可以结合具体产业政策,对符合条件的企业实施加速折旧和投资抵免,还可以对中小微企业的投资收入实施再投资退税的优惠等。

可以考虑对一些高技术创新和外溢效应大的企业实施综合税收优惠和抵免计划,因此类企业在创业初期受自身约束,不能有效应用税收优惠等激励措施,所以我们可以借鉴负所得税制度,通过公平公正方式给予直接补贴,以促进其发展壮大;但须经过相关部门认证,符合我国产业发展规划,并且有发展前途的企业。

(二) 促进产业结构调整，扶植鼓励第三产业发展

第三产业门类广、部门多，很多属于劳动密集型和知识密集型产业，能吸纳大量劳动力就业，因此对居民收入调节作用明显。

首先，继续优化现行劳动密集型服务业的税收优惠政策，鼓励发展就业容量大的商贸流通、餐饮、修理等传统行业，要特别重视发展现代物流配送、连锁超市等新型服务业以及社区服务等就业弹性较高的服务业。

其次，加快制定税收优惠政策的产业导向，引导资源流动，促进现代服务业、高端服务业和新兴服务业的发展，因为高新技术产业和技术进步是保障国家竞争力和经济社会可持续发展的重要源泉；通过税收政策鼓励企业创新和创新型人力资本的投资，从而优化第三产业内部结构。

最后，通过制定给予能吸收大量劳动力就业弹性高的外包企业税收优惠，鼓励其发展服务贸易。

第二节 完善流转税对居民收入分配的动态调节机制

一、完善增值税对居民收入分配的动态调节机制

虽然增值税在大多数情况下表现为累退性，但在特殊的门类也具有累进性，所以要深入分析挖掘行业间差异，把握其在特殊门类中的累进性作用，在增值税内部结构上整合，促进其对居民收入的正向调节作用，所以要动态调整增值税课税对象和税率。从我国实际情况看，由于增值税在生活必需品等行业呈累退性，如果对食品等生活必需品实施较低的优惠税率时，相当于对高收入阶层实施补贴，且税基受到较大侵蚀，增加经营者的负担，因此，在进行税制改革时应尽量坚持实行增值税的单一税率模式，降低效率损失。

如何增强间接税的累进性而实现其政策目标很有难度。可以考虑实施带有补贴的税收抵免政策，增税与补贴的政策有效组合能对中低收入家庭起到减轻税负的作用。也就是根据收入水平，对低收入家庭实施相应的税收抵免层级，并给予相应补贴，以期补贴性税收抵免减少增值税累退性的作用。但这一政策弊端对最高收入家庭仍体现累退性，需要从公平和效率角度均衡考虑，特别是在营业税改征增值税的过程中，要科学应对。同时，实施对商品购买者或者消费者所在地征税原则，有利于减少增值税对地区收入差距的负向调节。另外，要进一步加大增值税进项抵扣范围，提高小规模纳税人待遇，以鼓励中小企业发展，缩小居民收

入差距。

二、完善消费税对居民收入分配的动态调节机制

在任何给定的一年,更为公平的征税应该是基于个人消费能力(他们的收入水平),而不是他们的实际支出。例如,两个人在上一年支出相同,高收入者节省他们一半的收入,中等收入者支出了他所有收入。而高收入者可以在未来自由支配其剩余的一般收入进行消费。对于中等收入者更多的选择是限制消费,因为他必须在消费和储蓄之间做出抉择。从长远的角度着眼,消费税体现在人生命周期内承担了更多的税收,导致人们的现实选择更加受限(例如失业、孩子早期抚养阶段和退休)。

在人的一生中,高收入阶层人群有更高的收入能力来平滑他们的收入,例如为了退休而储蓄。通过对储蓄征税,可以有利于收入差距的缩小。与此相关,财富被不平等分配,这是导致社会上更加不平等的重要因素(例如,获得信贷,体面住房和教育机会)。

当我们从个人生命周期角度考虑时,消费税并不需要一定要比所得税有更高的累进率。还有就是财富可以通过代际之间转移,要注重代际之间的公平,下一代可能比我们这一代负担更多税收负担。若消费税税制设计不合理,本代人享受的福利可能是以牺牲未来一代人的利益为代价的。要使税制更加公平、简化、透明和更加有利于储蓄和投资。

根据前几章实证研究可以看出,我国现行消费税存在逆向调节作用,还需要从税率结构、课税对象等多方面优化。要着力改革先行消费税制度,使之与经济增长协同,与不断变化的消费结构吻合,从而提高其调节居民收入分配的效应。

深化消费税改革,首先,要按照估计标准调整消费税课税范围,适当增设新税目,扩展消费品项目的税基,将明显超越普通大众生活水平的高消费项目或奢侈消费行为列入征税范围,征收特别消费税。其次,要合理设置消费税税率,对国家实行专卖、价高利大的应税消费品和奢侈品实行高税率,对生活必需品采用低税率或免税,从而降低大众化消费品的价格,减轻低收入阶层的税收负担。再次,为适应市场经济发展的需要,应尽快推动消费税由价内税改为价外税,计税依据由含税价格改为不含税价格,以便与增值税计税依据统一,提高征税的透明度。最后,要明确消费税征管内容。

要充分利用消费税具有引导消费倾向、抑制奢侈消费等功能;所以我们要根据经济情况,动态化实施消费税改革,使之真正起到调节居民收入分配,保障公平和经济社会可持续发展的目标;同时为政府筹集收入发挥作用。

消费税由于其灵活性等特质,有其他流转税所不具有的优势,可以根据经济社会现实需要，针对特定对象课税，以提高政策效应。所以，在均衡效率与公平的基础上，充分发挥消费税的调节作用，有利于国家的长治久安、和谐稳定。

第三节 完善财产税对居民收入分配的动态调节机制

当前世界各国的遗产税、赠与税和财产税主要是对财产征税，有助于防止社会财富过度集中，缓解财产性收入的分配不公，有效补充个人所得税的不足。发达国家普遍建立了以个人所得税为主，以遗产税、赠与税、财产税为辅的财产性收入调节机制。我国目前还没有开征遗产税和赠与税，财产税本身也不健全，致使我国税收没有起到调节居民的财产差距的作用。尽管我国财产性收入的税收收入占个人所得税总量的比重较小，但考虑到其收入增长速度和调节居民收入再分配的重要性，我们要充分重视其对资产再分配的调节作用。

为提高财产性收入的税收征管效率，应建立和完善我国居民财产登记制度，使得税务机构能全面动态掌握个人的财产占有情况，对财产性收入进行实时监控。

首先，通过调整征税范围来调节居民的财产性收入，例如完善财产税、开征遗产税和赠予税，开征资本利得税来调整财产性收入税率，与工资性收入的级次相对应，同一级次的财产性收入税率应高于工资性收入，也可以设置相应水平的起征点。其次，将工资性收入和资本所得收入合并实行综合所得税制改革。

由于财产性收入差距具有可以通过代际间传递的特性，会导致社会代际间不公；所以我国应适时选择开征遗产税和赠与税等。可以考虑一次性总付税模式，以被继承或被赠予的财产总额为计税依据，借助差额累进税率实施一次性征收。

随着我国经济的发展，高收入阶层的财产迅猛增长，财产性收入差距已经成为居民收入差距非常重要的一个方面，所以我国可以对部分高收入阶层先行课税，但要本着低税率和高免征额的方式渐进式推进，使税收扭曲最小化。同时，宣传和培养公民纳税意识和提高税收征管效率。遗产税可以考虑超额累进税率的总遗产税制，合理控制税率档次，考虑到遗产税的特性，其较适合作为中央财政收入。现阶段，我国赠与税税率安排不应低于遗产税的税率安排，并且赠与税要与遗产税税制模式相切合，保证财产所有人不论以赠与方式还是以遗产继承方式转移财产，使其税收负担是相等的。

第十一章 结 论

　　如何构建符合我国国情的税收调节居民收入差距体系，在于能否有效均衡公平和效率，在社会整体福利最大化基础上，充分协调直接税和间接税的搭配比重，使其调节效应最大化。

　　我国现行税制在保证效率的同时，没有有效兼顾公平。现行所得税结构也不利于发挥税收调节居民收入差距的作用，所以要综合协调运用直接税类调节居民收入分配，需要不断拓宽思路，改革创新，例如如何协调财产税和个人所得税等问题。另外，从提高税收收入的手段上来讲，与直接增税相比，应该更多地采取取消或减少纳税优惠、地下经济阳光化等措施来扩大征税范围和税基。同时，补贴性税收减免能更好地保障税收的累进性。另外，税收政策应该鼓励股权融资，提高企业投资效率，以保障税收收入。

　　此外，要注重税收对收入流动性的激励，因为只有高收入阶层、中等收入阶层和低收入阶层的相互良性有序流动，且向上流概率大于向下流动概率，才能给社会注入生机和活力，才能更加有效地兼顾公平和效率。同时，公平有效率的收入流动是对收入分配更加有效的衡量标准，也是保证长期收入分配均衡的一种手段。在分析哪些因素影响收入分配和收入流动性的时候，除了从市场和经济增长的角度分析收入分配差距的变动及其趋势之外，还需要重视那些非市场的和非经济的因素，以便更好地厘清问题的源头。本书表明，导致中国城乡居民收入差距扩大以及收入流动性放慢的更突出的因素，是那些非市场因素导致的分配不公以及由此造成的收入流动性受阻。在影响收入分配状况和流动性的因素中，机会的不公平和分配的不公正更为核心。因此，任何旨在改善收入分配状况和流动性的改革政策必须能够改变维持这些机会不均和分配不公的制度。

　　注重强调税收和社会保障制度的一体化改革来实现居民收入的增加。例如日本将间接税和直接税改革结合起来，通过增值税确保居民生活保障资金来源的同时，改善增值税的累退性，增强所得税收入再分配功能来力求实现居民可支配收入的提高。收入增长税收政策不仅是保障低收入阶层的所得，而且直接与劳动这

—活动和收入的取得联系起来，具有激励劳动供给的政策功能。同时，能够减少没有参与劳动的阶层获得生活补贴的失业补助模式中存在的道德风险。通过税收额度的抵免措施实现与社会保障制度的一体化运营，从而提高行政效率，也就是藏富于民的收入分配理念。围绕个人收入和财富领域的税收与社会保障制度一体化改革为核心，构建社会保障补助金和税收抵免融为一体的财税制度结构模式。可以把附有补贴的税额扣除，即针对所得税的纳税人给予税收抵免，没有全部抵免掉的纳税人或处于征税起征点以下的个人实施现金补贴的制度。

目前中国收入倍增计划中新的税收政策改革思路，是通过税收杠杆来协调地区之间、社会成员之间的收入差距，侧重于收入分配的公平问题。注重税收和社会福利体系的结合，可以弥补我国现阶段制度中所面临的不足部分，提高居民实际收入的同时，将传统的社会福利制度落实成工作福利，为我国财税制度的公平与效率创造良好的宏观政策环境。

本书立足于地区间、城乡之间收入流动性的多维视角探讨税收负担、地区特征因素对收入流动性的边际效应。由于受到数据可得性的限制，没有更加深入地研究居民个人及家庭异质性对收入流动性的作用机理。此外，本书仅从绝对和相对的角度刻画了流动性指标，没有细致和全面地反映不同维度下的流动性测算方法来揭示其变化与成因。今后可以结合个人、家庭及社区等微观数据，进一步考察地区之间、阶层之间、行业之间的收入流动性及相关制度的政策效应。

附 录

一、统计局资金流量表调整前后的劳动者报酬的比较

年份	调整前劳动者报酬（亿元）	调整前GDP（亿元）	调整前劳动者报酬/调整前GDP（%）	调整后劳动者报酬（亿元）	调整后GDP（亿元）	调整后劳动者报酬/GDP（%）
1992	16907.6	26638.1	63.47	14696.7	26923.5	54.59
1993	21295.4	34634.4	61.49	18173.4	35333.9	51.43
1994	28133.4	46759.4	60.17	25206	48197.9	52.30
1995	35086.9	58478.1	60.00	32087.4	60793.7	52.78
1996	39279.5	67884.6	57.86	37085.80	71176.6	52.10
1997	43730.3	74462.6	58.73	41870.4	78973	53.02
1998	46015.7	78345.2	58.73	44337.2	84402.3	52.53
1999	48965.8	82067.5	59.67	47177.9	89677.1	52.61
2000	53298.1	89468.1	59.57	50075.9	99214.6	50.47
2001	56987.9	97314.8	58.56	54444.8	109655	49.65
2002	62580	105172	59.50	60732	120333	50.47
2003	69243.9	117390	58.99	66925	135823	49.27
2004	—	—	—	81065.14	161840.2	50.08962
2005	—	—	—	93296.87	187318.9	49.80644
2006	—	—	—	106554.7	219438.5	48.55791
2007	—	—	—	128108.5	270232.3	47.4068
2008	—	—	—	150701.7	319515	47.16578
2009	—	—	—	167098.1	349081.4	47.86794
2010	—	—	—	190968	413030.3	46.23583
2011	—	—	—	222528.4	489300.6	45.47886
2012	—	—	—	256676.8	540367.4	47.50042
2013	—	—	—	299072.3	595244.4	50.24361
2014	—	—	—	328602.8	643974	51.02733

二、联合国公布的部分国家劳动者报酬占 GDP 比重情况

国家或地区	年份	人均 GDP（美元）	劳动者报酬（美元）	GDP（美元）	比重（%）
Denmark（丹麦）	2005	47567	823659	1545257	53.30
United States（美国）	2005	40841	7037200	1.2E+07	56.92
Sweden（瑞典）	2005	40370	1500028	2735218	54.84
United Kingdom（英国）	2005	37791	682205	1252505	54.47
Japan（日本）	2005	35718	2.6E+08	5E+08	51.51
France（法国）	2005	34152	896279	1717921	52.17
Germany（德国）	2005	33851	1131000	2244600	50.39
Italy（意大利）	2005	30313	581123	1423048	40.84
Spain（西班牙）	2005	26246	427402	908450	47.05
Israel（以色列）	2006	21113	311127	640773	48.55
Korea（韩国）	2006	19926	3.9E+08	8.5E+08	45.40
Czech Republic（捷克）	2006	13919	1382887	3231576	42.79
Hungary（匈牙利）	2006	11240	1.1E+07	2.4E+07	45.99
Poland（波兰）	2006	8951	377018	1060194	35.56
Chile（智利）	2006	8893	2.7E+07	7.8E+07	34.80
Mexico（墨西哥）	2005	8014	2390001	7659189	31.20
Russian Federation（俄罗斯）	2006	6942	1.2E+07	2.7E+07	44.55
Brazil（巴西）	2006	5790	969391	2369797	40.91
Romania（罗马尼亚）	2006	5696	132195	344651	38.36
Argentina（阿根廷）	2006	5479	226062	654439	34.54
South Africa（南非）	2006	5299	761856	1745217	43.65
Kazakhstan（哈萨克斯坦）	2006	5295	3228966	1E+07	31.61
Bulgaria（保加利亚）	2006	4117	15968	49361	32.35
Colombia（哥伦比亚）	2006	3715	1.2E+08	3.8E+08	31.27
China（中国）	2006	2142	105555	211924	49.81
Egypt（埃及）	2006	1427	171451	642986	26.66
Philippines（菲律宾）	2006	1350	1673991	6032835	27.75
Mongolia（蒙古）	2006	1235	749818	3714953	20.18
India（印度）	2006	794	1.2E+07	4.1E+07	28.07

资料来源：National Accounts Official Country Data & National Accounts Estimates of Main Aggregates，United Nations Statistics Division，2010；人均 GDP 为美元计价；劳动者报酬和 GDP 为本国货币计价，单位为百万；中国数据来源于《中国统计年鉴2009》。

三、各年城乡居民人均可支配收入及人均GDP

年份	人均GDP（元）	农村居民家庭人均纯收入（元）	城镇居民家庭人均可支配收入（元）	年份	人均GDP（元）	农村居民家庭人均纯收入（元）	城镇居民家庭人均可支配收入（元）
1977		117.1		1997	6420.18	2090.1	5160.3
1978	381.23	133.6	343.4	1998	6796.03	2162	5425.1
1979	419.25	160.2	405	1999	7158.5	2210.3	5854.02
1980	463.25	191.3	477.6	2000	7902.16	2253.4	6280
1981	492.16	223.4	500.4	2001	8670.08	2366.4	6859.6
1982	527.78	270.1	535.3	2002	9450.33	2475.6	7702.8
1983	582.68	309.8	564.6	2003	10599.6	2622.2	8472.2
1984	695.2	355.3	652.1	2004	12400.1	2936.4	9421.6
1985	857.82	397.6	739.1	2005	14258.9	3254.9	10493
1986	963.19	423.8	900.9	2006	16602.1	3587	11759.5
1987	1112.38	462.6	1002.1	2007	20337.1	4140.4	13785.8
1988	1365.51	544.9	1180.2	2008	23912	4760.6	15780.8
1989	1519	601.5	1373.9	2009	25962.6	5153.2	17174.7
1990	1644.47	686.31	1510.16	2010	30567.5	5919	19109.4
1991	1892.76	708.6	1700.6	2011	36017.6	6977.3	21809.8
1992	2311.09	784	2026.6	2012	39544.3	7916.6	24564.7
1993	2998.36	921.6	2577.4	2013	43320.1	8895.9	26955.1
1994	4044	1221	3496.2	2014	46628.5	9892	29381
1995	5045.73	1577.74	4282.95	2015		10772	31790.3
1996	5845.89	1926.1	4838.9				

四、城镇居民家庭人均可支配收入及指数

年份	城镇居民家庭人均可支配收入（元）	城镇居民家庭人均可支配收入指数（1978=100）	年份	城镇居民家庭人均可支配收入（元）	城镇居民家庭人均可支配收入指数（1978=100）
1978	343.4	100	1997	5160.3	311.9
1979	405	115.7	1998	5425.1	329.9
1980	477.6	127	1999	5854.02	360.6

续表

年份	城镇居民家庭人均可支配收入（元）	城镇居民家庭人均可支配收入指数（1978＝100）	年份	城镇居民家庭人均可支配收入（元）	城镇居民家庭人均可支配收入指数（1978＝100）
1981	500.4	129.9	2000	6280	383.7
1982	535.3	136.3	2001	6859.6	416.3
1983	564.6	141.5	2002	7702.8	472.1
1984	652.1	158.7	2003	8472.2	514.6
1985	739.1	160.4	2004	9421.6	554.2
1986	900.9	182.7	2005	10493	607.4
1987	1002.1	186.8	2006	11759.5	670.7
1988	1180.2	182.3	2007	13785.8	752.5
1989	1373.9	182.5	2008	15780.8	815.7
1990	1510.16	198.1	2009	17174.7	895.4
1991	1700.6	212.4	2010	19109.4	965.2
1992	2026.6	232.9	2011	21809.8	1046.3
1993	2577.4	255.1	2012	24564.7	1146.7
1994	3496.2	276.8	2013	26955.1	1227
1995	4282.95	290.3	2014	29381	1310.5
1996	4838.9	301.6	2015	31790.3	1396.9

五、农村居民家庭人均纯收入及指数

年份	农村居民家庭人均纯收入（元）	农村居民家庭人均纯收入指数（1978＝100）	年份	农村居民家庭人均纯收入（元）	农村居民家庭人均纯收入指数（1978＝100）
1978	133.6	100	1997	2090.1	437.3
1979	160.2	119.2	1998	2162	456.1
1980	191.3	139	1999	2210.3	473.5
1981	223.4	160.4	2000	2253.4	483.4
1982	270.1	192.3	2001	2366.4	503.7
1983	309.8	219.6	2002	2475.6	527.9
1984	355.3	249.5	2003	2622.2	550.6
1985	397.6	268.9	2004	2936.4	588
1986	423.8	277.6	2005	3254.9	624.5

续表

年份	农村居民家庭人均纯收入（元）	农村居民家庭人均纯收入指数（1978=100）	年份	农村居民家庭人均纯收入（元）	农村居民家庭人均纯收入指数（1978=100）
1987	462.6	292	2006	3587	670.7
1988	544.9	310.7	2007	4140.4	734.4
1989	601.5	305.7	2008	4760.6	793.2
1990	686.31	311.2	2009	5153.2	860.6
1991	708.6	317.4	2010	5919	954.4
1992	784	336.2	2011	6977.3	1063.2
1993	921.6	346.9	2012	7916.6	1176.9
1994	1221	364.3	2013	8895.9	1286.4
1995	1577.74	383.6	2014	9892	1404.7
1996	1926.1	418.1	2015	10772	1510.1

六、城镇居民人均可支配收入分阶层分布趋势

指标	城镇居民家庭人均总收入_可支配收入_低收入户	城镇居民家庭人均总收入_可支配收入_中等收入户	城镇居民家庭人均总收入_可支配收入_中等偏上户	城镇居民家庭人均总收入_可支配收入_高收入户	城镇居民家庭人均总收入_可支配收入_中等偏下户
地区	全国	全国	全国	全国	全国
频度	年	年	年	年	年
单位	元	元	元	元	元
1999年		5512.12	6904.96		4363.78
2000年	3132	5897.92	7487.37	11299	4623.54
2001年	3319.7	6366.24	8164.22	12662.6	4946.6
2002年	3032.11	6656.81	8869.51	15459.49	4931.96
2003年	3295.38	7278.75	9763.37	17471.79	5377.25
2004年	3642.24	8166.54	11050.89	20101.55	6024.1
2005年	4017.28	9190.05	12603.37	22902.32	6710.58
2006年	4567.05	10269.7	14049.17	25410.8	7554.16
2007年	5364.25	12042.23	16385.8	29478.87	8900.51

续表

指标	城镇居民家庭人均总收入_可支配收入_低收入户	城镇居民家庭人均总收入_可支配收入_中等收入户	城镇居民家庭人均总收入_可支配收入_中等偏上户	城镇居民家庭人均总收入_可支配收入_高收入户	城镇居民家庭人均总收入_可支配收入_中等偏下户
2008 年	6074.87	13984.23	19254.07	34667.75	10195.56
2009 年	6725.23	15399.92	21017.95	37433.87	11243.55
2010 年	7605.21	17224.01	23188.9	41158.01	12702.08
2011 年	8788.85	19544.94	26419.99	47020.95	14498.26
2012 年	10353.83	22419.1	29813.74	51456.4	16761.43
2013 年	9895.93	24172.89	32613.81	57762.11	17628.14
2014 年	11219.28	26650.59	35631.24	61615.03	19650.51
2015 年	12230.85	29105.18	38572.43	65082.2	21446.16
2016 年	13004.1	31521.8	41805.6	70347.8	23054.9

七、农村居民人均可支配收入分阶层分布趋势

指标	农村居民家庭人均总收入_可支配收入_高收入户	农村居民家庭人均总收入_可支配收入_中等收入户	农村居民家庭人均总收入_可支配收入_中等偏上户	农村居民家庭人均总收入_可支配收入_低收入户	农村居民家庭人均总收入_可支配收入_中等偏下户
地区	全国	全国	全国	全国	全国
频度	年	年	年	年	年
单位	元	元	元	元	元
2013 年	2877.94	5965.56	8438.26	11815.96	21323.71
2014 年	2768.14	6604.42	9503.94	13449.17	23947.36
2015 年	3085.55	7220.92	10310.57	14537.29	26013.9
2016 年	3006.5	7827.7	11159.1	15727.4	28448

八、北京市城镇居民家庭可支配收入各年情况

城镇居民人均可支配收入					
年份	北京市（元）	全国（元）	年份	北京市（元）	全国（元）
1978	365.4	343.4	1998	8472	5425.05
1979	415	405	1999	9182.76	5854.02
1980	501.4	477.6	2000	10349.69	6279.98
1981	514.1	500.4	2001	11577.78	6859.58
1982	561.1	535.3	2002	12463.92	7702.8
1983	590.5	564.6	2003	13882.62	8472.2
1984	693.7	652.1	2004	15637.84	9421.61
1985	907.7	739.08	2005	17652.95	10493.03
1986	1067.5	900.9	2006	19977.52	11759.45
1987	1181.9	1002.1	2007	21988.71	13785.79
1988	1437	1180.2	2008	24724.89	15780.76
1989	1597.1	1373.93	2009	26738.48	17174.65
1990	1787.1	1510.16	2010	29072.93	19109.44
1991	2040.4	1700.6	2011	32903.03	21809.78
1992	2363.7	2026.6	2012	36468.75	24564.72
1993	3296	2577.4	2013	44563.93	26467
1994	4731.2	3496.2	2014	48531.85	28843.85
1995	5868.4	4282.95	2015	52859.17	31194.83
1996	6885.5	4838.9	2016	57275.3	33616.2
1997	7813.1	5160.3			

九、北京地区农村居民人均可支配收入及全国平均数比值分析

指标	农村居民人均可支配收入		北京市与全国平均值的比值
地区	全国（元）	北京市（元）	北京市/全国
2013 年	9429.59	17101.18	1.813565595
2014 年	10488.88	18867.3	1.798790719
2015 年	11421.71	20568.72	1.800844182
2016 年	12363.4	22309.5	1.80447935

十、历年我国各类税收收入规模一览

单位：元

年份	指标名称						
	税收收入	国内增值税	国内消费税	企业所得税	个人所得税	关税	营业税
1970	281.2					7	
1971	312.56					5	
1972	317.02					5	
1973	348.95					9	
1974	360.4					14	
1975	402.77					15	
1976	407.96					15	
1977	468.27					26.23	
1978	519.28					28.76	
1979	537.82					26	
1980	571.7					33.53	
1981	629.89					54.04	
1982	700.02					47.46	
1983	775.59					53.88	
1984	947.35					103.07	
1985	2040.79	147.7		696.06		205.21	211.07
1986	2090.73	232.19				151.62	261.07
1987	2140.36	254.2				142.37	302
1988	2390.47	384.37				155.02	397.92
1989	2727.4	430.83		700.43		181.54	487.3
1990	2821.86	400		716	21.1	159.01	515.75
1991	2990.17	406.36		731.13		187.28	564
1992	3296.91	705.93		720.78		212.75	658.67
1993	4255.3	1081.48		678.6		256.47	966.09
1994	5126.88	2308.34	487.4	708.49		272.68	670.02
1995	6038.04	2602.33	541.48	878.44	131.3	291.83	865.56
1996	6909.82	2962.81	620.23	968.48		301.84	1052.57
1997	8234.04	3283.92	678.7	963.18		319.49	1324.27
1998	9262.8	3628.46	814.93	925.54		313.04	1575.08

续表

年份	指标名称						
	税收收入	国内增值税	国内消费税	企业所得税	个人所得税	关税	营业税
1999	10682.58	3881.87	820.66	811.41	413.66	562.23	1668.56
2000	12581.51	4553.17	858.29	999.63	659.64	750.48	1868.78
2001	15301.38	5357.13	929.99	2630.87	995.26	840.52	2064.09
2002	17636.45	6178.39	1046.32	3082.79	1211.78	704.27	2450.33
2003	20017.31	7236.54	1182.26	2919.51	1418.03	923.13	2844.45
2004	24165.68	9017.94	1501.9	3957.33	1737.06	1043.77	3581.97
2005	28778.54	10792.11	1633.81	5343.92	2094.91	1066.17	4232.46
2006	34804.35	12784.81	1885.69	7039.6	2453.71	1141.78	5128.71
2007	45621.97	15470.23	2206.83	8779.25	3185.58	1432.57	6582.17
2008	54223.79	17996.94	2568.27	11175.63	3722.31	1769.95	7626.39
2009	59521.59	18481.22	4761.22	11536.84	3949.35	1483.81	9013.98
2010	73210.79	21093.48	6071.55	12843.54	4837.27	2027.83	11157.91
2011	89738.9	24266.6	6936.2	16769.6	6054.1	2559.1	13679
2012	100614.3	26415.5	7875.6	19654.5	5820.3	2783.9	15747.6
2013	110530.7	28810.1	8231.3	22427.2	6531.5	2630.6	17233
2014	119175.3	30855.4	8907.1	24642.2	7376.6	2843.4	17781.7
2015	124922.2	31109.5	10542.2	27133.9	8617.3	2560.8	19312.8
2016	130353.9	40712	10217.2	28849.5	10088.9	2603.3	11501.8

十一、各年主要税种税收收入占总税收收入比重

单位:%

年份	国内增值税占比	国内消费税占比	企业所得税占比	个人所得税占比	关税占比	营业税占比
1970					2.489331	
1971					1.599693	
1972					1.577188	
1973					2.579166	
1974					3.884573	
1975					3.72421	
1976					3.676831	

续表

年份	国内增值税占比	国内消费税占比	企业所得税占比	个人所得税占比	关税占比	营业税占比
1977					5.601469	
1978					5.538438	
1979					4.834331	
1980					5.864964	
1981					8.579276	
1982					6.779806	
1983					6.946969	
1984					10.87982	
1985	7.237393		34.10738		10.05542	10.34256
1986	11.10569				7.252012	12.48703
1987	11.87651				6.651685	14.10978
1988	16.07926				6.484917	16.6461
1989	15.79636		25.68123		6.656156	17.86683
1990	14.17505		25.37334	0.747734	5.634936	18.27695
1991	13.58986		24.45112		6.263189	18.8618
1992	21.41187		21.86229		6.453012	19.9784
1993	25.41489		15.94717		6.027072	22.70322
1994	45.02426	9.506757	13.81913		5.318634	13.06877
1995	43.09892	8.967811	14.54843	2.174547	4.833191	14.33512
1996	42.87825	8.976066	14.01599		4.368276	15.23296
1997	39.88224	8.242612	11.69754		3.880112	16.08287
1998	39.17239	8.79788	9.992011		3.37954	17.00436
1999	36.33832	7.682227	7.595637	3.872286	5.263054	15.61945
2000	36.18938	6.821836	7.945231	5.242932	5.964944	14.85338
2001	35.01076	6.077818	17.19368	6.504381	5.493099	13.48957
2002	35.03194	5.932713	17.47965	6.870884	3.993264	13.89356
2003	36.15141	5.906188	14.58493	7.084019	4.611659	14.20995
2004	37.31714	6.215012	16.37583	7.188128	4.319225	14.82255
2005	37.50055	5.677182	18.56911	7.279457	3.70474	14.707
2006	36.73337	5.417972	20.22621	7.05001	3.280567	14.73583
2007	33.90961	4.837209	19.24347	6.982557	3.140088	14.42763

续表

年份	国内增值税占比	国内消费税占比	企业所得税占比	个人所得税占比	关税占比	营业税占比
2008	33.19012	4.736427	20.6102	6.864717	3.264158	14.06466
2009	31.04961	7.999148	19.38261	6.635155	2.492894	15.14405
2010	28.81198	8.293245	17.54323	6.607318	2.769851	15.2408
2011	27.04134	7.729312	18.6871	6.74635	2.851718	15.24311
2012	26.25422	7.827516	19.5345	5.784764	2.766903	15.65145
2013	26.06525	7.447071	20.29047	5.909218	2.379972	15.59114
2014	25.89077	7.473948	20.67727	6.189705	2.385897	14.92063
2015	24.9031	8.439012	21.72064	6.898133	2.049916	15.45986
2016	31.2319	7.838047	22.13167	7.739623	1.997102	8.823518

十二、不同收入流动指标及税收负担比重——以北京为例

年份	地区	tp	tl	gap	iitax	Iithousepepro	Iitdisincpro	aaic	aalic	Incshamob	AIC
1997	北京	0.01923	-0.21282	0.948833	4.94	0.060805	0.063227	3.183239	0.000384	0.001164	3.183239
1998	北京	0.018479	-0.21334	0.966452	5.27	0.054274	0.062205	15.82989	0.001846	0.001293	15.82989
1999	北京	0.017051	0.207	0.848212	7.11	0.071864	0.077428	22.03375	0.002406	0.002402	22.03375
2000	北京	0.018965	-0.21697	0.883229	12.87	0.11009	0.124352	27.27527	0.002749	0.003281	27.27527
2001	北京	0.018538	-0.2171	0.871634	17.15	0.134164	0.148129	28.38615	0.002632	0.003315	28.38615
2002	北京	0.016525	-0.2023	0.933773	33.36	0.272365	0.267653	34.87384	0.002965	0.004395	34.87384
2003	北京	0.017335	-0.21079	0.925968	121.06	0.879614	0.872026	44.31923	0.003413	0.006011	44.31923
2004	北京	0.01917	-0.22615	0.940587	227.76	1.409206	1.456467	50.88927	0.00352	0.007	50.88927
2005	北京	0.020913	-0.23244	0.945373	285.08	1.659924	1.61491	55.23032	0.00343	0.007508	55.23032
2006	北京	0.021715	-0.23668	0.965144	366.83	1.812426	1.836216	62.94366	0.00351	0.008648	62.94366
2007	北京	0.019285	-0.21811	0.936692	425.5	1.977433	1.935085	45.71219	0.002329	0.004847	45.71219
2008	北京	0.01892	-0.21241	0.938948	441.26	1.993413	1.784679	45.85183	0.002179	0.004567	45.85183
2009	北京	0.019117	-0.21229	0.949747	600.58	2.363269	2.246125	68.73858	0.003013	0.008743	68.73858
2010	北京	0.019145	-0.20566	0.941744	638.69	2.372463	2.196857	47.65209	0.001935	0.004148	47.65209
2011	北京	0.018488	-0.20077	0.933049	634.21	2.24475	1.927514	58.70363	0.002234	0.005993	58.70363
2012	北京	0.017242	-0.19126	0.927808				64.00232	0.002272	0.006636	64.00232
2013	北京	0.017119	-0.19159	0.931021				66.17305	0.002192	0.00663	66.17305
2014	北京	0.018278	-0.20134	0.941981				72.38817	0.002239	0.007403	72.38817

十三、不同收入流动指标及税收负担比重——以上海为例

年份	地区	tp	tl	gap	iitax	lithouspepro	litdisincpro	aaic	aalic	lncshamob	AIC
1997	上海	0.022314	-0.23563	1	18.9	0.207186	0.223963	1.054221	0.00012	0.001693	1.054221
1998	上海	0.020363	-0.22816	1	20.84	0.214934	0.237544	11.21625	0.001253	0.000291	11.21625
1999	上海	0.026988	-0.27849	1	27.88	0.211449	0.25504	67.01991	0.006616	0.011151	67.01991
2000	上海	0.025003	-0.2709	1	45.37	0.31868	0.387182	16.55094	0.001444	0.00081	16.55094
2001	上海	0.025053	-0.27676	1	56.75	0.356295	0.440487	37.59516	0.003059	0.004822	37.59516
2002	上海	0.018499	-0.23206	1	59.4	0.389574	0.448309	9.690987	0.000744	0.000899	9.690987
2003	上海	0.019617	-0.2442	1	140.88	0.82338	0.947571	51.4472	0.003684	0.007218	51.4472
2004	上海	0.021059	-0.25275	1	214.42	1.057703	1.285274	46.69407	0.003014	0.00594	46.69407
2005	上海	0.021837	-0.25684	1	263.71	1.361545	1.414374	55.7719	0.003266	0.007405	55.7719
2006	上海	0.021088	-0.25208	1	282.65	1.339006	1.36758	53.35232	0.002842	0.006555	53.35232
2007	上海	0.020184	-0.24651	1	426.8	1.799697	1.806737	68.01506	0.003294	0.009069	68.01506
2008	上海	0.019229	-0.23977	1	586.92	2.114437	2.200271	47.15003	0.002101	0.004523	47.15003
2009	上海	0.025389	-0.23468	1	600.01	1.518773	2.080637	63.87404	0.002644	0.007482	63.87404
2010	上海	0.017046	-0.23173	1	681.31	2.091509	2.13992	57.49665	0.002208	0.005802	57.49665
2011	上海	0.02745	-0.23086	1	710.12	2.102283	1.960006	71.01446	0.002534	0.008064	71.01446
2012	上海	0.025765	-0.22381	1				74.29318	0.002454	0.008229	74.29318
2013	上海	0.025334	-0.22263	1				67.57521	0.00208	0.006412	67.57521
2014	上海	0.025626	-0.2273	1				64.25729	0.001861	0.005307	64.25729

十四、不同收入流动指标及税收负担比重——以广东为例

年份	地区	tp	tl	gap	iitax	lithouspepro	litdisincpro	aaic	aalic	lncshamob	AIC
1997	广东	0.04623	-0.21972	0.964017	7.71	0.076666	0.090052	7.416882	0.000888	0.000335	7.416882
1998	广东	0.043831	-0.2167	0.973956	18.7	0.173681	0.211546	13.73907	0.001584	0.000854	13.73907
1999	广东	0.03765	-0.19881	0.832374	29.55	0.256354	0.323803	14.09948	0.001548	0.000832	14.09948
2000	广东	0.070842	-0.19156	0.83304	43.55	0.355149	0.446137	14.02838	0.00147	0.000723	14.02838
2001	广东	0.033175	-0.18789	0.814935	56.62	0.437567	0.543629	23.79398	0.00235	0.002542	23.79398
2002	广东	0.031493	-0.1684	0.863663	81.96	0.720928	0.735912	28.62073	0.002617	0.003328	28.62073
2003	广东	0.042003	-0.17388	0.850511	134.48	1.048538	1.08623	38.16337	0.003189	0.005005	38.16337

续表

年份	地区	tp	tl	gap	iitax	lithouspepro	litdisincpro	aaic	aalic	lncshamob	AIC
2004	广东	0.041304	-0.17239	0.831069	195.54	1.363469	1.434877	29.53718	0.002268	0.003058	29.53718
2005	广东	0.052338	-0.15886	0.798035	203.96	1.309918	1.380917	27.21703	0.001958	0.002405	27.21703
2006	广东	0.046599	-0.14326	0.778345	196.6	1.178974	1.227553	30.1218	0.002037	0.00279	30.1218
2007	广东	0.036971	-0.12096	0.74895	217.43	1.150917	1.228467	32.34594	0.002053	0.003024	32.34594
2008	广东	0.032497	-0.10991	0.741562	276.39	1.435915	1.400656	29.78903	0.001781	0.002305	29.78903
2009	广东	0.035234	-0.11853	0.765335	321.19	1.381726	1.488734	66.66041	0.003662	0.009329	66.66041
2010	广东	0.036389	-0.11701	0.767856	417.17	1.700582	1.745642	46.19504	0.002314	0.00487	46.19504
2011	广东	0.033357	-0.11096	0.758741	444.56	1.638855	1.652793	45.96049	0.002149	0.004513	45.96049
2012	广东	0.032564	-0.10955	0.768683				66.45404	0.002873	0.00822	66.45404
2013	广东	0.031961	-0.10938	0.770451				53.85709	0.002154	0.005304	53.85709
2014	广东	0.017392	-0.06657	0.690671				41.93925	0.001665	0.013831	-41.9393

十五、不同收入流动指标及税收负担比重——以甘肃为例

年份	地区	tp	tl	gap	iitax	lithouspepro	litdisincpro	aaic	aalic	lncshamob	AIC
1997	甘肃	-0.00394	0.172639	0.390595	0.25	0.00602	0.006959	4.452036	0.001325	0.000158	4.452036
1998	甘肃	-0.0034	0.144901	0.423582	0.01	0.000213	0.000249	14.09336	0.003868	0.002017	14.09336
1999	甘肃	-0.00295	0.123588	0.396203	0.26	0.004736	0.00581	18.49245	0.00446	0.002784	18.49245
2000	甘肃	-0.00256	0.106324	0.419546	0.42	0.007132	0.008543	15.38135	0.003291	0.00205	15.38135
2001	甘肃	-0.00267	0.115088	0.405646	2.03	0.031783	0.037712	9.996007	0.001972	0.000891	9.996007
2002	甘肃	-0.00261	0.108794	0.456191	13.68	0.213088	0.222387	25.4273	0.004532	0.003848	25.4273
2003	甘肃	-0.00278	0.115824	0.436495	23.6	0.335807	0.354501	14.07974	0.00226	0.001453	14.07974
2004	甘肃	-0.00269	0.108892	0.43487	32.11	0.401292	0.435287	19.53101	0.002894	0.002426	19.53101
2005	甘肃	-0.0028	0.114041	0.425715	40.4	0.468031	0.49958	18.95131	0.00258	0.002181	18.95131
2006	甘肃	-0.00294	0.119627	0.424901	19.64	0.213362	0.220165	22.19807	0.002781	0.00269	22.19807
2007	甘肃	-0.00327	0.14143	0.409316	25.44	0.240952	0.254087	17.98108	0.002089	0.001714	17.98108
2008	甘肃	-0.00369	0.170238	0.389042	41.76	0.40777	0.380695	4.139979	0.000462	0.001119	4.139979
2009	甘肃	-0.00377	0.178365	0.386327	27.25	0.242008	0.22842	22.64661	0.002418	0.002479	22.64661
2010	甘肃	-0.00385	0.186178	0.382027	44.79	0.356836	0.339611	18.47521	0.001847	0.001509	18.47521
2011	甘肃	-0.00391	0.190895	0.378654	41.16	0.287609	0.274607	23.95804	0.002248	0.002459	23.95804

续表

年份	地区	tp	tl	gap	iitax	lithouspepro	litdisincpro	aaic	aalic	lncshamob	AIC
2012	甘肃	-0.00388	0.183033	0.391887				41.5553	0.003562	0.005746	41.5553
2013	甘肃	-0.0039	0.181543	0.394298				29.09078	0.002278	0.003024	29.09078
2014	甘肃	-0.00383	0.171184	0.3995				31.29918	0.002284	0.003261	31.29918

十六、不同收入流动指标及税收负担比重——以青海为例

年份	地区	tp	tl	gap	iitax	lithouspepro	litdisincpro	aaic	aalic	lncshamob	AIC
1997	青海	-0.00084	0.10717	0.454146	0.84	0.018234	0.021003	0.9775	0.000244	0.001064	-0.9775
1998	青海	-0.00082	0.10872	0.460382	0.29	0.005472	0.006839	6.92991	0.001693	0.000492	6.92991
1999	青海	-0.00074	0.10024	0.418086	0.11	0.001924	0.002339	15.56686	0.003507	0.002138	15.56686
2000	青海	-0.00063	0.084471	0.441198	0.2	0.003168	0.003869	15.65593	0.00318	0.00205	15.65593
2001	青海	-0.0006	0.078673	0.441126	2.3	0.030961	0.039291	16.55688	0.003053	0.002122	16.55688
2002	青海	-0.00083	0.119525	0.445057	9.12	0.138595	0.1478	5.946894	0.00103	6.9E-05	5.946894
2003	青海	-0.00084	0.126049	0.426338	7.18	0.101265	0.106444	13.97312	0.002298	0.001464	13.97312
2004	青海	-0.00086	0.131614	0.412702	4.25	0.055797	0.058063	12.76989	0.001966	0.001134	12.76989
2005	青海	-0.00083	0.12846	0.411813	19.8	0.235033	0.245722	22.50237	0.003197	0.002955	22.50237
2006	青海	-0.00083	0.131191	0.413737	21.39	0.243409	0.237656	23.18818	0.002993	0.002938	23.18818
2007	青海	-0.00091	0.150084	0.40124	42.97	0.439435	0.418155	19.3853	0.002305	0.002037	19.3853
2008	青海	-0.00098	0.168006	0.391046	36.94	0.345943	0.317343	11.29658	0.001271	0.000321	11.29658
2009	青海	-0.00104	0.184813	0.380634	30.13	0.24864	0.237396	16.52694	0.001774	0.00127	16.52694
2010	青海	-0.00109	0.201014	0.369197	43.77	0.321735	0.315915	11.94559	0.001224	0.000261	11.94559
2011	青海	-0.00113	0.209686	0.362619	34.69	0.225526	0.222325	20.03451	0.001954	0.001766	20.03451
2012	青海	-0.00114	0.211149	0.367321				31.70915	0.002869	0.003918	31.70915
2013	青海	-0.00115	0.212461	0.367204				24.69549	0.00207	0.002331	24.69549
2014	青海	-0.00108	0.186825	0.385369				44.41645	0.003419	0.006029	44.41645

十七、不同收入流动指标及税收负担比重——以宁夏为例

年份	地区	tp	tl	gap	iitax	Iithouspepro	Iitdisincpro	aaic	aalic	Incshamob	AIC
1997	宁夏	-0.00082	0.129132	0.431751	1.52	0.031634	0.039619	2.662807	0.00071	0.000284	2.662807
1998	宁夏	-0.00078	0.123316	0.445166	3	0.052588	0.07295	8.792484	0.00224	0.0009	8.792484
1999	宁夏	-0.00075	0.121629	0.397994	1.8	0.029516	0.040242	12.78449	0.003002	0.001623	12.78449
2000	宁夏	-0.00075	0.106665	0.419218	4.74	0.06438	0.096491	14.60996	0.00312	0.001894	14.60996
2001	宁夏	-0.00069	0.095041	0.42481	3.6	0.045019	0.064933	18.08454	0.003486	0.002477	18.08454
2002	宁夏	-0.00075	0.107974	0.457053	4.44	0.06674	0.073177	17.82933	0.003103	0.002305	17.82933
2003	宁夏	-0.00086	0.119957	0.43236	8.85	0.111858	0.135518	11.74228	0.001892	0.000992	11.74228
2004	宁夏	-0.00094	0.122622	0.421336	10.72	0.129139	0.14852	14.41822	0.002181	0.001438	14.41822
2005	宁夏	-0.00094	0.119664	0.420239	16.6	0.182262	0.2051	22.86312	0.003182	0.002995	22.86312
2006	宁夏	-0.00092	0.115435	0.429023	8.91	0.084199	0.097087	27.97709	0.00351	0.003843	27.97709
2007	宁夏	-0.00091	0.113878	0.436125	18.4	0.160363	0.16944	34.15563	0.003824	0.004866	34.15563
2008	宁夏	-0.00088	0.106085	0.450971	47.03	0.347146	0.363686	31.66422	0.003181	0.004148	31.66422
2009	宁夏	-0.00093	0.112828	0.449255	43.56	0.269508	0.310595	27.41221	0.002521	0.003101	27.41221
2010	宁夏	-0.00096	0.122226	0.442636	75.45	0.450651	0.491707	20.07837	0.001729	0.00148	20.07837
2011	宁夏	-0.00098	0.122649	0.443087	70.05	0.374498	0.398489	31.85712	0.002567	0.003653	31.85712
2012	宁夏	-0.00096	0.119827	0.453281				43.25913	0.003187	0.005672	43.25913
2013	宁夏	-0.00098	0.121344	0.452923				30.2439	0.002055	0.002831	30.2439
2014	宁夏	-0.00101	0.122376	0.447019				22.33578	0.001438	0.001077	22.33578

注：变量的解释

tp	teil = 各地区城镇人口/全国城镇人口×各地区收入/全国平均收入×ln（各地区收入/全国平均收入）
tl	teil = log（全国收入均值/各省收入）
gap	其他所有30个省份和上海的比值，极值比职能是最高和最低的比重，一个年度只有只有一个数值，无法取得各省份的指标
iitax	缴纳的个人收入税（平均每人全年）
iithouspepro	个人税收支出占家庭总支出比重
iitdisincpro	个人税收支出占可支配收入比重
aaic	平均绝对收入水平变化
aalic	平均绝对对数收入变化
incshamob	收入份额变动的流动
AIC	平均收入变化（后一年减掉前一年除以31，带正负号）

参考文献

[1] 安体富,蒋震.调整国民收入分配格局提高居民分配所占比重[J].财贸经济,2009(7):50-55.

[2] 安体富,刘翔.促进居民收入合理分配的税收政策研究[J].税务研究,2011(12):10-18.

[3] 安体富,任强.税收在收入分配中的功能与机制研究[J].税务研究,2007(10):22-27.

[4] 白重恩,钱震杰.谁在挤占居民的收入——中国国民收入分配格局分析[J].中国社会科学,2009(5):99-115.

[5] 白重恩,钱震杰.我国资本收入份额影响因素及变化原因分析——基于省际面板数据的研究[J].清华大学学报(哲学社会科学版),2009(4):137-147.

[6] 白重恩,钱震杰,武康平.中国工业部门要素分配份额决定因素研究[J].经济研究,2008(8):16-28.

[7] 曹桂全.我国个人所得税再分配效果的实证分析:一个文献综述[J].经济研究参考,2013(24):50-61.

[8] 常晓素,何辉.流转税和所得税的福利效应研究[J].统计研究,2012(1):80-86.

[9] 陈成文,陈建平,肖飞.论推进个人所得税制改革与发展慈善事业[J].上海财经大学学报,2013(1):11-18.

[10] 陈璐.中国居民收入分配不公问题的思考及公共财政分析[J].经济研究导刊,2012(31):1-3.

[11] 陈明艺,赵聪聪.适度调整城镇消费品增值税率结构探讨——基于主要消费品供求弹性的测度[J].现代财经:天津财经大学学报,2012(12):3-12.

[12] 陈强.高级计量经济学与Stata应用[M].北京:高等教育出版

社，2010．

[13] 程子建．增值税扩围改革的价格影响与福利效应 [J]．财经研究，2011（10）：4－14．

[14] 崔军．对当前我国居民收入来源分类与税收调节的思考 [J]．税务研究，2013（1）：15－20．

[15] 崔军．基于"调高"、"提低"目标的我国直接税体系建设 [J]．财贸经济，2011（6）：38－43．

[16] 崔军，朱志钢．中国个人所得税改革历程与展望——基于促进构建橄榄型收入分配格局的视角 [J]．经济与管理研究，2012（1）：29－37．

[17] 邓力平，王智烜．增值税的效应理论及实证研究：前沿与启示 [J]．税务研究，2013（10）：3－8．

[18] 樊勇，王蔚．增值税与城乡居民收入分配的关联度：1995~2010年 [J]．改革，2012（11）：68－74．

[19] 郭庆旺．有关税收公平收入分配的几个深层次问题 [J]．财贸经济，2012（8）：20－27．

[20] 郭庆旺，吕冰洋．论税收对要素收入分配的影响 [J]．经济研究，2011（6）：16－30．

[21] 高铁梅．计量经济分析方法与建模 [M]．北京：人民大学出版社，2010．

[22] 郭月梅．财产税的国际经验与中国的现实选择 [J]．财政研究，2006（11）：37－39．

[23] 胡娟．税收在个人收入再分配中存在的问题及成因分析 [J]．财政研究，2009（4）：60－63．

[24] 李绍荣，耿莹．中国的税收结构、经济增长与收入分配 [J]．经济研究，2005（5）：118－126．

[25] 李实．中国收入差距变动分析 [M]．北京：人民出版社，2013．

[26] 李星，刘红艺．增值税"扩围"的税率选择与居民福利变动研究 [J]．统计与决策，2012（11）：164－167．

[27] 梁季．中国国民收入分配格局的特征与分析 [J]．经济研究参考，2012（54）：32．

[28] 刘成龙．从收入分配视角看税收与民生 [J]．税务研究，2012（8）：22－27．

[29] 刘华，徐建斌，周琦深．税制结构与收入不平等：基于世界银行WDI数据的分析 [J]．中国软科学，2012（7）：179－185．

[30] 刘明慧. 降低中等收入者税负的主要路径 [J]. 税务研究, 2012 (8): 43-47.

[31] 刘扬. 调节我国居民收入分配差距的财政政策研究 [D]. 财政部财政科学研究所博士学位论文, 2013.

[32] 龙玉其. 中国收入分配制度的演变、收入差距与改革思考 [J]. 东南学术, 2011 (1): 103-115.

[33] 罗长远, 丁纯. 欧洲国家劳动收入占比下降的成因及对中国的启示 [J]. 欧洲研究, 2012 (3): 84-100.

[34] 罗长远, 张军. 经济发展中的劳动收入占比: 基于中国产业数据的实证研究 [J]. 中国社会科学, 2009 (4): 65-79.

[35] 吕冰洋. 以居民部门为目标进行减税的原因和效果分析 [J]. 税务研究, 2008 (11): 24-27.

[36] 吕冰洋, 禹奎. 我国税收负担的走势与国民收入分配格局的变动 [J]. 财贸经济, 2009 (3): 72-77.

[37] 孟莹莹. 中国消费税的经济效应研究 [D]. 西南财经大学博士学位论文, 2012.

[38] 聂海峰, 刘怡. 增值税的负担分布和累进性演变研究 [J]. 经济科学, 2010 (3): 17-26.

[39] 聂海峰, 岳希明. 间接税归宿对城乡居民收入分配影响研究 [J]. 经济学 (季刊), 2013 (1): 287-312.

[40] 欧阳煌. 居民收入与国民经济协调增长的国际经验及我国现状 [J]. 经济研究参考, 2012 (25): 24-54.

[41] 彭海燕. 个人所得税的再分配效应及机制重塑研究 [M]. 北京: 中国财政经济出版社, 2012.

[42] 平新乔, 梁爽, 郝朝艳, 张海洋, 毛亮. 增值税与营业税的福利效应研究 [J]. 经济研究, 2009 (9): 66-80.

[43] 齐海源, 王倩雯. 我国收入分配制度演变与居民收入差距变化研究综述——基于分配运行过程及公平分配定律的视角 [J]. 中南财经政法大学研究生学报, 2013 (2): 37-41.

[44] 曲顺兰, 张莉. 税收调节收入分配: 对个人慈善捐赠的激励 [J]. 税务研究, 2011 (3): 33-35.

[45] 权衡. 收入分配和收入流动——中国经验和理论 [M]. 上海: 上海人民出版社, 2012.

[46] 饶海琴, 冯仲华. 个人所得税调控居民收入分配差距的分层次功

能——基于上海市城镇居民收入1990~2006年数据[J].上海经济研究,2010(4):115-124.

[47] 石子印. 我国工薪所得税的再分配效应——基于收入分布的视角[J]. 当代财经,2013(5):39-46.

[48] 孙静,王亚丽. 税收对我国城乡居民收入的再分配效应研究[J]. 中南财经政法大学学报,2013(3):3-8.

[49] 孙玉栋. 论我国税收政策对居民收入分配的调节——基于主体税制的税收政策视角[J]. 财贸经济,2009(5):46-52.

[50] 童锦治,周竺竺,李星. 我国城镇居民税收的收入再分配效应变动及原因探析[J]. 财贸经济,2011(6):31-37.

[51] 万莹. 我国流转税收入分配效应的实证分析[J]. 当代财经,2012(7):21-30.

[52] 万莹. 缩小我国居民收入差距的税收政策研究[M]. 北京:中国社会科学出版社,2013.

[53] 万莹,史忠良. 税收调节与收入分配:一个文献综述[J]. 山东大学学报(哲学社会科学版),2010(1):40-45.

[54] 王宝顺. 我国税收征管的收入分配效应的实证分析[J]. 税务研究,2013(9):81-84.

[55] 王乔,汪柱旺. 我国现行税制结构影响居民收入分配差距的实证分析[J]. 当代财经,2008(2):37-38.

[56] 王亚芬,肖晓飞,高铁梅. 我国收入分配差距及个人所得税调节作用的实证分析[J]. 财贸经济,2007(4):18-23.

[57] 威廉·H. 格林. 计量经济分析[M]. 北京:中国人民大学出版社,2012.

[58] 文雯. 收入再分配效应的测度及其影响因素分析[J]. 山西财经大学学报,2012(7):9-15.

[59] 夏晶,李波. 影响中国城镇居民收入分配的税收制度研究——基于增值税的实证分析[J]. 税收经济研究,2012(2):58-63.

[60] 冼彬璋,雷根强. 我国增值税"扩围"改革的价格变动以及对收入分配的影响[J]. 地方财政研究,2012(9):9-15.

[61] 严成樑,龚六堂. 我国税收的经济增长效应与社会福利损失分析[J]. 经济科学,2010(2):69-79.

[62] 闫坤,程瑜. 促进我国收入分配关系调整的财税政策研究[J]. 税务研究,2010(3):18-22.

[63] 闫坤,张鹏.发挥财税政策效能优化收入分配关系[J].税务研究,2013(1):10-14.

[64] 杨卫华.发挥税收调节作用提高居民收入比重——以广东省为例[J].税务研究,2009(2):12-16.

[65] 于海峰,崔迪.规范收入分配秩序推进收入分配改革[J].税务研究,2011(3):15-19.

[66] 于海峰,谭韵.调节居民收入差距的税收政策取向[J].地方财政研究,2007(7):13-16.

[67] 余丽生,莫红民,冯健,陈优芳,虞斌,卢名辉.促进居民收入分配结构调整的财税政策研究[J].经济研究参考,2013(57):33-41.

[68] 岳希明,徐静.我国个人所得税的居民收入分配效应[J].经济学动态,2012(6):16-25.

[69] 曾国安,黄浩,胡晶晶.基于主体视角的国民收入分配格局研究——对中、日两国的实证比较[J].经济管理,2009(2):1-8.

[70] 赵颖,王亚丽.增值税"扩围"对城镇居民收入分配影响分析[J].财贸研究,2013(1):86-94.

[71] 赵迎春,田志伟,王钟兴.增值税"扩围"的宏观效应分析[J].税务研究,2013(1):43-46.

[72] 张怀海.增值税与营业税的福利效应研究[J].财经界(学术版),2013(23):255-257.

[73] 张全红.我国劳动收入份额影响因素及变化原因——基于省际面板数据的检验[J].财经科学,2010(6):85-93.

[74] 张玉周.调节我国收入分配差距的财税政策研究[J].财政研究,2012(1):57-58.

[75] 浙江省财税政策研究室课题组,朱忠明,卢名辉.促进居民收入分配结构调整的财税政策研究[J].财政研究,2012(3):2-6.

[76] 朱润喜.个人所得税课征不公的主要表现及解决对策[J].税务研究,2011(3):50-53.

[77] 朱志钢,高梦莹.论直接税与间接税的合理搭配[J].税务研究,2013(6):46-49.

[78] 王洪亮,刘志彪,孙文华,胡棋智.中国居民获取收入的机会是否公平:基于收入流动性的微观计量[J].世界经济,2012(1):114-143.

[79] 徐俊武,易祥瑞.增加公共教育支出能够缓解"二代"现象吗?——基于CHNS的代际收入流动性分析[J].财经研究,2014(11):17-28.

[80] 郭庆旺. 有关税收公平收入分配的几个深层次问题 [J]. 财贸经济, 2012 (8): 20-27.

[81] 杜莉. 实行单一个人所得税制不利于调节收入分配吗——基于2012年城镇住户调查数据的模拟分析 [J]. 财贸经济, 2015 (8): 12-24.

[82] 雷欣, 陈继勇. 收入流动性与收入不平等: 基于CHNS数据的经验研究 [J]. 世界经济, 2012 (9): 84-104.

[83] 严斌剑, 周应恒, 于晓华. 中国农村人均家庭收入流动性研究: 1986~2010年 [J]. 经济学 (季刊), 2014 (3): 939-968.

[84] 章奇, 米建伟, 黄季焜. 收入流动性和收入分配: 来自中国农村的经验证据 [J]. 经济研究, 2007 (11): 123-138.

[85] 杨俊, 黄潇. 中国收入流动性再探讨 [J]. 统计研究, 2010 (11): 24-33.

[86] 王朝明, 胡棋智. 中国收入流动性实证研究——基于多种指标测度 [J]. 管理世界, 2008 (10): 30-40.

[87] 胡棋智, 王朝明. 收入流动性与居民经济地位动态演化的实证研究 [J]. 数量经济技术经济研究, 2009 (3): 66-80.

[88] 王洪亮. 中国区域居民收入流动性的实证分析——对区域收入位次变动强弱的研究 [J]. 管理世界, 2009 (3): 36-44.

[89] 尹恒, 李实, 邓曲恒. 中国城镇个人收入流动性研究 [J]. 经济研究, 2006 (10): 30-43.

[90] 阿特金森. 收入流动性的实证研究 [M]. 平新桥等译. 北京: 北京大学出版社, 2005.

[91] 于春晖, 郑若谷, 余典范. 中国产业结构变迁对经济增长和波动的影响 [J]. 经济研究, 2011 (5): 4-16, 31.

[92] 岳希明, 徐静, 刘谦, 丁胜, 董莉娟. 2011年个人所得税改革的收入再分配效应 [J]. 经济研究, 2012 (9): 113-124.

[93] 刘元生, 杨澄宇, 袁强. 个人所得税的收入分配效应 [J]. 经济研究, 2013 (1): 99-109.

[94] 陈钊, 陆铭, 佐藤宏. 谁进入了高收入行业?——关系、户籍与生产率的作用 [J]. 经济研究, 2009 (10): 7-14.

[95] 王海港. 中国居民家庭的收入变动及其对长期平等的影响 [J]. 经济研究, 2005 (1): 3-6.

[96] 尹恒, 李实, 邓曲恒. 中国城镇个人收入流动性研究 [J]. 经济研究, 2006 (10): 11-16.

[97] 章奇, 米建伟, 黄季焜. 收入流动性和收入分配: 来自中国农村的经验证据 [J]. 经济研究, 2007 (11): 56-61.

[98] 雷欣, 陈继勇. 收入流动性与收入不均等: 基于数据的经验研究 [J]. 世界经济, 2012 (10): 7-14.

[99] 王洪亮, 刘志彪, 孙文华, 胡棋智. 中国居民获取收入的机会是否公平: 基于收入流动性的微观计量 [J]. 世界经济, 2010 (6): 7-14.

[100] 陈钊, 万广华, 陆铭. 行业间不平等: 日益重要的城镇收入差距成因——基于回归方程的分解 [J]. 中国社会科学, 2010 (3): 7-14.

[101] 叶林祥, 李实, 罗楚亮. 行业垄断、所有制与企业工资收入差距——基于第一次全国经济普查企业数据的实证研究 [J]. 管理世界, 2011 (4): 5-9.

[102] 胡爱华, 曾宪初, 张洁燕, 尹康. 我国行业收入差距的演进及其分解分析 [J]. 统计与决策, 2008 (8): 26-31.

[103] 董建功. 基于收入流动性视角的行业工资差距及调节 [J]. 经济问题, 2016 (4): 41-44.

[104] 王涛. 行业收入差距的四分图模型测度方法研究 [J]. 统计研究, 2015 (2): 4-6.

[105] 武鹏. 行业垄断对中国行业收入差距的影响 [J]. 中国工业经济, 2011 (10): 76-86.

[106] 张车伟, 薛欣欣. 国有部门与非国有部门工资差异及人力资本贡献 [J]. 经济研究, 2008 (4): 7-14.

[107] 罗楚亮, 李实. 人力资本、行业特征与收入差距——基于第一次全国经济普查资料的经验研究 [J]. 管理世界, 2007 (10): 5-9.

[108] 罗楚亮. 与权力中心距离对城镇居民收入的影响——基于中国城镇住户调查数据的实证研究 [J]. 学术研究, 2014 (8): 7-14.

[109] Aaberge R, Colombino U. Accounting for family background when designing optimal income taxes: A microeconometric simulation analysis [J]. Journal of Population Economics, 2012, 25 (2): 741-761.

[110] Aaberge R, Colombino U. Using a microeconometric model of household labour supply to design optimal income taxes [J]. The Scandinavian Journal of Economics, 2013, 115 (2): 449-475.

[111] Adam A, Kammas P, Lagou A. The effect of globalization on capital taxation: What have we learned after 20 years of empirical studies [J]. Journal of Macroeconomics, 2013 (35): 199-209.

[112] Aizenman J, Jinjarak Y. Income inequality, tax base and sovereign spreads [R]. National Bureau of Economic Research, 2012.

[113] Alesina A, Rodrik D. Distributive politics and economic growth [J]. The Quarterly Journal of Economics, 1994, 109 (2): 465-490.

[114] Ardanaz M, Scartascini C. Inequality and personal income taxation: The origins and effects of legislative malapportionment [J]. Comparative Political Studies, 2013, 46 (12): 1636-1663.

[115] Armour P, Burkhauser R V, Larrimore J. Deconstructing income and income inequality measures: A crosswalk from market income to comprehensive income [J]. The American Economic Review, 2013, 103 (3): 173-177.

[116] Arsić M, Altiparmakov N. Equity aspects of VAT in emerging European countries: A case study of Serbia [J]. Economic Systems, 2013, 37 (2): 171-186.

[117] Auten G, Gee G, Turner N. Income inequality, mobility, and turnover at the top in the US, 1987-2010 [J]. The American Economic Review, 2013, 103 (3): 168-172.

[118] Bach S, Corneo G, Steiner V. Effective taxation of top incomes in Germany [J]. German Economic Review, 2013, 14 (2): 115-137.

[119] Ballas D, Dorling D, Nakaya T, et al. Income inequalities in Japan and the UK: A comparative study of two island economies [J]. Social Policy and Society, 2013: 1-15.

[120] Bargain O, Callan T. Analysing the effects of tax-benefit reforms on income distribution: A decomposition approach [J]. The Journal of Economic Inequality, 2010, 8 (1): 1-21.

[121] Bargain O, Dolls M, Fuest C, et al. Fiscal union in Europe? Redistributive and stabilizing effects of a European tax-benefit system and fiscal equalization mechanism [J]. Economic Policy, 2013, 28 (75): 375-422.

[122] Barnard A. The effects of taxes and benefits on household income, 2008/09 [J]. Economic and Labour Market Review, 2010, 4 (7): 36-47.

[123] Bastagli F, Coady D, Gupta S. Income inequality and fiscal policy [R]. International Monetary Fund, 2012.

[124] Bennett D L, Vedder R K. A dynamic analysis of economic freedom and income inequality in the 50 US states: Empirical evidence of a parabolic relationship [J]. Journal of Regional Analysis and Policy, 2013, 43 (1): 42-55.

[125] Birdsall N, Ross D, Sabot R. Inequality and growth reconsidered: Lessons from East Asia [J]. The World Bank Economic Review, 1995, 9 (3): 477-508.

[126] Bossi L, Gumus G. Income inequality, mobility, and the welfare state: A political economy model [J]. Macroeconomic Dynamics, 2013, 17 (6): 1198-1226.

[127] Boustan L, Ferreira F, Winkler H, et al. The effect of rising income Inequality on taxation and public expenditures: Evidence from US municipalities and school districts, 1970-2000 [J]. Review of Economics and Statistics, 2013, 95 (4): 1291-1302.

[128] Browning E K, Johnson W R. The Distribution of the tax burden [M]. Washington, DC: American Enterprise Institute, 1979.

[129] Bucheli, Marisa, Nora Lustig, Máximo Rossi and Florencia Amábile. Social spending, taxes, and income redistribution in Uruguay [R]. CEQ Working Paper No. 10, January, 2013.

[130] Carroll, Robert, David Joulfaian and James Mackie. Income versus consumption tax baseline for tax expenditures [J]. Forthcoming in Incentive and Distributional Consequences of Tax Expenditures. Presented March, 2008.

[131] Chen W H, Myles J, Picot G. Why have poorer neighbourhoods stagnated economically while the richer have flourished? Neighbourhood income inequality in Canadian cities [J]. Urban Studies, 2012, 49 (4): 877-896.

[132] Cornia G A, Gómez-Sabaini J C, Martorano B. Tax policy and income distribution during the last decade [J]. Falling Inequality in Latin America: Policy Changes and Lessons, 2014, 1990 (91): 295-300.

[133] Cubero, R, and I Hollar. Equity and fiscal policy: The income distribution effects of taxation and social spending in central America [R]. IMF Working Paper WP/10/112 (Washington: International Monetary Fund), 2010.

[134] Dahl, Gordon B, and Lance Lochner. The impact of family income on child achievement: Evidence from the earned income tax credit: Dataset [J]. American Economic Review, 2012.

[135] Denk, O. et al., Inequality and poverty in the United States: Public policies for inclusive growth [R]. OECD Economics Department Working Papers, No. 1052, OECD Publishing, 2013.

[136] Dosi G, Fagiolo G, Napoletano M, et al. Income distribution, credit and fiscal policies in an agent-based Keynesian model [J]. Journal of Economic Dynam-

ics and Control, 2013, 37 (8): 1598 – 1625.

[137] Edwards R D, Tuljapurkar S. Inequality in life spans and a new perspective on mortality convergence across industrialized countries [J]. Population and Development Review, 2005, 31 (4): 645 – 674.

[138] Engel Emba, Galetovic A, Raddatz C E. Taxes and income distribution in Chile: Some unpleasant redistributive arithmetic [J]. Journal of Development Economics, 1999, 59 (1): 155 – 192.

[139] Ferreira, Francisco H G, Julian Messina, Jamele Rigolini, Luis F, Lopez – Calva, Maria AnaLugo, and Renos Vakis. Economic Mobility and the Rise of Latin American Middle Class [D]. The World Bank: Washington, D. C, 2013.

[140] Fields G S. Does income mobility equalize longer – term incomes? New measures of an old concept [J]. The Journal of Economic Inequality, 2010, 8 (4): 409 – 427.

[141] Fuest C, Niehues J, Peichl A. The redistributive effects of tax benefit systems in the enlarged EU [J]. Public Finance Review, 2010, 38 (4): 473 – 500.

[142] Fisher J D, Johnson D S, Smeeding T M. Measuring the trends in inequality of individuals and families: Income and consumption [J]. The American Economic Review, 2013, 103 (3): 184 – 188.

[143] Fortin N, Green D A, Lemieux T, et al. Canadian inequality: Recent developments and policy options [J]. Canadian Public Policy, 2012, 38 (2): 121 – 145.

[144] Frick J R, Grabka M M, Smeeding T M, et al. Distributional effects of imputed rents in five European countries [J]. Journal of Housing Economics, 2010, 19 (3): 167 – 179.

[145] Fullerton D, Monti H. Can pollution tax rebates protect low – wage earners? [J]. Journal of Environmental Economics and Management, 2013, 66 (3): 539 – 553.

[146] García – Peñalosa C, Turnovsky S J. Taxation and income distribution dynamics in a neoclassical growth model [J]. Journal of Money, Credit and Banking, 2011, 43 (8): 1543 – 1577.

[147] Giavazzi F, M McMahon. The household effects of government spending. in Fiscal Policy after the Financial Crisis, Eds. Alesina A Giavazzi, F, University of Chicago Press, 2012.

[148] Goñi E, Humberto López J, Servén L. Fiscal redistribution and income

inequality in Latin America [J]. World Development, 2011, 39 (9): 1558 – 1569.

[149] Gandullia L, N Iacobone and A Thomas. Modelling the tax burden on labour income in Brazil, China, India, Indonesia and South Africa [R], OECD TaxationWorking Papers, OECD Publishing, 2012.

[150] Giavazzi F, McMahon M. The household effects of government spending [J]. Economics, 2012.

[151] Harberger A C. The incidence of the corporation income tax [J]. The Journal of Political Economy, 1962, 70 (3): 215 – 235.

[152] Harun M, Jalil A, Zafarullah A, et al. Household income distribution impact of public expenditure by component in Malaysia [J]. 2012.

[153] Herd, R. A pause in the growth of inequality in China? [R]. OECD Economics Department Working Paper, 2010.

[154] Higgins, Sean and Claudiney Pereira. The effects of Brazil's high taxation and social spending on the distribution of household income [R]. CEQ Working Paper, 2013.

[155] Hoeller, P. et al.. Less income inequality and more growth – are they compatible? Part 1. Mapping income inequality across the OECD [R]. OECD Economics Department Working Papers, 2012.

[156] Iacoviello M. Household debt and income inequality, 1963 – 2003 [J]. Journal of Money, Credit and Banking, 2008, 40 (5): 929 – 965.

[157] Jacob B A, Ludwig J. The effects of housing assistance on labor supply: Evidence from a voucher lottery [J]. The American Economic Review, 2012, 102 (1): 272 – 304.

[158] Jara H X, Tumino A. Tax – benefit systems, income distribution and work incentives in the European Union [J]. International Journal of Microsimulation, 2013, 1 (6): 27 – 62.

[159] Jenkins S P, Brandolini A, Micklewright J and Nolan B. The great recession and the distribution of household income [J]. Fondazione Rodolfo De Benedetti, 2011.

[160] Joumard I, Pisu M, Bloch D. Less income inequality and more growth— Are they compatible? Part 3. Income redistribution via taxes and transfers across OECD countries [R]. OECD Publishing, 2012.

[161] Kanbur R, Tuomala M. Relativity, inequality, and optimal nonlinear in-

come taxation [J]. International Economic Review, 2013, 54 (4): 1199 – 1217.

[162] Kaplan G A, Pamuk E R, Lynch J W, et al. Inequality in income and mortality in the United States: Analysis of mortality and potential pathways [J]. BMJ: British Medical Journal, 1996, 312 (7): 999.

[163] Kenworthy L. Has rising inequality reduced middle – class income growth [J]. Income Inequality: Economic Disparities and the Middle Class in Affluent Countries, 2013: 101 – 114.

[164] Laibson D. Life – cycle consumption and hyperbolic discount functions [J]. European Economic Review, 1998, 42 (3): 861 – 871.

[165] Lambert P J, Pfahler W. Income tax progression and redistributive effect: The influence of changes in the pre – tax income distribution [J]. Public Finance = Finances publiques, 1992, 47 (1): 1 – 16.

[166] Luebker M. Income inequality, redistribution, and poverty: Contrasting rational choice and behavioral perspectives [J]. Review of Income and Wealth, 2014, 60 (1): 133 – 154.

[167] Lustig N, Gray – Molina G, Higgins S, et al. The impact of taxes and social spending on inequality and poverty in Argentina, Bolivia, Brazil, Mexico and Peru: A synthesis of results [J]. Tulane University Economics Department and CIPR Working Paper, New Orleans, LA, 2012 (1): 7 – 14.

[168] Mertens K and M O Ravn. The dynamic effects of personal and corporate income tax changes in the United States [J]. American Economic Review, forthcoming, 2013 (1): 5 – 9.

[169] Metcalf G E. Life cycle versus annual perspectives on the incidence of a value added tax [M] //Tax Policy and the Economy, Volume 8. MIT Press, 1994.

[170] Metcalf G E. A distributional analysis of green tax reforms [J]. National Tax Journal, 1999 (52): 655 – 681.

[171] Metcalf G E. Designing a carbon tax to reduce US greenhouse gas emissions [J]. Review of Environmental Economics and Policy, 2009, 3 (1): 63 – 83.

[172] Meyer B D, Sullivan J X. Consumption and income inequality and the great recession [J]. The American Economic Review, 2013, 103 (3): 178 – 183.

[173] Paz Arauco, Veronica, George Gray Molina, Wilson Jiménez Pozo, and Ernesto Yáñez Aguilar. Explaining low redistributive impact in Bolivia [R]. CEQ Working Paper, 2013.

[174] Rajemison, Harivelo, Steven Haggblade, and Stephen D Younger. Indirect

tax incidence in Madagascar: Updated estimates using the input output table [R]. CFNPP Working Paper, 2003.

[175] Rosser Jr J B, Rosser M V, Ahmed E. Income inequality and the informal economy in transition economies [J]. Journal of Comparative Economics, 2000, 28 (1): 156–171.

[176] Rothschild C, Scheuer F. Redistributive taxation in the roy model [J]. The Quarterly Journal of Economics, 2013, 128 (2): 623–668.

[177] Rothschild C, Scheuer F. Optimal taxation with rent–seeking [R]. National Bureau of Economic Research, 2011.

[178] Saez E, Slemrod J, Giertz S H. The elasticity of taxable income with respect to marginal tax rates: A critical review [J]. Journal of Economic Literature, 2012, 50 (1): 3–50.

[179] Saez E. Optimal progressive capital income taxes in the infinite horizon model [J]. Journal of Public Economics, 2013 (97): 61–74.

[180] Sarte P D G. Progressive taxation and income inequality in dynamic competitive equilibrium [J]. Journal of Public Economics, 1997, 66 (1): 145–171.

[181] Scott R, Pressman S. Household debt and income distribution [J]. Journal of Economic Issues, 2013, 47 (2): 323–332.

[182] Sepulveda C F, Martinez–Vazquez J. The consequences of fiscal decentralization on poverty and income equality [J]. Environment and Planning C: Government and Policy, 2011, 29 (2): 321–343.

[183] Simpson N B. Families, taxes and the welfare system [R]. IZA Discussion Paper, 2013.

[184] Stiglitz J E. Stable growth in an era of crises: Learning from economic theory and history [J]. Ekonomi–tek–International Economics Journal, 2013, 2 (1): 1–39.

[185] Sung M J, Park K. Effects of taxes and benefits on income distribution in Korea [J]. Review of Income and Wealth, 2011, 57 (2): 345–363.

[186] Toder E, Harris B, Lim K. Distributional effects of tax expenditures [J]. Washington, DC: Tax Policy Center, 2009 (1): 7–14.

[187] Uusitalo H. Redistribution and equality in the welfare state: An effort to interpret the major findings of research on the redistributive effects of the welfare state [J]. European Sociological Review, 1985, 1 (2): 163–176.

[188] Veall, Michael. Top income shares in Canada: Recent trends and policy

implications [J]. Canadian Journal of Economics, November, 2012, forthcoming.

[189] Wagstaff A, Van Doorslaer E, van der Burg H, et al. Redistributive effect, progressivity and differential tax treatment: Personal income taxes in twelve OECD countries [J]. Journal of Public Economics, 1999, 72 (1): 73 – 98.

[190] Wang C, Caminada K. Disentangling income inequality and the redistributive effect of social transfers and taxes in 36 LIS countries [J]. Economics, 2011 (1): 7 – 14.

[191] Yitzhaki S. On an extension of the Gini inequality index [J]. International Economic Review, 1983 (1): 617 – 628.

[192] Younger S D, Sahn D E, Haggblade S, et al. Tax incidence in Madagascar: An analysis using household data [J]. The World Bank Economic Review, 1999, 13 (2): 303 – 331.

[193] Zandvakili S. Income distribution and redistribution through taxation: An international comparison [J]. Empirical Economics, 1994, 19 (3): 473 – 491.

[194] Guven, Aytekin, et al. Gelir Hareketliligi Gelir Esitsizligini Azaltabilir Mi? Turkiye Ornegi. (Can income mobility reduce income inequality? Evidence from Turkey. With english summary.) [J]. Middle East Technical University Studies in Development, 2016, 43 (2): 549 – 571.

[195] Kennedy, Sean, et al. Taxes, income and economic mobility in Ireland: New evidence from tax records data [J]. Economic and Social Review, 2015, 47 (3): 109 – 153.

[196] Nissanov, Zoya. Income mobility and the middle class in Russia, 1995 – 2007 [J]. Post – Communist Economies, 2017, 29 (2): 250 – 264.

[197] Formby J P, Smith W J, Zheng B. Mobility measurement, transition matrices and statistical inference [J]. Journal of Econometrics. 2004 (6): 16 – 29.

[198] Hermann – Pillath, Carsten, Kirchert, Daniel, Pan, Jiancheng. Disparities in Chinese economic development: Approaches on different levels of aggregation [J]. Economic Systems, 2002 (4): 26 – 39.

[199] Hertz Tom. Understanding Mobility in America [EB/OL]. http://www.americanprogress.org/kf/hertz – mobility – analysis.pdf, 2006.

[200] Jonathan T, Roth Well, Douglas S, Massey. Geographic effects on intergenerational income mobility [J]. Economic geography, 2015, 91 (1): 83 – 106.

[201] Weici Yuan. The sins of the fathers: Intergenerational income mobility in China [J]. The Review of Income and Wealth, 2015 (10): 56 – 66.

[202] Atkinson, Anthony B. On Intergenerational income mobility in Britain [J]. Journal of Post Keynesian Economics, 1981, 3 (2): 194 – 218.

[203] Fields, Gary S, Robert Duval – Hernandez, Samuel Freije, and Maria Laura Sanchez Puerta. Earnings mobility, inequality, and economic growth in Argentina, Mexico, and Venezuela [J]. Journal of Economic Inequality, 2015, 13 (1): 103 – 128.

[204] Fields, Gary S, Robert Duval Hernandez, Samuel Freije, and Maria Laura Sanchez Puerta. Intragenerational income mobility in Latin America [J]. Economia: Journal of the Latin American and Caribbean Economic Association, 2007, 7 (2): 101 – 112.

[205] Fields, Gary S. Does income mobility equalize longer – Term incomes? New Measures of an old concept [J]. Journal of Economic Inequality, 2010, 8 (4): 409 – 427.

[206] Jarvis, Sarah, and Stephen P Jenkins. How much income mobility is there in Britain? [J]. Economic Journal, 1998, 108 (3): 428 – 443.

[207] Corak, Miles, and Andrew Heisz. The intergenerational earnings and income mobility of Canadian men: Evidence from longitudinal income tax data [J]. Journal of Human Resources, 1999, 34 (3): 504 – 533.

[208] Canto, Olga. Income mobility in Spain: How much is there? [J]. Review of Income and Wealth, 2000, 46 (1): 85 – 102.

[209] Lee, Chul – In, and Gary Solon. Trends in intergenerational income mobility [J]. Review of Economics and Statistics, 2009, 91 (4): 766 – 772.

[210] Jenkins, Stephen P, and Philippe Van Kerm. Trends in income inequality, pro – poor income growth, and income mobility [J]. Oxford Economic Papers, 2006, 58 (3): 531 – 548.

[211] Van Kerm, Philippe. What lies behind income mobility? Reranking and distributional change in Belgium, western Germany and the USA [J]. Economica, 2004, 71 (282): 223 – 239.

[212] Björklund, Anders, Bernt Bratsberg, Tor Eriksson, Markus Jäntti, and Oddbjö rn Raaum. Inter – industry wage Differentials and unobserved ability : Siblings evidence from five countries [D]. IZA Discussion Paper Series, 2004.

[213] Haisken – DeNew, John P and Christoph M. Schmidt. Industry wage differentials revisited : A longitudinal comparison of Germany and USA (1984 – 1996) [D]. IZA Discussion Paper Series, 1999.

[214] Pinheiro, Armando Castelar and Lauro Ramos. Inter – industry wage differentials and earnings inequality in Brazil [J]. Estudios de Economia, 1994 (21): 79 – 111.

[215] Lukyanova, Anna. Wage inequality in Russia (1994 – 2003), Moscow: Economics education and research consortium [D]. Working Paper Series, 2006.

[216] Friedman, Milton. A theory of the consumption function [J]. National Bureau of Economic Research, 1957 (1): 7 – 14.

[217] Atkinson, Bourguignon and Morrison. Empirical studies of earnings mobility [M]. Harwood Academic Publishers, 1992.

[218] Fields G, Ok E A. The meaning and measurement of income mobility [J]. Journal of Economic Theory, 1996 (71): 349 – 377.

[219] King. Mervyn A. An index of inequality: With applications to horizontal equity and social mobility [J]. Econometrica, 1983, 5 (11): 99 – 115.

[220] Fields G S. The many facets of economic mobility [J]. Working Paper, 2005 (1): 7 – 14.